U0611763

工作之于你，是乐趣；
生活之于你，是享受！

女人20岁跟对人，30岁做对事

罗 元 ✿ 著

一本指导女人在正确的时间、地点做正确事情的使用手册

20岁，女人的选择比努力更重要，正确的选择，
让你从凡夫俗子蜕变为后天贵族。
30岁，女人已经错过了选择的驿站，做对事情，
让自己从后天贵族变成永恒的贵族。

全面提升女人的**幸运指数** 成就幸福女人的**魅力人生**

20~30岁，女人最年轻、最美丽；
20~30岁，女人最洒脱、最迷人；
20~30岁，女人最精彩、最幸福。

中国华侨出版社

图书在版编目（CIP）数据

女人20岁跟对人，30岁做对事 / 罗元著. — 北京：中国华侨出版社，2010.7

ISBN 978-7-5113-0565-7

I. ①女… II. ①罗… III. ①女性－生活－通俗读物 IV. ①Z228.4

中国版本图书馆CIP数据核字（2010）第142451号

• **女人20岁跟对人，30岁做对事**

著　　者 / 罗　元

责任编辑 / 宋　玉

经　　销 / 新华书店

开　　本 / 787×1092毫米　　16开　　印张 / 17　　字数 / 220千

印　　刷 / 北京毅峰迅捷印刷有限公司

版　　次 / 2010年10月第1版　　　2010年10月第1次印刷

书　　号 / ISBN 978-7-5113-0565-7

定　　价 / 29.80元

中国华侨出版社　北京市安定路20号院3号楼305室　邮　编：100029

法律顾问：陈鹰律师事务所

编辑部：（010）64443056　传真：（010）64439708

发行部：（010）64443051

网　址：www.oveaschin.com

E-mail: oveaschin@sina.com

前 言

　　20~30岁，是女人的黄金期，也是改变女人一生命运的最好时机！20~30岁是告别继续做梦，明确人生方向的年纪。所以这个时期，也是女人最容易获得幸福的时候。我想女人最大的幸福就是要让自己快乐一辈子，好命一辈子。而这些愿望只要通过努力，都会慢慢地实现。

　　女人20几岁，是进行自我认知和角色定位的关键时期。在步入社会之后，她们不仅仅要洞悉世事，看懂他人内心，学会与他人和谐相处，还要不断地丰富自己、完善自己，同时也会面临很多从未经历过的事情，承受着更多的压力和挑战，在遇到困难的时候，常常表现得无所适从。在本书中，20几岁的你可以学会如何有效地平衡自身成长、事业经营、情感生活三个方面出现的问题，继而成为精神和物质上的双重贵族。

　　女人到了30岁时，渐渐褪去了青涩和莽撞的衣裳，换上了优雅和品位的旗袍，成为一位耐人寻味的美女，举手投足间散发着迷人的魅力。女人30岁，在爱情上，她们收起了锋芒，不再热情如火，横冲直撞，而是学会了温婉和含蓄，却又在不经意间流露出浓浓的爱意，让男人流连忘返。在事业上，她们以女性独立的姿态，在职场上一展巾帼风采，成为不可忽略的佼佼者。但为什么同样是女人，她们可以拥有动人的美貌，也可以在职场上平步青云，还拥有优秀的伴侣、幸福的家庭，而你却还是寻常女？本书将会告诉你答案。

　　《女人20岁跟对人，30岁做对事》是一本随时随地都可以拿出来阅读的女性成长宝典，书中每一个简单的建议都能让你有恍然大悟般的感觉；

书中提出的中肯建议可以帮助你全面提高自身的"好命指数",拥有魅力女人的幸福人生。它亦是一本适合所有年轻女人阅读的女子生活圣经。本书一共分为七个部分:20岁用美貌赢天下,做爱情国度的女王;20~30岁找到你的Mr.Right,透析婚姻博弈的真相,创造生命中的"贵人";30岁跳好女人的职场芭蕾舞,做会理财的幸福女人。本书包含化妆、美容、恋爱、婚姻、人脉、事业、理财等各个方面。这是一堂价值100万的课程,通过本书你可以学会如何从容应对女性在生活中经常出现的棘手问题,尽快地走出相貌、恋爱、婚姻、事业、理财的误区,从而获得精彩的人生。

在这本书中,你可以看到与你年纪相仿的女子,她们对美貌的渴望,对恋爱、性、婚姻、事业、金钱有着怎样的理解。也许你会在其中看到自己的影子,又或许这些故事说的正是你此时面临的苦恼或者经历过的事情。通过阅读她们的故事,我们来学习如何去平衡爱情与事业的关系,如何在职场中平步青云,又如何去看对人,做对事,赢得人气,改变人心!

《女人20岁跟对人,30岁做对事》是一本能让女性获得幸福,并有"重生"般感觉的励志书。我们希望阅读本书的女性朋友,可以成功优雅地生活在20~30岁,更聪明、更洒脱地去做人和做事。愿这个世界因你们的存在而变得更加美丽和精彩!

CONTENTS

第一章 20岁用美貌赢天下

爱美是一种需求，审美是一种享受，生活时时处处离不开美。美就在我们身边，就像空气一样，成为我们生活中不可或缺的一部分。"爱美之心人皆有之"，美能够让女人更充实更自信。只要用心体会，用心去做，你也可以成为一个精致美丽的女人。

第二章 做爱情国度的女王

爱情是一笔财富，它可以影响一个人的思想、性格、前途甚至世界观。爱情是女人生命中最重要的内容，对女人来说，爱是一生的温暖，是永久的守候。女人为情而生，为爱而死。情与爱，是女人最不可或缺的精神粮食，是一个女人生命的支柱。聪明的女人，知道如何掌控自己的爱情，在爱情的国度里面游刃有余，从而获得真正的幸福。

第三章 20~30岁找到你的Mr.Right

"知己知彼，百战不殆。"恋爱是一场没有硝烟的战争。女人如果想在恋爱中占据主动权，就要充分了解男人的特性。男人的某些观点和心理是女人很难理解的，实质上男人的一切心理和行为都是有着深层根源的。"结婚是女人的第二次投胎"，所以作为女人你在选择时一定要擦亮眼睛，找到属于你的Mr. Right。

第四章 透析婚姻博弈的真相

婚姻是娇贵的花朵，需要精心的呵护，否则就会枯萎。当婚姻进入稳定阶段之后，你需要考虑如何去经营婚姻，增进感情，如何赢得男人的心。你需要去维护婚姻，懂得男女相处之道，合理制定家庭规则，让你们的感情之花永驻不败。

第五章 创造生命中的"贵人"

在好莱坞，流行一句话："一个人能否成功，不在于你知道什么（what you know），而在于你认识谁（whom you know）。"由此，可以说，人脉是一个人通往财富、成功的门票也是有一定道理的。而二十几岁正是你积累人脉的最佳时期。如果你想早日成功，就从二十几岁开始，充满激情地积累你的人脉资源，创造你生命中的贵人吧！

第六章 30岁跳好女人的职场芭蕾舞

对于女人而言，工作使她成为职场交际的"明星人物"，工作让她走出狭小的家庭生活空间，工作让她的视野更加开阔，工作让她找到自己的尊严，工作让她不再是一株藤而是以树的形象站在男人面前，如此自信、自立、自尊、自强。能够在职场上做到游刃有余，那么幸福也就不再遥远了！

第七章 幸福的女人要做好理财这件事

无论你是潇洒的新新潮人，时尚的白领丽人，还是成熟的已婚一族，作为女人，你不仅应该知道如何赚钱，还应该学会如何理财，这是女人智慧的体现。精明的女人要学会理财，善于理财，要掌握女性理财的方法，这是女人拥有优裕生活、亮丽人生所必须的生活技能！

第一章

20岁用美貌赢天下

爱美是一种需求，审美是一种享受，生活时时处处离不开美。美就在我们身边，就像空气一样，成为我们生活中不可或缺的一部分。『爱美之心人皆有之』，美能够让女人更充实更自信。只要用心体会，用心去做，你也可以成为一个精致美丽的女人。

PART 1
美丽是女人的资本

女人其实应该明白：变得美丽，不是为了讨好男人，而是为了取悦自己。只有学会爱自己，男人才会更加重视你。

那些爱得失败的女孩应该醒醒了，男人在女人这里是"裙下臣"，不要颠倒了主次，每次都为了讨好他而去打扮自己。要知道，美丽是为了征服，赶快摆正自己的位置吧！

生活中，我们经常听到：女为悦己者容。这句话可以理解为：一个女人为了喜欢的男人，而去修饰打扮自己的容颜。我却认为女人的美丽不是为了去讨好某个男人，而是让男人来讨好自己的砝码。一个女孩说，我花了半天的时间化妆，穿上新买的漂亮裙子，可是见到他时，他却自顾自地低头吃饭，竟然都没有称赞我一句！

太过分了！为了他花掉了近半天的时间，还特意新买了裙子，为了得到他的赞美而精心打造出来的美丽他都视而不见！每个女孩都应知道，美是上帝赋予女人的一种资本，有了它你便可以所向披靡，让男人臣服于自己。

于是，当打扮得花枝招展的出现在男人们面前的时候，正是考验一个男人"情商"的最佳时刻：懂得爱的男人一定会不吝啬地赞美，而木讷的男人则表现得非常平静！

我恰恰觉得作为男人，一定要学会去配合女人的美丽登场，适当地表现出你的乍惊乍喜，才能体现出一个男人的魅力。其实，每个女人都有演戏的心理需求，都希望能够用美丽去征服她爱的那个人，如果你不能明了，那便不配做她的男人……

PART 2
"花瓶"也是一种竞争力

现在有很多人会说，漂亮的女人都是些花瓶，言语之间吐露出对"花瓶"的无限鄙视。可是漂亮有如范冰冰一样的美女却骄傲地说做花瓶也没什么不好，做个古典花瓶更好。社会上，越来越多的"花瓶"却用实力证明，她们的聪明才干远远超过那些瞧不起她们的人。

生活中也是如此。事实上，漂亮远比一封介绍信更具有推荐力，也更容易被人们所接受。比如，参加不同的面试，漂亮的女生获得的机会往往多于其他人，会有很多人愿意和她交朋友，会在不同的场合得到更多的赞美，会获得更多的自信等等。另有研究表明，人们对外表漂亮的女人总是产生光环效应。比如，会情不自禁地、下意识地把一些美好的品质加到外表漂亮的女人头上，像聪明、温柔、善良、诚实、机智等等。目前已经有统计显示出：漂亮的女人在社会上取得成功的机率较高。可以大胆地说，现在"花瓶"也是一种竞争力。

美国学者已经做过相关实验：让一些男性去评价一些女人写的论文。结果发现，论文上贴有漂亮照片的得分要高于不贴照片的。这说明，在人际交往中，女人的外貌对她的人生具有着很大的影响力。

当然很多女人会抱怨自己的父母没能给自己一副漂亮的外表。其实，天生丽质的美女并不多，大多数女人生下来都是普通平凡的，甚至还存在着一些缺陷，但是这些因素并不能阻挡你成为一个漂亮的女人。我们只要坚信：这个世界上，没有丑女人，只有懒女人。只要你肯花一点时间学会装扮自己，你也可以成为漂亮的女人。从现在开始你完全可以通过外在的修饰打扮来改变自己，做一个漂亮的女人。比如，你可以尝试去美发店做适合自己脸形的发型，也可以通过精致的化妆方法使自己的五官更加迷人，还可以穿高跟鞋来弥补身高缺陷，通过得体的衣着使自己更迷人……

实践证明，那些有了美貌的女人会越来越自信，尝到甜头的女人，从此工作会更加出色，得到别人认可的程度也就越高，这一切的花环又会促使你更加注重自己的形象。

无可否认，"形象"是一个女人外表与内在结合而留下的印象，无声而准确地向外人传递着你的信息——文化修养、性格、实力、气质、谈吐、社会地位……

英国女王曾在给威尔士王子的信中写道："穿着显示人的外表，人们在判定人的心态，以及对这个人的观感时，通常都凭他的外表，而且常常这样判定，因为外表是看得见的，而其他则看不见，基于这一点，穿着特别重要……"

有句名言也曾这样说道："你可以先装扮成那个样子，直到你成为那个样子。"女人要想成功，首先就要让自己像个成功者，特别是在外形上要努力接近你想成为的那种人，这是走向成功的最关键的一步，其次才是思想、能力。当你学会怎样打扮自己时，它就会给你带来优势。美是一种技能，而且是你能够学会的技能。无论你生来如何，无论你年龄大小，都要记得像美女一样装扮自己，这可以让别人觉得你就是一个美女。

别人可以第一眼通过你的外貌对你做出评价，这就像欣赏美丽的东西一样。女人拥有美丽的外貌，不仅可以让自己变得更加自信，也可以赢得别人更多的肯定。而这并不是美女的特权，平凡的你也可以通过化妆、穿着等把自己修饰成发光的"花瓶"。

如今，越来越多的女人愿意被别人称作"花瓶"。花瓶会比花更长久、更顽强。经过了雪雨风霜、岁月的洗涤，它的美会随着时间的推移更有味道，更值得人们回味。在竞争激烈的今天，你还会否认花瓶也是一种竞争力吗？

美貌的确是个永恒的话题，它的魅力不以人的意志为转移。因此，20多岁的女孩子一定要及早利用好自己这一得天独厚的资本。

  这里，女人唯一要弄清楚的问题是，女性的魅力是什么？甜美的笑容、得体的装扮、娇柔的嗓音、温柔的气质……你可以不是美女或性感女神，但上述这些你完全可以通过后天修炼达成。只要你用心发挥它，就能让异性被你吸引，也能让同性对你表示友善。事实上，每一个女人都具有这种天生的女性魅力。

PART 3
阅读时尚"美丽圣经"

美的东西总能令人心旷神怡，对于一个女人来讲，只有自身拥有了美丽的体态、丰富的色彩、高雅迷人的气质等一系列的外在视觉美感，才能给人一种有品位的印象。没有丑女人只有懒女人，正如古话所说的"一分耕耘，一分收获"同样适用于美丽你的容颜。

水润女人的保养秘诀

女人要使肌肤水润其实并不难，只要稍加调理，你就可以拥有理想的水润肌肤。

1. 娇嫩的面部

面部日常护理在洗脸时可用温水，使用适合肌肤类型无刺激的保湿护肤产品。日常生活规律化，避免精神压力过大，保证充足的睡眠。在饮食上，调理的重点在于补气补血。推荐食补菜单如下：

芪枣合汤：取黄芪15~30克、大枣10克、百合30克一起下锅炖，时间为30~40分钟，之后连汤带料一起食用。这三味原料中黄芪性温热、有补气的功能，大枣是补血补气、健脾胃的佳品，百合能够滋阴养肺。三者结合，对气血两虚的病人大有好处，能够缓解乏力、怕冷症状，也能够滋润皮肤。

2. 丰润朱唇

中医认为"脾开窍于口，其华在唇"，意思是说唇的色泽与脾有关，所以健脾是防止嘴唇干裂的关键。日常护理可勤涂润唇膏，并可戴口罩，以保持嘴唇的温度和湿度。推荐食补菜单如下：

（1）动物肝脏

中医讲究以脏补脏，如吃"鸡内金"。

（2）山药

营养丰富，含有游离氨基酸、多酚氧化酶等物质，具有滋补作用，是补虚佳品，而且有多种吃法。

（3）新鲜蔬菜

多吃黄豆芽、油菜、小白菜、白萝卜等富含维生素的新鲜蔬菜。

3. 爽滑身体

正常的皮肤下有皮脂腺，皮脂腺分泌皮脂对皮肤有保护作用。在日常护理中洗澡不宜过于频繁，洗澡水不能过烫，不要用香皂过分揉搓肌肤。并且在洗澡后要趁着毛孔张开时，在5分钟内将护肤乳液涂于全身。推荐食补菜单如下：

（1）蜂蜜

含有的锌、镁等微量元素是皮肤健美的重要成分。

（2）海参

含软骨素、硫等成分，是抵抗肌肉衰老的组成物质。

（3）干果

内含亚油酸，有"美肌酸"的美称，可以治疗皮肤干燥。

（4）水果

维生素含量丰富，是滋润皮肤、调节代谢的重要物质。

4. 润泽乌发

中医观点认为，肾藏精，精又能生血，精血充足，头发才能润泽。保养头发应该补血补肾。在维生素E摄入不足时，皮脂易形成过氧化脂质而损伤发根，造成脱发，头部的肌肤也会变得粗糙。在日常护理过程中要注意经常更换使用不同牌子的洗发水，并注意多补水，可喷一些润发喷雾。推荐食补菜单如下：

（1）补血、健脾的药补

如枸杞子、山药、百合、阿胶。

（2）补肾阴的干果

如腰果、核桃等。

（3）新鲜蔬菜

如菠菜、胡萝卜。

5. 晶莹指甲

中医认为，指甲的部位是气血网络交会集中的地方，与人体五脏六腑、气血经络都有密切联系。健康的指甲需要表面润滑饱满有光泽，边缘整齐。肝阴不足就会引起指甲的问题，如果指甲干裂凹陷，也可能是严重缺铁性贫血的表现。在日常护理过程中应当注意让指甲充分地暴露在空气中，正常地呼吸和新陈代谢，注意手部指甲的清洁，并经常适当按摩指甲，以促进血液循环，提供指甲更多的养分，令指甲有自然光泽。推荐食补菜单如下：

（1）核地羹

取核桃仁5个、生地30克加水煎服，一天两次，常吃可以补肾阴。

（2）蛋白质含量丰富和含有维生素A、D的食物

如牛肉、动物肝脏、蛋类、鱼类、水果、蔬菜等。

6. 新鲜水果美人吃出来

（1）柠檬

柠檬可说是护肤"神奇果"，它的果肉及汁液甚至果皮都能被充分利用，其功能包括洁净和美白肌肤，增加皮肤弹性，并可改善油脂分泌旺盛的情况。

（2）木瓜

木瓜鲜奶可以丰胸，木瓜酵素则可温和地祛除死皮。当你觉得皮肤黯淡，脸上积聚厚厚的死皮时，便应选用含木瓜成分的产品。

（3）酸柑

酸柑全身都是宝，尤其它的种子更为突出，其表面黏状物质的主要成分是果胶，乃食物纤维，其吸水性及保存水分的能力极强，具有天然保湿的效果。此外，其种子里的类黄酮、儿茶素等抗氧化物质能预防皮肤表面

形成黑斑，所含的柠檬酸、果酸也能祛除多余角质。

（4）黄梨

黄梨的果肉有去毒美白功效，因为它包含一种酶，可以消除肌肤上老化的角质。在斯里兰卡，女士都用黄梨片来清洗脸上的污垢。

（5）柑橘

柑橘类如香橙精华，有高洁净功效，可去除污垢和多余的油脂。所含的丰富维生素C具有美白作用，针对黑色素，从而有效改善黯淡的肤色，让肌肤恢复白皙柔滑。

（6）樱桃

樱桃的含铁量位居水果之首，其维生素含量也高于苹果，此外它的矿物质和钾含量也很高，是最佳的补气益血滋养品，可健脑益智，还能使皮肤嫩白光滑，面色红润，祛皱除斑。

（7）黑加仑子

黑加仑子含有丰富的糖、有机酸、矿物质、多种维生素、活性物质及特殊芳香成分，能清洁并唤醒疲倦的肌肤，促进肌肉的兴奋，使肌肤光彩立现。

（8）葡萄

葡萄的美容功效极其多元化。首先，它的葡萄多酚具有抗氧化功能，能阻断游离基增生，有效延缓衰老；而葡萄果核可软化肤质，使皮肤滋润保湿。此外，葡萄果肉蕴含维生素B及丰富的矿物质，可深层滋润、抗衰老及促进皮肤细胞新生。

（9）猕猴桃

猕猴桃除含丰富的维生素A、C和E，以及钾、镁和纤维素外，更含其他水果少见的营养成分如氨基酸及天然肌醇，能渗透并深入滋养肌肤，有效修复受损肌肤，有助抑制黑色素生长，预防雀斑，具有一定的美白功效。

岁月了无痕

美丽女人要学会"吃"掉皱纹。营养专家揭示，维生素A能维持皮肤的柔韧和光泽。维生素C、E为抗氧化剂，可防止皮肤下脂肪氧化，增强皮肤表皮和真皮细胞的活力，避免皮肤早衰老。

铁和铜可使血液充盈皮肤，使皮肤获得足够的营养，避免皱纹的早期出现。注意摄入富含维生素A、C、E及微量元素铁、铜的食物，有利于抗皱。

女人对付皱纹不是没有招数，改变不良的生活习惯，保持开朗的好心情，选择合适的护理产品，并通过调整我们的饮食结构来逐渐减少皱纹，延缓皮肤衰老，把皱纹一点一点"吃"掉。

1. 多吃些富含硫酸软骨素食物

皮肤是由富有弹性的纤维构成，而构成弹性纤维最重要的物质是软骨素硫酸，软骨素主要存在于鸡皮、鸡骨、鱼翅等软骨内。如果说鱼翅显得有些"奢侈"，那么鸡皮、鸡骨就是再平常不过的食物了，当你品尝完鲜美的鸡肉后，千万别把鸡骨头、鸡皮给扔掉，你可以把它们搁在一块熬汤喝。这可以延缓皮肤皱纹的产生，使皮肤保持弹性和细腻。

2. 多吃些富含核酸的食物

如鱼、虾、牡蛎、蘑菇、银耳、蜂蜜等，可消除老年斑。近年来研究发现，补充核酸类食物，既能延缓衰老，又能阻止皮肤皱纹的产生。

3. 多吃些富含碱性的食物

碱性食品包括绝大部分蔬菜、水果、豆制品和海产品等。研究表明，过量的酸性食物则使血液呈酸性，使血液里的乳酸、尿酸含量相应增加。这些物质随汗液来到皮肤表面，就会使皮肤变得没有活力，失去弹性，尤其会使面部的皮肤松弛无力，遇到冷风或日光暴晒，容易裂开。多吃些碱性食物，可使血液呈现弱碱性，减少乳酸、尿酸的含量，减轻对皮肤的侵蚀、损害。

4. 多吃富含胶原蛋白的食物

如猪皮、猪蹄、甲鱼等。这种胶原蛋白具有增强皮肤贮水的功能，滋润皮肤，保持皮肤组织细胞内外水分的平衡。胶原蛋白是皮肤细胞生长的主要原料，能使人体皮肤长得细白、白嫩，使皱纹减少或变淡。

5. 多喝牛奶

牛奶中的蛋白质是优质蛋白，它能使肌肤富有弹性和光泽，对皱纹的生成具有良好的抑制作用，美化肌肤。另外，牛奶中的铁，可促进皮肤的新陈代谢，生成血色好的健康皮肤；牛奶中还富含钾，可使皮肤的水分保持在一定水平，可有效预防皮肤因干燥而生成细小皱纹的可能性。

6. 多饮茶

茶叶是非常优良的天然保健饮品，经常饮用，有助于保持皮肤光洁白嫩，推迟面部皱纹的出现并减少皱纹。尤其是绿茶里的维生素与茶多酚的含量最多，这种元素对于防皱抗衰的效果颇佳。但饮茶时切忌过浓。

7. 多喝热柠檬水

柠檬能祛除皮肤上的斑痕色素和皱纹。每天早晨喝上一杯热柠檬水，3个月后便会有美容效果，如果在热柠檬水里加入少许纯清蜂蜜和1个生鸡蛋的蛋清，效果则会更加明显。

8. 多饮水

每天要保证饮水量充足，我们提倡每天喝6~8杯水，这能使皮肤润泽而有弹性，从而不易产生皱纹。当然，6~8杯是一个参照量，饮水量可随着气温、各人的体质、饮食质量与机体活动而变动。

PART 4
巧用迷人"化妆术"

化妆是一种修饰，精致的化妆能增添个人的魅力及气质，在工作环境中、适度的化妆可体现个人成熟干练的形象，更可以加深别人对你的印象。好的妆容可以让你更加漂亮动人，下面我们一起来学习化妆的技巧，让你在最短的时间内成为化妆高手。

化妆轻松上手

1. 日常化妆技巧

（1）粉底

最好选用粉红色调的粉底霜。

（2）蜜粉

适宜选择淡紫色，因为它既可掩盖东方女性皮肤的黄色，又可使皮肤更富有生机。

（3）眉毛

描眉时应用双色眉笔，先用棕色的描一遍，再用黑色的描。描完之后，要将眉扫匀，使其颜色更为自然。注意眉毛不要修画成细弯的柳眉，而应该在柳眉的基础上略为加粗、描平，这样才能显得更有时代气息。

（4）眼影

抹眼影时要注意内眼角用浅色，外眼角用深色；内眼角从下向上抹，外眼角从上向下抹，这样可以增加眼部的立体感。

（5）眼线

上下眼睑尽量靠近睫毛线处描以粗黑的眼线，外眼角略为上挑，勾成凤眼状。但要注意眼线不要把内眼角画满，否则看起来眼睛会变小。

（6）腮红

腮红有修饰脸型的作用，可用一深一浅两种颜色，深色的擦在颧骨内侧靠近鼻子处，浅色的擦在从颧骨到太阳穴的部位。

（7）嘴唇

先画唇线，后涂唇膏，唇线的色调要比唇膏的深。涂唇膏时，上唇可以全部涂满，但下唇的中央部分则可以不涂或涂得薄一点。

2．不同脸型的化妆技巧

（1）椭圆脸型

椭圆脸型是最理想的脸型，所以要尽量保持其完整。这一脸型的化妆要注重自然，不要有所掩饰。

眉毛：顺着眼睛把眉毛修成正弧形，位置适中，眉头与内眼角齐。

胭脂：抹在颧骨最高处，而向后向上化开。

嘴唇：依自己的唇样涂成最自然的样子，除非自己的嘴唇过大或过小。

发式：采用中分头路，左右均衡的发型最为理想。

（2）长脸型

属于这种脸型的，应利用化妆来增加面部宽阔感。

眉毛：位置不可太高而有角，眉毛尤不应高翘。

胭脂：抹在颧骨的最高处与太阳穴下方所构成的曲线部位，然后向上向外抹匀。前端距离鼻子要远些。

嘴唇：可稍微涂得厚些。两颊下陷，宜在面部敷淡色粉底成光影，使其显得较为丰满。

发式：可采用七比三或更偏分的头路，这样可使脸看起来宽些。发型以往下附着及两边有束软发卷最为合适。

（3）圆脸型

这种脸型是可爱的，而且要修改成理想的椭圆形并不困难。

眉毛：不可平直和起角，并不可太弯，应为自然的弧形和带少许弯曲。

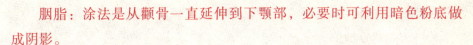

胭脂：涂法是从颧骨一直延伸到下颚部，必要时可利用暗色粉底做成阴影。

嘴唇：部分上唇化成阔而浅的弓形，均匀涂成圆形小嘴。

发式：以六比四的比例来分头路最好，这样可使脸显得不那么圆，两侧要平伏一点，若有刘海的，则必须弄厚些，并要有波浪。

（4）方脸型

这种脸型的人，两边颧骨很突出，因此要设法掩饰。化妆时要注意增加柔和感，以掩饰脸上的方角。

眉毛：眉毛要稍阔而微弯，不可有角。

胭脂：不妨涂得丰满一些，可用暗色粉底来改变面部轮廓。

嘴唇：唇角稍向上翘。

发式：头发以七比三的比例来分头路，使额部看来阔一些。发型以波浪或卷发增加上方的力量。

3．淡妆的秘诀

在日常生活当中，淡妆对于女性来说非常实用，你只需要很少的几样化妆品就可以达到容光焕发的目的。特别是对于那些原本肤质较好的人，只要选择与自己肤色相近的遮瑕膏在眼圈、下巴、鼻子周围用点状按压方式轻轻打上，使肤色表现一致，再刷上薄薄一层蜜粉就可以使你的妆容变得异常美丽。那么，对于爱美的女性来讲，怎样做才能将淡妆化得恰到好处呢？

脸上的妆色要均匀。可先将脸上的斑点、瑕疵稍微遮掩，再薄薄地使用粉底，接着刷上蜜粉即可。

修饰良好的眉形及色彩恰当的睫毛膏会使你看起来清爽亮丽。

注意腮红的位置，不要过多地刷在颧骨下方。

选用淡淡色彩的口红就可以了。

当然，画淡妆时如果你不用粉底，蜜粉的使用就格外重要了，你应该选择半透明的能带出肌肤透明亮度的产品，以帮助你吸收脸上多余的油脂，使遮瑕膏的效果更好。其次，淡淡的眼影与唇彩和自然色彩的修容饼，这些都可以帮你带出红润的气色来。

4．彩妆的秘诀

（1）椭圆脸型

脸型的长短宽窄比例适宜，颧骨不是很明显，这种脸是最理想的脸型。

粉底：打肤色粉底，在两颊上施深色粉底可使脸型更有立体感。

眉毛：适合任何眉型。

鼻影：视鼻子长短来修饰，但主要以自然立体为主。

口红：适合标准唇型。

腮红：两颊轻刷椭圆形腮红或标准腮红。

发型：适合任何发型。

（2）长脸型

脸部较长，可在脸上打好均匀的肤色粉底，在两腮和下巴部位加上深色粉底可以使脸看上去比较秀气。

粉底：在额部和下巴都要打上深色粉底。

眉毛：眉毛的2/3画直，眉峰不宜太高，较长的一字眉较为适合。

眼线：可画椭圆形。

鼻影：不适合画太明显的鼻影，宜以自然为主。

口红：上唇不宜画得过于丰满，下唇可画得丰满些。

腮红：宜往耳边擦，以横刷为佳。

发型：不适合中分和梳的太高的发型，前额宜留些刘海。

（3）圆脸型

较为可爱的脸型，但由于脸型太圆太宽而缺乏立体感。宜在两腮和额头两边加深色粉底，并以长线条的方式刷染，强调纵向延伸，以使圆脸感觉修长立体。

粉底：两腮施深色粉底，下巴和额头中间施白色粉底。

眉毛：眉峰1/2带角度，眉毛宜画高，眉毛不宜画得过长、过浓。

眼线：适合长型的眼线。

鼻影：视鼻子长短来画，在鼻梁两旁画两条深色，鼻子中间画白色。

口红：宜淡色，避免画成圆形。

腮红：两颊宜刷高些、长些。

发型：宜高，但忌梳得过宽。

（4）方脸型

脸型线条方正，缺乏温柔感。可在两腮和额头两边施深色粉底，额头中间和下巴施白色粉底，另外再强调出眉和唇等部分的彩妆可使脸型修长。

粉底：两腮和额头两边施深色粉底，下巴和额头中间施白色粉底。

眉毛：眉峰不宜太明显，标准眉型或角度眉皆可。

眼线：宜画圆形。

鼻影：视鼻子的长短来画，鼻梁两旁颜色不宜太深。

口红：宜上下嘴唇都画圆些。

腮红：宜两颊施较深颜色，刷高或刷长均可。

发型：两颊头发不宜过短，宜往前梳。

装点你的眼睛

1. 三大问题眼睛的修饰秘诀

（1）对付内双眼皮——上眼线增宽为眼褶的1/3厚

上眼线要适当加宽，约为眼褶的1/3厚度。

将深色眼影从眼线处开始向上做放射状晕染。

用亮色眼影提亮眉骨，以增加立体感。

从眼角到眼尾画上细细的下眼线。

选择加长型的睫毛膏，可为双眼增添魅力。

此外，紫色、艳蓝、绿宝石色都适用于弥补内双眼皮的遗憾。

（2）对付肿眼泡——膏状眼影打底加放射状晕染

先用膏状眼影打底，以使后续的眼影粉更服帖。

用深色眼影从眼角处开始以放射状的弧度向眼尾处晕染开。

在眼角、鼻梁处用白色珠光眼影提亮，增加面部轮廓的立体感。

此外，金棕色系、咖啡色系、紫水晶色系都很适合。

（3）对付黑眼圈——遮瑕膏打底

先用遮瑕膏打底遮盖。

画上浅咖啡色或是浅灰色的眼线，以增加眼睛的层次感。

选择亮度高的浅色系眼影遮盖黯沉的上眼皮。

剩余的眼影可从下眼尾刷向眼中部，修补下眼圈的黯沉。

此外，绿色、浅蓝色、藕粉色都很适宜。

2．让眼睛变大的6种秘密武器

（1）深色眼影

能够与肌肤颜色自然融合，使眼睛的立体感强烈，让你的眼睛看起来大而有神。

（2）闪亮眼影

涂在下眼睑部分，闪闪发光的颜色可以让你更动人。

（3）眼线笔/液

可加深眼部轮廓，使你的眼睛看起来更大。

（4）眼影棒

在涂抹较深色眼影时，选用眼影棒比较合适。像眼睑部分的眼影，可以用眼影棒来涂抹。

（5）睫毛夹

夹出上翘睫毛，是让睫毛"放电"的重要武器。

（6）睫毛膏

可使你的睫毛看起来又长又密，更有魅力。在涂抹时，要注意一根一根仔细涂抹，不要忽略任何一根睫毛。

3．近视眼妆容3大技巧

近视镜片会使眼睛缩小、眼球外凸，所以眼妆的手法显得尤为重要。将眼睛变大、淡化外凸是整个妆容的重点。

（1）眼影钟爱同色系

眼影色彩以同色系为好，丰富的眼影色会减弱眼睛的形象。切忌选择藕荷、浅紫、淡粉、淡蓝的眼影，它们会加重眼球外凸的感觉。咖啡色、带珠光的棕色是最安全的选择。化妆时可在上眼睑边缘处用深咖啡眼影，然后慢慢过渡到眉下，利用同色眼影由深至浅的变化来增大眼睛。眼影不知道怎么搭配时，不妨以冷对冷、暖对暖的搭配法则，这样的眼影绝对自然，不会出错。

（2）略粗眼线效果好

因为镜框与镜片增加了面部的额外内容，眼妆必须相对简洁，不论你是单眼皮还是双眼皮，增大眼睛的利器就是略粗的眼线和浓密卷翘的睫毛。不妨试试液体或笔芯较软的眼线笔，将眼线从睫毛根部描绘，深浓偏粗的线条会使眼睛有所扩大，镜片的反光作用会相应减弱眼线描画后的痕迹。

（3）一定要用睫毛夹

睫毛夹是近视美女增大眼睛的法宝。在涂睫毛膏之前，一定要先使用睫毛夹，从睫毛的根部夹起。涂睫毛膏时先在睫毛的根部横向以"Z"形反复涂抹，再轻刷睫毛，这样能使根部倍显浓密。为了增大睫毛卷翘的弧度，涂睫毛膏之前夹一次，涂过睫毛膏之后再夹一次，睫毛就可以卷卷的了。

4．单色眼影巧塑3款靓丽迷人眼妆

（1）眼窝垂直晕染法

这是最简单的一种眼影画法，从上眼皮贴近睫毛根部距眼尾1/3处开始画，先向外画，再向内眼角延伸。然后将眼影向上慢慢晕开，逐渐与眼窝肤色融合。

（2）眼影变身彩色眼线

用彩色眼影在上下眼皮画出彩色粗眼线也是目前流行的随性画法。在上眼皮刷上彩色眼影，令眼睛隐隐焕发出一点色彩，又不会太过张扬。在贴近睫毛处描画之后可向外轻轻晕开一下。下眼线可只画外1/2部分，也可以画到内眼角，依你的眼型和喜好而定。

（3）只有彩色下眼线

上眼皮除了涂上黑色睫毛膏（也可加上黑色眼线）之外没有色彩，只将比较亮丽的颜色画成下眼线并稍加晕开，这是彩妆的新玩法哦！同样只用

一种色彩，却比传统画法多了几分个性，还可运用一点较为亮丽的色彩，不妨在奔赴Party前尝试一下吧！

5．让你的睫毛更粗更细更密更性感

（1）更粗

睫毛膏涂得越厚，睫毛看起来就越粗。从根部开始从下向上拉。每涂完一次，都要用干净的睫毛刷或者睫毛梳从根部把每根睫毛梳开，防止结块。用同样的方法再涂两三次睫毛膏。但是要注意，一定要保证在前一次睫毛膏还没有干透的时候涂第二次。

（2）更长

涂抹两次，每次在睫毛膏未干时梳开睫毛，在睫毛尖部再涂两次，起到加长的效果。

（3）更密

要想让睫毛看起来更密，刷睫毛时在睫毛的根部轻轻晃动，使根部覆盖更多的睫毛膏，这样看起来更浓密，然后向上拉出。

（4）更性感

如果想使睫毛看起来更性感，用沾满睫毛膏的睫毛刷，直接沿着睫毛的弧线从底部涂到顶端，只涂一次。这样的方法会使睫毛看起来有一点迷离凌乱，眨眼间能体现出恰到好处的性感。

场合妆的化妆技巧

1．上班族化妆重点

化妆是一种修饰，精致的化妆能增添个人的姿色及风格，在工作环境中、适度的化妆可表观出个人成熟干练的形象，更可以加深别人对你的印象。

（1）粉底

上班妆应选择接近自己肤色、遮盖度属中低的粉底，强调妆容的自然。深色粉底会使涂抹部位产生深陷感，缩小的效果则将较淡的粉底色用在两颊，其他部分使用浅色粉底，以增加脸部立体感。窄或长脸形，则将

深色粉底擦在额头和下巴，修饰脸形，以浅色粉底擦在鼻梁中央，深色擦在鼻翼两侧，使鼻子看起来较高挺。

（2）眉形

上班族眉毛不需要过于工整老气，可以略加修整，重点是拔除眉毛下边的杂乱毛发，但忌拔除上方部位的眉毛。

（3）眼影

画眼影的重点是眼影应在这条线内画，不要超出这条线以外。画得太多，眼睛看起来会有一点忧愁，如果眉毛嫌短，也可以补长眉毛。

要使眼睛深陷，就在整个眼皮上施深色眼影，往上晕开明亮的显光眼影，沿着眉毛下方擦上；若要让眼睛圆一点，则沿着眼皮下陷部位施深色眼影，然后再沿着深色眼影擦上明亮的显光眼影。穿颜色鲜艳的服装时，眼影颜色应柔和，穿暗深色的服装时，眼影颜色应活泼。

（4）唇部

唇部化妆应先用唇形笔将理想的唇廓描出，再擦上唇膏，唇膏与指甲油的颜色应与服装、眼影及腮红相协调，以及同色系为宜，唇形自然，予人明朗愉快的感觉。棕红色或褐红色唇膏，适合日间上班装扮，最能表现出明朗的健康美。

（5）腮红

腮红擦在颧骨上方，可以强调颧骨轮廓。圆形脸腮红拉长有助于平衡脸形。上小下方的梨形脸，可以拉长腮红修饰。瓜子脸、心形脸及长椭圆形脸，腮红不必拉得太长，以免显得脸太窄。

2．职业化妆的讲究

（1）记者妆

记者接触的对象是各不相同的，因此基础化妆上强调脸部骨点的立体感，眉间宽阔会给人以公正、包容的印象，眼部化妆不重，但用线精致，有层次感。鼻影恰到好处只染鼻根侧。这样双眼看上去会有专注、理解的印象。唇部化妆是记者妆型最重要的部位，唇峰宜阔不宜紧，且不宜上下起伏大，而是平缓开阔的。下唇角对应着也不能窄，而是圆中带方的。

（2）教师妆

教师的化妆不宜太浓，妆面应干净整洁，将少许的化妆色和线条造型结合起来，以创造条理清晰的眉毛、生动明亮的眼睛和庄重周正的嘴唇线条，以使整个妆容让人看起来可亲可近、精力充沛。

（3）公务员妆

宜大方得体的淡妆为宜，特别是注意塑造正挺的鼻子，再用平实沉稳的眉眼唇形配上去，就会产生一种专业、公正的态度。

（4）秘书妆

宜清秀、理智、可信、温和、光洁的妆面，干净柔顺的直发，展开的平眉及单眼皮会给人理智可信的印象。对于佩戴眼镜的女士，眼镜框宜简单、细巧，会给人以精明干练的感觉。

（5）护士妆

护士妆不能有化妆痕迹，化妆色要淡到几乎没有。口红应很淡，只是滋润的印象。眉眼展开，给人亲切又专注的感觉。腮红不再用于造型，而是健康的血色。定妆粉宜轻薄、透明。

3．面试化妆3大技巧

成功的面试妆可从3个要点下手：

（1）肤色干净，不泛油光

夏天的炎热气候，常常会有出油问题，顶着满面油光参加面试，尴尬又留下不佳印象。宜选择具吸（控）油效果的粉底。

（2）立体线条，奕奕有神

面试当中目光的接触可以说相当重要，眼妆便需要特别注意。最好选用中性色调的眼部彩妆，才不会与肤色形成过于突兀的对比；褐色的眼线及薄薄的睫毛会是相当安全的方式。简单线条的彩妆，可以立即营造出脸部的立体感。眉毛、睫毛膏是不能忽略的重点，眼窝处适当画上自然色眼影，甚至可选择带点淡淡的珠光色泽，就有画龙点睛之效，创造明亮有神的眼神与神采。

（3）色彩淡雅自然

新人在面试时，不仅要展现年轻人的朝气与干劲，也要显出沉稳的专业态度。最好不要画太多种鲜艳或浓丽的色彩，因为这可能会分散主试者对你的注意力。唇膏宜选用色彩较不鲜艳、但亦不需要经常补妆的中淡色腮红务求自然且能够与肤色相搭配融合，以呈现健康红润的面容；指甲应修剪得整洁而且长短合宜。综合以上重点，拥有干净的好气色，再加上得体的仪态，礼貌地应对进退，在求职的过程中，绝对给人满分的好印象。

4．晚间社交妆的化妆技巧

晚妆与日妆相比，具有如下两个方面的特点：

（1）妆色浓艳

由于晚间社交活动一般都在灯光下进行，且灯光多柔和、朦胧，如果妆色清淡，就显不出化妆效果。因此，晚妆应化得浓艳些，眼影色彩尽可能丰富漂亮，眉毛、眼形、唇形也可作些适当的矫正，使你看起来更加光彩迷人。

（2）引人注目

晚妆可充分发挥自己的想象力，把自己打扮得更加漂亮，更具魅力，更引人注目。

晚装一般分以下几个步骤：

滋润霜：化妆之前，先在面部和颈部涂一层滋润霜，以便发挥底粉的妆效。

底粉：底粉的颜色一定要比自己的肤色深，再仔细地用海绵扑打妆底粉，使其均匀遮盖。如果眼下的眼晕很黑，应在打妆底粉前涂上遮瑕霜。

描影色和亮色：运用描影色和亮色的化妆技巧，将脸型修饰成椭圆形。当然，这只是运用了人的视觉错觉现象而已，并非真正改变了人的脸型。

胭脂：在颧骨凸出处，涂上浅色的虹彩光的胭脂；在颧骨凹陷处，涂上深色的不泛光的胭脂。为了在夜间显得更有光泽，还可以在颧骨凸出处原来涂有的浅色虹彩胭脂上面，再加一层白金色的眼影，使其增加亮度。

眼影：在上眼睑部位涂上些眼影，并用眼影在眉骨与上眼睑之间涂出分界线，再用淡色和虹彩色眼影，使眉骨部的色彩亮丽起来。

眼线：在上下眼睑画眼线，颜色要深。因为深色的眼线在夜间更能衬托出眼睛的明亮和深邃。但须注意的是不要将整个眼睛画成两圈，这样会使眼睛显得小。在下眼睑高出的地方，要用蓝色的眼影或眼线笔涂上几笔。

睫毛膏：分次涂上睫毛膏。涂完第一层睫毛膏后，用睫毛刷梳开睫毛，并除去多余的睫毛膏，再用透明的蜜粉，刷在睫毛上，而后将颜色刷入眉毛。

刷眉毛：先将眉毛刷整齐后，沾些金色眼影在眉毛上。

口红：涂完口红后，将珍珠色或金色唇膏涂在嘴唇上，使嘴唇显得更加艳丽。

定妆：用淡色的眼影在鼻子、颧骨和下颌处，作最后的轮廓描绘；用白色眼影修饰双颊的顶端、鼻梁和下巴。最后用虹彩透明的蜜粉定妆，再用粉刷整理。经过上述几道程序后，一个艳丽的晚妆便显现出来了。

PART 5
打造人间 "胸器"

乳房是展现女性美的特征之一，同时也是哺乳后代的重要器官，所以学会如何呵护乳房的方法就显得尤为重要了。影响胸部健康的因素有很多，诸如：饮食、睡姿、佩戴的文胸等等。下面介绍一些丰胸的好方法，让你凹凸有致，做个丰满女人。

1. 丰胸全攻略

（1）丰胸饮食

维生素C：葡萄、西柚等，防止胸部变形。

维生素E：芹菜、核桃等，有助胸部发育。

维生素A：椰菜及葵花籽油等，有利激素分泌。

维生素B：牛肉、牛奶及猪肝等，有助激素的合成。

锌、铁、钙、蛋白质：必备的营养素。

蔬菜、水果：具有丰胸健美的功效。

药膳类：红枣、山药、桂圆、川芎等，都有活血、补血、补气的效用。

（2）睡姿

睡觉时不要戴文胸，因为文胸的钢丝会压迫胸肋骨，阻碍其正常呼吸，而且人在侧睡时文胸易变形，长时间穿戴紧身的文胸，胸部被长期压迫，会影响血液循环，阻碍胸部的发育和健康。所以睡觉时应摘下文胸，轻轻松松进入梦乡。

（3）调整姿势

驼背：经常含胸、驼背，时间一久就会影响到胸部的健康发展。所以，我们应该保持昂首挺胸的姿势。

弯腰：由于工作节奏紧张，往往不由自主地就会弯腰，这不仅会增加腰椎的负担，而且还会阻碍血液循环，从而影响到胸肌的发育。

抱臂：经常将双手环抱于胸前的姿态，会加剧胸部的负担。尝试放松地将手自然垂放于腿两侧，或伸伸懒腰，有助于改善胸型。

趴睡：趴着睡觉不仅会影响面部的美丽，而且还会压迫胸部，正确的睡姿应该是仰卧微向右倾。

（4）美胸魔法

指压时搭配以下的穴道，进行精油按摩，每次压5秒，一次进行5~6个回合，更有神奇的功效。

膻中穴：胸部并行线上的中心点，正对到胸骨上的位置。

乳根穴：双乳中心点向下，乳房根部的正下方处，一边一个。

天溪穴：位于乳头向外延长线上，将手的虎口张开，正对乳房四指托住，拇指对着乳房外侧两处（第四五肋间）即是天溪穴。以上施行时，同时交错用冷水淋浴按摩，越冰越好，对于乳房的尖挺更有奇效，最好按摩五分钟，施行冷水泼洒按摩一次。

（5）丰满胸部

在进行此项练习时，肘、腕与肩处于同一水平面位置，重量中等。前推时充分体验肌肉收缩的感觉，然后慢慢地放回原处，动作不易过快。锻炼时尽量保持均匀呼吸。每次三到四组，每组15~18次。

（6）增加胸围

此项练习强度要稍大，下胸的肌肉可直接影响胸部的围度，可使胸部显得更加挺拔。下推时充分体验肌肉收缩的感觉，然后慢慢地放回原处，动作还原时不易过快，锻炼时尽量保持均匀呼吸。每次三到四组，每组10~12次。

（7）乳沟雕塑

站在两个拉手中间，臂部处稍屈，右脚在前，左脚在后，双臂充分伸展。双手向下划弧线相互靠拢，肘部微屈，双手在下面交叉，改变前后关系，充分体验肌肉收缩的感觉，然后慢慢地放回去，使胸肌得到最大的拉力。

2. 健康文胸呵护美丽乳房

乳房是展现女性美的特征之一，同时也是哺乳后代的重要器官，用以呵护乳房的文胸就显得很重要。一些爱美女性在选购文胸的时候，往往只注重款式，殊不知漂亮的文胸不一定就是最好的选择。专家认为最贴体、最适合自己的文胸才是最好的选择。

（1）罩杯尺寸不可含糊

很多女性并不清楚自己的尺寸，还有一些人按照以往的尺寸购买，其实胸部尺寸会随时间产生细微变化，因此购买文胸时选择以往罩杯尺寸往往是不适宜的。

事实上，文胸罩杯的尺寸A、B、C是根据罩杯的深度来进行分类的，并按照胸围与乳下围的差值来区别的，但这并非是全部标准。重要的是除文胸的钢托要与乳房的圆周边缘相吻合外，罩杯的深度还需与乳房的丰满度相适应。

而现在市场上销售的文胸大部分是加入钢托的，钢托附着于各类罩杯上（包括1/2罩杯、3/4罩杯、5/8罩杯和全罩杯等）。对于这类文胸来说，更需要与穿着者的乳房圆周很好地吻合。因为如果文胸与乳房的圆周形状不吻合，不仅穿着不舒适，还会造成一定伤害。

如果文胸尺寸过小，容易造成胸部边缘的脂肪被挤向体侧，同时背部的脂肪也很容易受到压迫。这样的穿着会很辛苦，而乳房中部的脂肪也会受到文胸上缘的挤压，逐渐向体侧转移。文胸尺寸过大也不好，因为文胸穿着过程中，大小合适的钢托才会起到护理作用。如果胸部和文胸之间能轻易地放下一根手指，就证明文胸太大了。

（2）质地良好很重要

文胸从根本上说要有一定包容性，才能有效地给乳房以托力。从这个角度上说，文胸的组成材料和材料的结构方式起着决定作用。不管材料是真丝的、全棉的、化纤的、混纺的，都会使它们产生很强的伸缩力，即我们习惯上说的弹性，而双层结构的针织面料其弹性又强于单层的。因此，内衣柜台上出售的文胸有70%~80%会采用针织面料，其他的花边状、网状

等种种组织结构方式，明显缺少弹性。就针织面料来讲，针织全棉面料最富弹性，而且具耐久性。

（3）精心护理不可小觑

文胸在穿、洗、晾、收的过程中也会逐渐失去原来最佳的功用，而底托钢丝的扭曲有可能是洗涤不当引起的。清水漂洗后如用双手正反旋转来绞干，一件好胸罩会损坏。胸罩的生命在于它的底边，如果底托不平会慢慢造成两乳不对称。所以底边一旦松弛，应该立即丢掉。

3．女人的优雅不比罩杯逊色

女人的性感往往取决于男人的审美趣味。为了讨男人的欢心，成就了多少为隆胸而前赴后继的美女勇士。或许世上所有的女人都在意自己的容貌远胜于其他事物。尤其是胸前高耸的风景对她们来说是怎样的一种妩媚风韵啊。

有人曾说：优雅就是永远地留有余地。

虽然奥黛丽·赫本的衣服大多是密不透风的，但她的胸围还是不需测量，一眼便知——A罩杯。盛传赫本是由于童年时营养缺乏，才造成日后清瘦的小女生身材。但这些并不妨碍她大红大紫，风靡了整整一个时代。自《罗马假日》之后，"优雅"这个词永远都与赫本紧密相连。

张曼玉也一直被国人奉为"优雅"的典范。她是那种在岁月的洗涤下越来越有味道的女人，身上散发的光芒不是凌厉刺目，而是温润内敛。即便信手拿来一件普通的礼服，穿在她的身上一样会艳惊全场。她就是时间的杰作，优雅的代名词。因此，没有人会去在意她的年纪，包括她的A罩杯。

PART 6
优雅女人迷人装

衣着靓丽的女人永远都是都市生活中一道独特而靓丽的风景，那么你在打点自己的行头时应当注意哪些方面的问题呢？通过阅读下文，相信你会找到答案的。只要找到适合自己的服装，就会衬托出你的美丽非凡。

色彩，让女人化蝶而出

每一个人都有自己的颜色，有与自身肤色相生或相克的色彩。从而，找到属于自己的颜色去打扮，你就会美丽非凡。

事实上也的确如此，生活中同一个人，搭配某些颜色足可让她光彩照人，而有的颜色却让她显得面目无光、疲惫不堪。由此可见，不同的颜色适合不同的人，色彩与人之间有着微妙的关联。

但实际生活中，大多数女性所关注的是服饰之间的色彩搭配是否适宜，却忽略了自身肤色与服饰之间的色彩搭配问题。衣饰配衬得再合宜，倘若与肤色不和谐效果也不会好。因此，女人要找到属于自己的颜色，从而选择适合自己肤色的服饰和妆容色彩，这样才能让你看起来清新亮丽、活力四溢。

1. 服装色彩和谐搭配技巧

服饰的美不美，并非在于价格高低，关键在于配饰得体，适合年龄、身份、季节及所处环境的风俗习惯，更主要是全身色调的一致性，取得和谐的整体效果。

服装给人的第一印象是色彩。人们经常根据配色来评价穿衣者的文化艺术修养。所以服装配色，对着装很重要。服装色彩搭配得当，可使人显

得端庄优雅、风姿卓著。

恰到好处地运用色彩不但可以修正、掩饰身材的不足，而且能突出你的优点。如对于上轻下重的形体，宜选用深色轻软的面料做成裙或裤，以此来削弱下肢的粗壮。身材高大丰满的女性，在选择搭配外衣时，亦适合用深色。

正确的配色方法，应该是选择一两个系列的颜色，以此为主色调，占据服饰的大面积，其他少量的颜色为辅，作为对比、衬托或点缀装饰重点部位，如衣领、腰带、丝巾等，以取得多样统一的和谐效果。总的来说，服装的色彩搭配分为两大类：一类是协调色搭配，另外一类则是对比色搭配。

（1）协调色搭配

同类色搭配：指深浅、明暗不同的两种同一类颜色搭配，如青配天蓝，墨绿配浅绿，咖啡配米色，深红配浅红等，同类色配合的服装显得柔和文雅。

近似色相配：指两个比较接近的颜色相配，如红色与橙红或紫红相配，黄色与草绿色或橙黄色相配等。绿色和嫩黄色的搭配，给人一种春天的感觉，整体感觉非常素雅，娴静的淑女味道不经意间流露出来。

（2）对比色搭配

强烈色配合：指两个相隔较远的颜色相配，如黄色与紫色，红色与青绿色，这种颜色比较强烈。黑、白、灰为无色系，所以，无论它们与哪种颜色搭配，都不会出现大的问题。一般来说，如果同一种色与白色搭配时，会显得明亮；与黑色搭配时就显得昏暗。因此在进行服饰色彩搭配时应先衡量一下，你是为了突出哪个部分的衣饰。不要把沉着色彩与更深色调的颜色用在一起。例如：深褐色、深紫色与黑色搭配，这样会和黑色呈现"抢色"的后果，令整套服装没有重点，而且服装的整体表现也会显得很沉重、昏暗无色。

补色配合：指两个相对的颜色的配合，如红与绿，青与橙，黑与白等，补色相配能形成鲜明的对比，有时会收到较好的效果。这里，黑白搭配是永远的经典。

可见，女人在选择服装的时候，一定要注意到很多细节，这其中颜色当然也是一个非常重要的因素。因为不同的颜色代表不同的风格，颜色改变，也就改变了不同的你。

2．改变颜色，穿出多种风情

（1）白色的搭配原则

白色可与任何颜色搭配。白色下装配带条纹的淡黄色上衣，是柔和色的最佳组合；下身着象牙白长裤，上身穿淡紫色西装，配以纯白色衬衣，不失为一种成功的配色，可充分显示自我个性；白色褶裙配淡粉红色毛衣，给人以温柔飘逸的感觉；上身着白色休闲衫，下身穿红色窄裙，是一组大胆的组合，显得热情潇洒；象牙白长裤与淡色休闲衫配穿，也是一种成功的组合。

（2）蓝色的搭配原则

蓝色服装最容易与其他颜色搭配。而且，深蓝色还具有紧缩身材的效果，极富魅力。蓝色合体外套，配白衬衣，再系上领结，非常适宜出席一些正式场合，会使人显得神秘且不失品位；曲线鲜明的蓝色外套和及膝的蓝色裙子搭配，再以白衬衣、白袜子、白鞋点缀，会透出一种轻盈的妩媚气息；上身蓝色外套和蓝色背心，下身配细条纹灰色长裤，呈现出一派素雅的气息；蓝色外套配灰色褶裙，或配以葡萄酒色衬衫和花格袜，色彩明快，显露出一种自我个性。

（3）褐色的搭配原则

褐色与白色搭配，给人一种强烈的清纯感觉。褐色及膝圆裙与大领衬衫搭配，可体现短裙的魅力，增添优雅气息；褐色毛衣配褐色格子长裤，可体现雅致和成熟；褐色厚毛衣配褐色棉布裙，通过两者的质感差异，可表现出穿着者的特有个性。

（4）黑色的搭配原则

黑色是个百搭的色彩，无论与什么色彩放在一起，都会别有一番风情。上衣黑色的印花T恤，下装就换上米色的纯棉含莱卡的及膝A字裙，脚上穿着白底彩色条纹的平底休闲鞋子，整个人看起来格外舒适，还充满着阳光的气息；或配以低腰微喇的米色纯棉休闲裤，会带给人前卫青春的强烈信息。

着装的礼仪

如今"社交"两个字早已不再是上流社会的专利。生活中，必有各种事务须得应酬。而各类交际场合，女性往往会对着各种酒会、晚宴的请柬发呆——应该如何装扮才能恰如其分呢？

公务场合着装要庄重、端庄大方、严守传统，不能强调个性、过于时髦、显得随便。因此最好穿深色毛料的套装、套裙或制服，不允许穿夹克衫、牛仔装、运动装、健美裤、背心、短裤、旅游鞋和凉鞋，衣服不能肮脏、褶皱、残破、暴露、透视、过大、过小或紧身。

社交场合主要指宴会、舞会、晚会、聚会等应酬交际场合，服装应突出时尚个性，可穿时装、礼服或民族服装，最好不要穿制服或便装。而休闲场合穿着应舒适自然，忌正规古板。

下面为大家提供一些不同场合的着装技巧，以供参考。

1. 舞会上的着装

对于女士来说，装束应该是长款的，并做到所能承受的最精致的程度。舞会也是一个把最好的首饰从保险箱中取出来，体验佩戴的乐趣。穿裤子通常是不允许的，除非这种女裤的设计非常精致，看起来和正式的舞会女裙一样得体。即使是最年轻的女士也应当打扮起来和从前完全不同。舞会的吸引力在于它的特别和精致。每个参与者都应当努力在装束、行为以及礼貌上积极合作，以保持舞会的特别之处。

初次参加社交活动的女士可多穿着白色衣裙。穿无袖或无肩带的女裙的女士，可以戴长手套，这种手套可以一直戴到舞会开始以后。但是开始跳舞或者晚餐开始时应当脱掉手套。

2．观看演出时的着装

华丽感吊带上衣加外套。一件设计与质地上乘的宽松吊带上衣是商务女性最值得投资的单品。搭配上班穿的宽腿裤，足以应付一切不太正式的社交场合。质感华丽的外套使全套打扮保暖又优雅。这种外套还可以穿在普通的小黑裙或连身A字裙外，成为观看演出的良好选择。

3．经典酒会上的着装

自20世纪70年代包身裙诞生之日起，一种无扣无拉链、仅凭两条腰带、易穿易脱的裙子就时常会受到争议。一些人认为它根本不算什么设计，但另一些人却将它与香奈儿女士的小黑裙一起列为"20世纪十大时装发明"。但商务女性肯定是最青睐这种裙子的群体——七分袖，强调腰线，大幅裙摆塑造臀形，最大限度地凸显了女性的身材，无论胖瘦都自有风味。V字领口可随腰带系打的松紧调节大小，即使包到最紧，那个V字仍足够应付下班后商务酒会的优雅着装要求，而白天外面穿上西装，就是再正常不过的上班装了。

4．参加晚宴着装

女性在参加晚宴时，穿中式礼服，也是一种比较保险的穿法。因为在西方人眼里，剪裁精美的中式礼服亦足够正式。但传统旗袍上阵会像酒店服务员，所以选择带有中国元素的晚装款式更为明智。穿一件借鉴"中国结"结构的正红色礼服裙，在腰部两侧加入大量褶皱增添层次，俨然一件带有中式元素的洋装。配银色鱼口鞋，身形似祥云的图文设计与"中国结"便相得益彰。

小小配饰为你添彩

1．常见配饰

常见配饰有帽子、手套、围巾、皮包、首饰、腰带、鞋袜等。

（1）帽子

帽子的选择要根据人的性别、年龄、职业等，特别是要同脸型相配。如，胖圆脸戴鸭舌帽就比较合适。

（2）手套

是衣服的重要饰件。手套颜色要与衣服的颜色相一致。穿深色大衣，

适宜戴黑色手套。女士在穿西服套装或时装时，可以挑选薄纱手套、网眼手套。女士在舞会上戴长手套时，不要把戒指、手镯、手表戴在手套外，穿短袖或无袖上衣参加舞会，一定不要戴短手套。

（3）围巾

围巾的装饰作用越来越突出。可以根据场合、服装和当天的化妆、发型来选配围巾的色彩和款式。

（4）皮包

手提式皮包通常适用于职业妇女，常用于社交场合。手提包的颜色要与季节、服装、场合、气氛相协调。正规场合应用羊皮、鼠皮、鳄鱼皮等珍贵的手提包。

（5）首饰

色彩鲜艳的服装可配单纯而含蓄的饰品，色彩单调沉稳的服装宜选择鲜明而多变的饰品。如棕色套裙配透明的琥珀手镯和胸针；白西装套裙配镶嵌黑亮珠饰的项链和耳饰。配饰与服装在材料、工艺、档次上要相协调。此外，配饰与服装在款式造型上也要统一。一般宽松的衣服配粗犷、松散的饰品；紧身显露体型的服装，则配结构紧凑、细小的饰品。

2．搭配手袋打造优雅女人

"男人看表，女人看包"。手袋——"21世纪女人的鸦片"，名牌手袋早已荣升为奢侈品中的必需品，金领丽人更是酷爱挎名牌手袋，于是"手袋党"俨然已经成为街头上一道最为亮丽的风景。名牌手袋虽单价昂贵，但使用率高，出得了场面，非常适合现代女性。

（1）特大型包

特大型包，简约舒适，气度不凡。此类型的包非常适合高挑的女人，如果身材娇小的女性也想背上大包不妨去尝试柔软质地、横版长方形的手袋。佩戴此类型包的时候，服装力求简单，以凸显单色大包的非凡品位。

（2）秀气糖果蜜包

鲜艳的糖果色手袋设计简约、色彩单纯，吸引着很多女性的目光。糖果色的手袋在可爱诱人的同时，还进一步彰显了女性的年轻活力，从而打破了女性职场职业装的古板凝重，平添了许多动人的气息。

（3）摇滚金属包

现在，很多流行的大品牌手袋大多将锁头改为塑料材质，在细节处添加了金属的设计，手柄、搭扣、挂穗等处都尽显尊贵的金属质感。特别是再配合帅气的中性主流，华贵大方，带来全然不同的成熟韵味。

（4）经典的复古流苏装饰包

经典流苏装饰的真皮手包华贵高雅，尽显都市女郎的品位，非常适合搭配正装，而且也绝对是提升品质、发挥个性的单品。

3．常见配饰的佩戴

（1）丝巾的选择和佩戴

丝巾飘逸柔媚，不管什么场合，利用丝巾稍作点缀，一下就能让你的穿着更有味道。挑选丝巾重点是丝巾的颜色、图案、质地和垂坠感。

丝巾佩戴应注意，如果脸色偏黄，不宜选用深红、绿、蓝、黄色丝巾；脸色偏黑，不宜选用白色、有鲜艳大红图案的丝巾。

（2）围巾、帽子、手套的选择和佩戴

围巾一般在春冬季节使用的比较多。它的搭配要和衣服、季节相协调。厚重的衣服可以搭配轻柔的围巾，但轻柔的衣服却绝不能搭配厚重的围巾。围巾和大衣一般都适合室外或部分公共场所穿着，到了房间里面就要及时摘掉，不然会让人感到压抑。

帽子可以起到御寒、遮阳和装饰的作用。一般来说，男士进入房间就应该摘掉帽子，挂在衣架上，也可以拿在手里。女士的限制少一些，在公共场所也可以不脱帽。但当自己作为主人在家里宴请别人时就不能戴帽子了。无论男女在致敬或致哀的礼仪场合，都必须脱帽。

手套除了御寒以外，无非就是为了保持手臂的清洁和防止太阳暴晒了。女士握手，有时可不用脱手套，当然，摘掉手套会显得更加礼貌；外出做客，进入主人房间后，一般要马上摘下手套；进餐时，手套必须摘下。

（3）腰带的搭配和注意事项

女性的腰带更多的是装饰作用，适合女性的腰带质地有皮革的、编织

物的、其他纺织品的。女性使用腰带要注意这样几个问题：

腰带和服装的协调搭配，包括款式和颜色。比如穿西服套裙一般选择皮革或纺织的、花样较少的腰带，以便和服装的端庄风格搭配，要是两件或连衣轻柔织物裙装时，腰带的选择余地大一些；暗色的服装不要配用浅色的腰带，除非出于修正体型的需要。

选择腰带要和体型搭配，比如个子过于瘦高，可以用较显眼的腰带，形成横线，分割一下，增加横向宽度；如果上身长下身短，可以适当提高腰带到比较合适的上下身比例线上，造成比较好的视觉效果；如果身体过于矮胖，就要避免使用大的、花样多的腰带扣（结），也不要用宽腰带。

腰带要和社交场合协调。一般，职业场合不要用装饰太多的腰带，而要显得干净利落；参加晚宴、舞会时，腰带可以花哨些。

（4）鞋袜的搭配和注意事项

关于穿鞋，女性一般不宜穿拖鞋，穿拖鞋参加社交或公共活动是极不礼貌的；除了进入专门场所等需要脱鞋外，不要当面把脚从鞋里伸出来。在社交场合也不应该出现系鞋带这样的举动；穿着鞋子走路的过程中不应该拖地，也不应该踩地，否则不仅制造噪音、影响别人，也会给别人造成不好的印象。

女袜分为长袜、短袜。短袜一般只适用于长裤，但穿西装套裙时必须穿长袜。对于裙装来说，更适合穿长袜，这样可以通过服饰来突出女性的腿部美。穿暗色的长袜，会使腿脚显得细瘦，有修正体型的效果。明色的袜子是夏天的色彩，近于肉色的长袜更能突出肌肤美。在裙摆较短的情况下，最好不要穿花色较多的袜子。有刺绣或袜跟绣的长袜，都不适合在白天穿。

穿长袜时，袜口无论如何都不该露在裙摆外。过膝长裙配过膝中长袜就行，中等长度的裙子，最好穿到腿跟的长袜；如果穿超短裙，就穿连裤袜。值得注意的是，破了的长袜就坚决应该丢弃了，因此女士的包里应该多备一双长袜，以备不时之需。

5．常见首饰的佩戴

佩戴首饰的作用不是为了显示珠光宝气，而是要对整体服装起到提示、浓缩或扩展的作用，以增强一个人外在的节奏感和层次感。最常见的首饰有戒指、项链、耳环、耳钉、手链、手镯、胸针、发饰、领针、脚链等。自己选戴首饰时，要对不同的品种，进行不同的对待。

（1）戒指

通常拇指不戴戒指，其余四指戴戒指的寓意是：食指表示求爱或求婚；中指表示正在热恋中；无名指表示已婚；小拇指表示是单身或独身主义者。

在戴戒指前我们有必要了解一些戒指语言。另外，在佩戴戒指时一个手指头不要戴多枚戒指，一只手不要戴两枚以上的戒指。想在两只手指上戴戒指，最好选择相邻的两只手指，否则中间隔着一只手指会给人以非常突兀的感觉。

戴薄纱手套时戴戒指，应戴在手套里面，只有新娘可以戴在手套外面。戒指的粗细，应该和手指的粗细成正比。表示已婚的结婚戒指，一般戴在左手无名指上。结婚戒指可以自己选择，也可以用前辈传下来的。从造型上讲，老年人戴的戒指应古朴庄重，年轻人可以佩戴小巧玲珑、比较艺术化的戒指。而从事医疗、餐饮、食品销售的服务部门的工作人员就不适合佩戴戒指。此外，在人际交往中不要抚弄着自己的戒指。否则，会给人一种心不在焉或你有意炫耀自己戒指的意味。

（2）项链的选择和佩戴

项链的粗细，应该和脖子的粗细成正比。一般短项链的长度是40厘米，适合搭配低领上装，中长项链大概是50厘米，可以广泛使用。60厘米的项链适合女士在社交场合佩戴，比较长的可折成数圈佩戴。不要戴多条项链。

有的项链下端往往带有某种形状的挂件，即链坠。选择链坠时要力求和项链在整体上协调一致。一般，在正式场合不要选用过分怪异的图形、文字的链坠，也不要同时使用两个以上的链坠。

短项链适合颈部细长的女士，最好是配V字领上衣。中长度项链尽量不要挂在领口边上，这样会显得老土，它适合搭配领口较宽大的衣服。长项链适合佩戴在衣服外，并搭配款式较为简单的长套裙、长裤、长裙。

（3）耳饰、手镯、手链、脚链的选择和佩戴

耳饰有耳环、耳链、耳钉、耳坠等款式，讲究成对使用，也就是说每只耳朵上均佩戴一只。一般，在工作场合，不要一只耳朵上戴多只耳环。另外佩戴耳环，应兼顾脸型，不要选择和脸型相似形状的耳环，使脸型的短处被强调夸大。

手镯风格款式多样，没有装饰、有雕塑感的木质阔手镯带有中性色彩，金属宽手镯就显得很酷；而用人造宝石镶上图案的手镯也可以制造出一种目不暇接的华丽氛围，可以更加完美地凸显你的手腕和手臂的美丽。通常，手镯可以只戴一只手，也可以同时戴两只，一只手戴一个，或两只都戴在左手上。

手链可以和手镯同时佩戴。在我国的一些地区，佩戴手链、手镯的数量、位置可以表示婚姻状况。另外注意手链不宜和手表佩戴在同一只手上。

脚链是当前比较流行的一种饰物，多受年轻女士的青睐，主要适合于非正式场合。佩戴脚链，一般只戴一条脚链，如果戴脚链时穿丝袜，就要把脚链戴在袜子外面。但如果你的腿部缺点较多，还是不戴脚链为佳。

（4）胸针、领针、发饰、手表的选择和佩戴

一般，在正式场合，不要佩戴有广告作用的胸针、领针，也不要将它别在右侧衣领、帽子、书包、围巾、裙摆、腰带等不恰当的位置。

发饰常见的有头花、发带、发箍、发卡等。通常，色彩鲜艳、图案花哨的头花、发带、发箍、发卡，都不宜在上班时佩戴。

在社交场合，佩戴手表，通常意味着时间观念强、作风严谨。手表在造型上要庄重、保守，避免佩戴怪异、新潮的时装表，那仅适合于少女和儿童。一般正圆形、正方形、长方形、椭圆形和菱形手表适用范围极广，也适合在正式场合佩戴。此外，佩戴手表还有一点值得注意，那就是当你和别人交谈时，不要有意无意地看表，这会给人一种心不在焉、不耐烦、想结束谈话的感觉。

（5）戒指和指甲油颜色的搭配

漂亮的戒指戴在纤纤玉指上，也需要有修剪整齐的指甲及与戒指颜色调和的指甲颜色，才能相得益彰。同一款戒指，在不同场合，可以涂上不

同颜色的指甲油，会产生不同的视觉效果。

蓝色系戒指+乳白色指甲油：蓝宝石的蓝给人纯净、清凉的感觉，戒台使用K金，将主石完全衬托出来，所以指甲不适合太强烈的颜色，否则会破坏它的纤细美。选择能散发出自然光泽的乳白色，且带有一点粉红，最能烘托出戒指的美。

钻戒+玫瑰红指甲油：钻戒本身光泽就很灿烂，可以搭配任何颜色指甲油，选择玫瑰红使色调不至于太强，可以陪衬出戒指的高贵质感。

钻戒+珍珠白指甲油：搭配淡色可表现出优雅的气质，不太艳丽。要涂上两层指甲油，它将散发出神秘的光泽，使钻戒营造出更豪华、高雅的感觉。

红色系戒指+同色系指甲油：红宝石戒指搭配同色系指甲油，有一体感，使红宝石色泽更显红润。

红色系戒指+粉肤色指甲油：由于红色宝石很适合肌肤，可孕育出沉静之美，搭配粉肤色指甲油，尤其涂上两层会呈现如婴儿般的淡粉红色，可以陪衬出戒指原有的特色。

让日常服饰搭配出味道

1. 白领丽人的最佳服饰组合

白领丽人是都市生活中一道独特而靓丽的风景，这群衣着考究的办公室小姐们在打点自己的行头时应当注意到哪些方面的问题呢？

（1）必须备有蓝色西装三件套

西服套装是白领小姐的主流职业装，简洁、大方、精干是其特点。深色不单是黑色，还有普蓝、深灰、深灰蓝等。此三件套分别为上衣、西装裙、合体长裤。在多数正式场合中，它们可相互配套或分开搭配，使之充分显示成熟、稳重与自信。

（2）必须备有浅色无领三件套

此三件套由上衣、连衣裙、宽松长裤组成，与深色套装的外形特点拉开距离：上衣一长一短，颜色一深一浅，领型一有一无；裙款，一为西装

裙一为连衣裙；长裤，一宽松一合体，这样可以给你的服装搭配留有较大的空间，体现不同的风格。

（3）必须备有款式多样的衬衣

衬衣可谓白领丽人体现个性和展示女人味的最佳选择。衬衣应准备5~8件，领型包括无领、高领、翻领、叠领等；颜色应有深色、浅色、灰色、印花等；衣长和袖长宜有长短之分。其中一款衬衣应可配裙成为两件套，并可直接与套装中的上衣搭配。

此外，还应当注意在这些重新组合中辅以适当的配饰，方能起到"画龙点睛"的作用。比如素色上衣配光泽度较高的金银首饰，休闲上衣配各种天然质材的首饰，白西裤上面配一件夕阳红的丝绒紧身短袖衫，再在脖子上挂一串珍珠项链，秀雅、端庄又不失性感；而白西服则套在一条碎花纯棉连衣裙的外面，再在腕上戴一对木头手镯，其白领形象"硬中有软"，不乏娇娇俏俏的女人味。

2．永恒的经典：牛仔裤

时下，牛仔裤已经成为女性的基本服饰之一了，不管是青春少女，还是成熟的女性，都会有好几条，它是所有衣着的基础配件。它可以是各种风格的，时尚款或传统款，休闲款或性感款，它的样式多种多样。牛仔裤就像人的第二层皮肤一样，贴身且能美化轮廓，使你的外表变得轮廓分明，最明显的一点是，它会凸显臀部的轮廓，使之更加美丽动人。

虽然牛仔裤穿起来时尚、帅气、性感，也是女性热追的时装，但在选择牛仔裤之前，要先清楚地分析你的身材，然后根据自己的体态，选择最适合自己的牛仔裤。那么如何选择最适合自己的牛仔裤呢？这里给你一些建议。

（1）不同体型如何选购牛仔裤

选择的牛仔裤裤腰处应该稍显宽松2.5厘米或3.75厘米，可以让裤腰吊在髋骨上，美观并且十分舒适。如果你打算穿牛仔裤上班或者赴约，可以选择裤腿略呈锥形的样式。这样的牛仔裤配上一件好衬衫和一件西装外套，完全适合坐在办公室里。

根据不同的体型，大家可以根据下面的内容找到自己最适合的穿着方法。

粗腰者，不适合穿腰部有装饰的牛仔裤。穿牛仔裤时，衬衣的下摆最好放在裤子外，更能掩饰粗腰。

细腰者，宜穿腰部有装饰品的牛仔裤，或在腰部束一条宽腰带，就会更漂亮。

臀部肥大者，最好穿合身而暗色光滑的牛仔裤，不要穿臀部有口袋、横线或绣花的牛仔裤。

臀部瘦小者，可以穿任何一种牛仔裤，但是如果你想使臀部看起来比较丰满，最好选购后面有大口袋、绣花或漂亮缝线的牛仔裤。

粗腿者，应穿直筒的或裤管宽大的牛仔裤。

短腿者，宜选购直筒的牛仔裤，上面不要有横线，否则会使腿看起来更短。而且，背后不要有口袋，前面的口袋必须是斜口袋。

长腿者，这种身材穿任何服装都很好看，尤其是穿牛仔裤。贴身的牛仔裤可显示这种身材的优点，不妨多多利用。

（2）最佳的牛仔配饰

女性恰当穿着牛仔裤性感、迷人，但总是单调的穿着它也会觉得没有趣味，会扮靓的女孩们，会利用各种配饰让自己的牛仔服熠熠生辉。下面我们就为喜欢牛仔装的女士提供几种配饰。

修身夹克：它与牛仔裤搭配，让人帅气十足，特别是女性朋友。如果有一件带点残旧效果的皮夹克，陪衬同样残破效果的牛仔裤，便能营造出某种流浪的感觉。

夸张的长项链：带有大大项坠的长项链，能一下子吸引人的目光，项坠的色彩最好能与牛仔裤的颜色呼应，比如蓝色牛仔裤配宝石蓝色的项坠。

超级披巾：在一身牛仔打扮中添加一条披巾或长长的围巾，款款走动，浑身上下有一种刚柔相济的感觉，令人心动。

粗宽腰带：一直是流行的主角。如今，除了原有的皮革粗腰带外，还可以选择结绳的粗宽腰带或者和服式的粗宽腰带，常常带给人不一样的惊喜。

长短靴子：可以是运用了牛仔布料设计的有尖头的高跟长靴，也可以是有绑带的高跟中筒靴，可以根据不同的牛仔风格配出不同的效果。

色彩鲜艳的运动鞋：一条朴素的牛仔裤，会因为有了鲜艳色彩的运动鞋的加入而变得活泼抢眼。

不同身材的服饰搭配

爱美的女性朋友在选择服装之前，先要视自己的身材情况而定，然后才能谈如何追求亮丽时髦。如果只一味地追流行，不管自己适不适合，那就失去追流行的目的。

1. 高矮

身高在1.7米以上的女性朋友，低腰款式较适合，最好要避免高腰线、短夹克或小背心，以免看上去上身短小，全身比例不平均；矮小的人，适合高腰衣服，短小的夹克，背心和七分袖，上衣尽量利用装饰物、配饰、耳环及发饰等亮丽饰品使别人的视线提高。

穿着裙子时，裙长要由身高和腿形来决定，一般在膝盖下的长度较佳。当然，如果你的足踝足够纤细，那么裙子的任何长度都会适合你，否则你还是远离迷你裙吧，因为这会让你看上去有一种矮胖的感觉。

2．胖瘦

过胖或太瘦的人都要避免穿太紧或太暴露的衣服。清瘦的人，宜选择图案较多，富于变化的衣服，另外也可以利用有情趣的扣子、大型的皮带、项链等装饰物品对相为较单调的衬衫加以修饰。

对于些许肥胖的人则宜选择硬挺、垂直线多的设计，这种款式会使你看上去更加瘦长一些，并配合精心的化妆、发型和衣着的搭配，使别人注意到整体的你。在穿着上柔软的伞状洋装要避免，因为过分的宽松只会使衣服贴在你的身上，给人一种圆滚滚的不雅感觉。此外，大的印花布要尽量避免。

3．颈部

对于脖子较长的人来讲，不适宜穿着尖领的服饰，最好搭配围巾、短项链、中国式的旗袍等来适当遮掩脖子的长度。而且，短发并不适宜这类女性，它只会使你的脖子看起来更长，破坏你的整体形象。当然，如果你喜欢留短发的话，那么你脑后的头发要长一些才好。

脖子较短的人，在服饰选择上应尽量避免高领及直立的领子，尽量穿V字领和低领。佩戴小型、质地柔软的丝巾效果也颇为不错。在发型方面，短发更为适合这类女性。

对于脖子较为粗大的女性，在着装方面要领子的形状宜紧贴颈根部为佳。

4．肩膀

对于肩膀过宽或太方正的女性，要尽量避免平行的水手领，选择大而下开的领及窄长的V字领较为适合。

肩膀下垂的女性，穿着窄长的V字领就不再适合了，对于这类女性，浅而短的圆形领、宽而向下的平行领就比较适合。此外，西装式的翻领比完整单调的领形要好些，大翻领不适合瘦小的人。领尖向上向外的翻领会增加肩宽，领尖向下向内的翻领会减少肩宽。

5．手臂

手臂较长的女性，要多加一道宽袖口，应尽量避免七分袖的穿着。

手臂较短的女性，应避免宽袖口服饰的选择，七分袖更适合手短和个子矮的人。

手臂较粗的女性，则尤其要避免穿着过紧或太贴身袖子的衣服。

6．胸部

胸小的女性，所有的新款式和衬衫式的设计都可以穿，但要避免露出乳沟的大领口衣服。

胸大的女性，短袖的长度最好在胸线上下2.5厘米的地方，袖长不要和胸线水平，胸前避免有水平车线、褶饰或任何横条纹的变化，衣服不要太紧，高腰线也不适合。胸小的人，袖子长短没影响。

7．腰部

腰较细的女性，可以任意选择各种腰带。

腰较粗的女性，要选择细腰带，且尽量和服装同色，或不用皮带。高腰、低腰的款式都适合。用宽松的背心、毛衣或松松拉出的上衣造成第二层的感觉来遮住腰线。

上身较短的女性，不用腰带或与上衣同色的腰带，可在视觉上拉长上身的长度。

上身较长的女性，则尽量选用粗宽的腰带并尽量和下身同色。裙或裤最好是高腰设计。腰线可向上提高半寸。

8. 臀部

臀部较小的女性，可穿最流行的款式，如百褶裙及裙裤附加口袋的设计，如果上身穿直筒式夹克最好下身配上百褶裙或伞裙。

臀部较大的女性，A字裙很适合，但不要紧束腰部。避免下身有口袋。丝袜如用束腹式的较能束平腹部。外加一件宽松的背心也有帮助。

臀部较丰满的女性，穿A字裙或宽松的裙子，避免窄裙，长裤在大腿处要宽松。夹克或上衣的款式以柔软的料子为佳，紧身的夹克较不适合，太长的夹克也会使腿看上去太短，上身过重。

臀部较扁平的女性，最好穿裙子来增加圆润的感觉。上宽下窄或四四方方的夹克也很适合，但很合身的夹克则不宜穿着。

9. 双腿

腿部较长的女性，非常适合穿有反褶裤脚的长裤，长过臀部的夹克及上衣效果也很好。高腰线的裤子、裙子应尽量避免穿着。

腿部较短的女性，避免反褶的裤脚，短夹克最好不要长过臀部，短外套及高跟鞋都可增加高度。衬衫和上衣要比外套或夹克短，高腰款式很适合。

腿部长中等的女性，配合长裤的外套夹克的长度要和双腿交接处水平，配合裙子的外套夹克要短些。因此上衣、长裤和裙子的套装不是最好的选择。

腿部较粗大的女性，A字裙很适合，裤子要大腿处宽松。太紧的裤子会引人注意你的大腿缺点，避免上宽下窄的长裤，稍微宽松或直腿裤最好。

不同场合的裙装搭配

在不同的场合氛围下要穿着不同风格的服装。即使在同一场合，也会因不同的需要而穿着不同服装。如西服三件套的表达比二件套更符合正式礼仪场合。同时视场合调整自己的服饰时要考虑自身的个性因素，也就是说，无论在什么场合，就算你的服饰符合了环境，不适合自己，也会不自在。

不同场合的服饰分为正式（礼仪、社交、办公场合等）和非正式（居家、休闲、出门、旅游等）两部分。在正式场合下，着装力求简洁、大方、素雅、稳重，统一的色调是明智的搭配方式，在色彩上常用灰褐色、海蓝色、灰色、隐艳色、铁锈色的搭配，选用不同宽度、间距的直条纹图案和单色。同时在某种场合下，除考虑肤色、体型、个性因素之外，还需考虑职位、工作性质、年龄因素等。

下面，推荐几款既时尚又实用的裙装，让你无论在任何场合都能拥有十足的女人味。

1. 工作场合

在职场上，衬衫裙带有斯文的书香气质，剪裁变化无穷，斜排纽扣、不对称前襟、腰间或紧或松等，各种时尚元素无不具备，就看你想怎么演绎。衬衫裙的修身外表性感时髦，简洁挺括的直线条最能表现女人的果敢，精致美丽的花苞形则表现出女人的圆润，任何年龄的女人都能轻易驾驭。

搭配法则：

选择衬衫裙注意挑选那些细节有变化的，比如袖口有泡泡设计，裙摆的层叠荷叶边，胸前襟的不对称等，这些足以让你在平实中拥有可人的新意。

打造办公室的干练形象，可卷起或拉高袖子营造立体感，并略略翻起领子，令脖子显得修长并能勾勒脸庞轮廓。扎一条宽腰带，为你纤细的腰肢赋予坚强的意志力。

2. 休闲场合

不管是逛街还是约会，选择穿着各类休闲迷你裙装将是你的首选。

跳跃迷你裙：裙子的长度最能判断一个女人是否自信。膝上5~7公分到终极短的迷你裙可以展示长长的美腿。你丝毫不用担心自己没有得天独厚的美腿，你完全可以借助上装、调整型裤袜、窄腿牛仔裤、高跟鞋等拥有一双骄傲性感的美腿，快乐地接受超短风暴。

搭配法则：

想打造美腿，关键是如何提升视觉比例。上身搭配的基本准则是，既然选择露大腿，就不要再过多露出别的部位。超短裙配长衫，上身的宽松肥大更能突出双腿的修长。

除非你的腿又短又粗，否则裙摆越短越能拉长双腿。配上鞋跟纤细的高跟鞋来美化小腿线条将是聪明女士最佳的选择。

超短A字连衣裙：松身的A字超短连衣裙较之紧窄短小的迷你短裙更加宽松、婉约，实用性更加广泛了。无腰身的短小轮廓，裙摆上的层叠荷叶边，仿佛是邻家天真无邪的女孩，性感妩媚的同时多了一份随性自在。

搭配法则：

A字形无腰身连衣裙的长度要保持在大腿中央才够性感，并忌穿长靴，因为长靴会使你的腿看起来很短。

如果你想搭配一件外套，最好选择不同轮廓的短外套，款式简单、色彩干净才会令整体看起来不凌乱，切忌搭配紧身外套破坏整体的线条美感。

3．派对场合

如果你在派对上并不是主角，那么在装束上掌握"美丽的低调"的原则才是关键。在这里印花鸡尾酒裙就是相对轻松的派对裙装首选。

搭配法则：

印花鸡尾酒裙相对随意，只适合出席普通派对。上班时在外面加一件单色的外套，或柔软的针织衫，晚上派对搭配一条闪亮的项链，轻松转换角色。在这里唯一要注意的是，若搭配外套、包、鞋等最好还是选取印花中的一个单色就可以了。

印花裙没有年龄限制，但花朵却是有年龄感的。粉嫩的碎花适合年轻的女孩，深色的碎花年龄感较大；晕染重叠的大花显得优雅成熟，零星团簇的小花显得活泼轻松。

PART 7
20岁健康美女的私房秘笈

随着人们生活水平及文化素质的不断提高，人们越来越关注生活质量、讲究生活质量，而身体是否健康，则会对我们的生活质量产生直接影响。因此，作为一个睿智的女人，你必须要学会保护自己，并时刻关注自己的健康状况。中国有句谚语"保养你的身体，让心灵愿意居住"，很美的建议，不是吗？

你的健康就这样被偷走

女人要想拥有健康美丽的人生，就要从平时的生活着手，随时注意自我保健问题。女性自我保健涉及方方面面，任何盲目，想当然或不科学的随意之举都可能给健康带来损害。

在日常生活中，很多时候我们的美丽就是在无意中被"蚕食"、"盗窃"了，这些"盗贼"往往就是日常生活中的一些不良习惯：

1. 超负荷工作

随着商品经济的发展，竞争愈来愈激烈，现代职业女性的工作节奏日趋紧张，精神上容易产生巨大的压力，精神上和身体上的超负荷状态对健康是非常不利的。如果不注意休息和调节，中枢神经系统持续处于紧张状态会引起心理过激反应，久而久之可导致交感神经兴奋增强，内分泌功能紊乱，产生各种身心疾病。因此，职业女性要注意缓解心理上的紧张状态，做到劳逸结合、张弛有度，合理安排工作、学习和生活，坚持体育锻炼。

2. 睡眠太少

充足的睡眠对女人非常重要，有许多女性的美容秘诀就是睡好觉！人体要顺从自然变化规律，"早卧早起、广步于庭"，中午小憩片刻，给大脑"充充电"，能使人精神饱满，头脑清醒。睡眠不足的后果是双眼布满血丝、眼圈发黑、皮肤晦暗苍白。为了尽快入睡，你可以坚持每天运动，临睡前喝一杯牛奶。

3. 忧愁抑郁

生活中的烦恼在所难免，将忧愁压在心中显然是不妥的。中国传统医学认为：气伤心，怒伤肝。心情不好应学会心理调节，尽量想办法宣泄或转移。

4. 浓妆艳抹

职业女性由于工作需要，适当地化妆是必要的，但切忌浓妆艳抹。现在市场上出售的化妆品多含有汞、铅及大量的防腐剂，这会严重刺激皮肤，粉状颗粒物容易阻塞毛孔，阻滞皮肤的呼吸功能。而且职业女性打扮过分，轻则与身份失去谐调，重则破坏自身形象以致直接影响工作。

5. 带妆睡觉

美容专家提醒我们，如果你一个晚上不卸妆就可能毁去一个月的护肤效果。而且，残留在肌肤上的化妆品会堵塞你的毛孔，更容易长出暗疮。所以，睡前一定要卸妆，而且要洗净脸，以使你的面部肌肤获得良好的修整。

6. 饮茶过浓

多数职业女性有饮茶的习惯，茶可消除疲劳，醒脑提神，提高工作效率。饮茶好处固然不少，但茶碱太多也有坏处，茶含一种有效的胃酸分泌刺激剂，而长期胃酸分泌过多，是胃溃疡的一个重要致病因素，所以，应适量饮茶，特别是过浓的茶，或在茶中加入少量牛奶、糖，以减少胃酸的分泌，保护胃黏膜免受或减轻胃酸的刺激。

7. 抽烟解闷

目前，很多女性以抽烟为时髦，其实抽烟百害而无一利，烟草对女性健康的危害尤为严重。据统计，吸烟女性心脏病发病率比正常人高出10倍，使绝经期提前1~3年，孕妇吸烟所产生畸形儿的概率是不吸烟者的2.5

倍，青年女性吸烟会抑制面部血液循环，加速容颜衰老。

8. 借酒消愁

职业女性在工作中总会遇到一些挫折和打击，有些人往往借酒消愁，或者把喝酒当成现代生活方式中的一种时髦行为。其实，闷头苦饮的结果使大量酒精进入人体，首先是神经系统受损，失去自制力，更为重要的一点是，青年女性酒醉后极易遭到性骚扰，这是很危险的。

女生要健康怎能不会吃？

俗语有"病从口入"之说，因此对于女性朋友来讲，懂得一些营养学知识和饮食搭配方面的常识也是非常重要的。倘若所有女性朋友们都懂得如何维护自身的营养结构平衡，懂得什么时候该吃什么，什么时候该忌口，那你的皮肤就会更加光滑，你的容颜就会更显年轻。

1. 一定要吃早餐

早餐对一个人非常重要。早晨当你从睡梦中醒来时，已经一晚上没有吃东西了，而此刻你的身体还在继续运转。所以，此时你的身体将处于亏空状态。如果不能及时补充能量，你的身体将不得不运用储备能量来维持正常的生理状态，这将导致你在接下来一整天的时间里都无法集中精神。尤其是在月经来潮的那几天，早晨空腹对身体的伤害会更大，这会导致你一整天都萎靡不振。

（1）最佳早餐搭配

奶制品：鲜干酪、酸奶、纯奶酪、奶茶、牛奶咖啡或巧克力牛奶等。

主食：蛋塔、面包干、饼干及"全麦"类杂粮等。

新鲜水果：苹果、橙子及桔子等。

（2）早餐有两类食物不宜多吃

一类是以碳水化合物为主的食品，因含有大量淀粉和糖分，进入体内会合成更多的有镇静作用的血清素，致使脑细胞活力受限，无法最大限度动员脑力，使工作和学习效率下降。

另一类是煎炸类高脂肪食物，因摄入脂肪和胆固醇过多，消化时间长，会使血液过久地积于腹部，造成脑部血流量减少，导致脑细胞缺氧，整个上午头脑昏昏沉沉，思维迟钝。

2. 依据天气决定饭量和菜谱

中医学认为，调节生活规律，适应四时气候变化，能有效地保养身体，防御疾病的侵害。一年四季气候不同，饮食也应有所差异。

（1）干燥偏寒天气（空气湿度低于40%，气温在5~20℃之间）

我国北方的秋季和南方的冬季，大都具有这样的天气特征。在干燥偏寒天气下，"燥邪"易犯肺伤津，引起咽干、鼻燥、声嘶、肤涩等症，宜少食辣椒、大葱、豆腐、鸭肉等，而应多饮些开水、蜂蜜水、淡茶、菜汤、豆浆等，并适量多吃些水果，以润肺生津，养阴清燥。

（2）干燥寒冷天气（空气湿度低于40%，气温低于5℃）

这种天气在北方持续的时间较长。宜多吃些热量较高的食品，如蛋类、禽类、肉类等，而烹调多半采用烧、焖、炖等办法。当然，在干燥寒冷天气中，也必须注意饮食平衡，尤其要注意多食蔬菜，同时还要适当吃些"热性水果"，如橘、柑、荔枝、山楂等。

（3）湿润偏热天气（空气湿度高于60%，气温在20~30℃）

我国许多地方春季具有这种天气特征。在这种天气下，人体的新陈代谢较为活跃，很适宜食用葱、姜、枣、花生等食品。同时适当补充B族维生素，多吃一些新鲜蔬菜，如菠菜、芹菜、荠菜等。

（4）湿润高温天气（空气湿度高于60%，气温高于30℃）

这是我国普遍地区夏季的天气特征。此时，湿热交蒸，人们食欲普遍下降，消化能力减弱。故夏季饮食应侧重健脾、消暑、化湿，菜肴要做得清淡爽口、色泽鲜艳，可适当选择鲜辣的食物，但不可太过。由于气温高，不可过多进食冷饮，以免伤胃，耗损脾阳。此外，还要注意饮食卫生，变质腐败的食物绝不能进食，以免引发胃肠疾病。

3. 五种健康的饮品

（1）茶

在可可、咖啡与茶三大饮料中，茶是最具健康文明的饮料，这已成为大多数人的共识。茶叶中含有较多的维生素E，是当今世界公认的抗衰延寿的佳品。据科学研究证实，茶叶所含的茶多酚对抗衰老的作用大于维生素E18倍。同时，茶叶中富含多种维生素及微量元素，有防治心血管病及癌症的双重功效，饮茶是有益的养生保健方式。

（2）豆浆

豆浆的营养价值很高。豆浆中不含胆固醇，所含的大豆皂甙能抑制体内脂肪发生过氧化现象，故能防止动脉硬化，延缓衰老。豆浆中含有的钙、尼克酸等成分可防治年老者骨质疏松。新近研究发现，豆浆能抗癌，豆浆易于消化吸收，物美价廉，对养生十分有益。

（3）酸奶

酸牛奶有维持肠道菌群平衡的作用，不但可使肠道内有益细菌增加，而且对腐败菌等有害细菌能起到抑制作用，避免肌体对有害物质的吸收，减少疾病，促进健康，助人长寿。

（4）葡萄酒

葡萄酒对人体有较好的保健作用，是一种有效的抗病毒药剂，也是滋补饮料。据专家测定，葡萄酒中含25种以上营养成分，尤其是红葡萄酒可降低心血管病及癌症罹患率，特别是对身体虚弱、患有睡眠障碍者及老年人更有好处，是一种理想的滋补药和辅助治疗药。

（5）食用菌汤

食用菌包括平菇、蘑菇、香菇、草菇、木耳、猴头菇及冬虫夏草等。这些食用菌中富含较高的各种维生素和钙、磷、铁等微量元素。用它们做成汤，不仅营养丰富，味道鲜美，而且能够增强人体的免疫力，对健康养生，延年益寿有一定作用。

运动上瘾，生活更快乐

很多人认为"上瘾"是不好的现象，但如果是运动的话，轻微上瘾还

是不会有什么害处可言的，而且运动更多的是给你带来活力和让你看起来更加精力充沛。

而且，现如今是提倡健康美女的时代，职场中拒绝不健康的"林妹妹"。想想看，如果你每天带着一副"摇摇欲坠"的姿态去上班，你会给同事们怎样的看法呢？所以，为了让你身体该结实的部位结实且富有弹性，尽快将你的房间变成健身房吧！

对女人而言，运动更具有非常神奇的美体美容功效：运动能增加肌肉血液供应量，促进肌肉对营养物质的吸收与贮存，使肌纤维增粗，肌肉结实有力而富有弹性。运动之于女人，不只是为了减肥，更深层次的代表着一种健康向上、超凡脱俗的生活观念。

1. 生活中，你只要细心留意一下，运动是无处不在的

当你早上醒来时，就可以做伸懒腰的运动。把两手向后伸直并伸展身体，可以达到加速血液循环、清醒头脑的目的。

穿衣时，双手在背后相握，伸直手的同时挺胸。这个动作，能起到扩胸、柔软背部的作用。

穿鞋时，屈膝，蹲下身体穿鞋系带。这个动作虽然小，但却可以刺激小腿肚及脚踝处的运动，拉紧腿部肌肉。

如厕时，不要直接坐下去，离坐盆几公分并保持平衡，可以锻炼大腿肌肉。

做家务的运动。擦地板、擦窗户、洗浴缸等都可以锻炼你的肌肉。在擦地时，膝盖着地，一手扶地固定上半身，背部一定要伸直。然后另一只手拿着抹布，单手由外往身体方向擦拭，这种辛苦的擦地方式有明显的瘦腹部的效果。

看电视时，可以利用广告时间做转动眼球的运动，以松弛眼肌，让疲劳得以缓解。

洗澡时，一腿站立，另一腿屈膝，俯身屈侧腿，交替进行，腰、背、腿都能得到伸展锻炼。用海绵块擦身时，可用右手拿海绵块洗左肩，左手拿海绵块洗右肩，同时腰部做自然扭动，可促进腰、臂部的脂肪分解，使其线条变美。

晚上睡觉前，可先做10个仰卧起坐运动。之后，每天增加一个，就可以在不知不觉中拥有迷人平坦的小腹！

此外，工作、出行时，也要时常运动。工作长时间坐着时，一定别忘了甩手并拍打身体的各个部位。这样可以使全身经络放松，从而避免由于肢体僵硬和麻木造成的颈椎和腰椎病。工作闲暇时，将双脚着地收腹数十次，或者将背伸直，稍离开椅背，两臂后仰上抬、下放，反复做此动作能够防止腹部肌肉松弛，杜绝"水桶腰"的出现。出行时，走路时的姿势非常重要，挺胸，收小腹，臀部夹紧，千万不要弓腰驼背。要将走路作为一种减肥的运动，要适当加大步幅，同时将重心放在前脚，每跨出一步，前脚须按照后脚跟、脚心、脚尖的顺序着地，这样走路，才能运动你的大腿肌肉，使腿的曲线变得紧实匀称。

2. 此外，介绍一些时尚新式的运动

（1）登山

登山是极佳的有氧运动，可以促进新陈代谢，加速血液循环，还可以提高耐力和腿部力量，增强心肺功能。周末登山，让自己置身于大自然中，尽情呼吸，痛快流汗，把一周的烦闷和疲劳通通丢掉。

（2）滑冰

滑冰是集锻炼、娱乐于一身的健身项目。滑冰主要锻炼腿部肌肉，并能提高肢体的灵活性和协调性。滑旱冰每半小时消耗热量175卡路里，能获得明显的健身效果。

（3）骑马

马可以锻炼你的敏捷性与协调性，并且可以使你的全身肌肉都得到锻炼，尤其是腿部肌肉。骑马一小时消耗的热量达2700卡路里，与打一天高尔夫球的运动量相同。

（4）拉丁舞

拉丁舞对动作的细节要求不高，只要能跟上节奏就好，它注重的是百分之百的情绪投入，强调能量消耗。在狂热奔放的节奏里，恣意地扭动腰

肢，固执地合拍子，放开所有牵绊，在音乐中释放身体。那蜿蜒的、剧烈的动作把整个人都点燃了，脂肪在燃烧、血液在燃烧、情绪在燃烧。

（5）保龄球

保龄球运动被年轻女性视为一种魅力无穷的时尚运动。保龄球的运动魅力不仅仅体现在它的健身作用，而且它可以缓解现代人日益紧张的生活压力，当击倒的球瓶落地时，那种喜悦使人精神焕发。而且，正确的打保龄球的姿势，能够让全身200多块肌肉都得到锻炼。

（6）瑜伽

瑜伽来自五千年前的印度，这种运动是通过模仿各种动物的姿势，配合呼吸运用到人体的，它不仅可以起到调整身姿、固本强神、舒筋活络、延年益寿等功效，还能给人一种来源于内心的力量。经过一段由内而外、由外而内地锻炼后，你会惊奇地发现自己的心态变得平和、知足。

（7）普拉提

普拉提是现今与瑜伽齐名的塑身运动方式中的一种，它能让你在压力和疲劳中得到舒缓和喜悦。普拉提适宜那些缺少运动，对身材不满意，在与客户的饭局上又管不住自己嘴巴的美眉。

普拉提既有针对手臂、脑部、肩部的练习，又有腰腹部和背部的力量练习，也有增强柔韧性的伸拉训练，各个部位都可以得到充分绷紧和伸拉，短短的45分钟就能明显地感觉到腹部的肌肉收紧了。

当然，爱运动确实不是一件坏事情，但是你也没有必要像某些人一样运动到关节韧带受伤的地步。你只需做到能够从运动中感到快乐，上瘾到愿意重复做运动就可以啦！

♛ PART 8
小测试：你拥有一张迷人的桃花脸吗？

"魔镜，魔镜，谁是世界上最漂亮的女人？"

你的桃花够不够旺？想知道你的脸能为你招来多少桃花吗？别找魔镜了，来测验一下你的桃花运吧！

1. 你是否穿耳洞？

　　是（接3）

　　否（接2）

2. 你眼睛瞳孔的颜色是浅咖啡色？

　　是（接3）

　　否（接5）

3. 你的眼角形状是？

　　上扬（接6）

　　下垂（接5）

4. 你的鼻子不算大，肉也不多？

　　是（接8）

　　否（接7）

5. 你有明显的黑眼圈或眼袋？

　　是（接8）

　　否（接9）

6. 你的眼睛眼白的部分很多？

　　是（接10）

　　否（接9）

7. 你的嘴唇比一般人薄？

　　是（接12）

　　否（接11）

8. 你的鼻头有很多粉刺？

　　是（接12）

　　否（接13）

9. 你说话时总是慢条斯理？

　　是（接14）

　　否（接13）

10. 你的眉毛浓中带乱？

　　是（接15）

　　否（接14）

11. 你开心大笑时会掩住嘴巴？

　　是（接20）

　　否（接16）

12. 你的双眼距离很远？

　　是（接17）

　　否（接16）

13. 你的鼻子旁有颗黑痣（任何一边）？

　　是（接18）

　　否（接17）

14. 你的眼睛经常很疲累，而且布满血丝？

　　是（接19）

　　否（接18）

15. 你的眼睛旁有一颗痣？

　　是（接24）

　　否（接19）

16. 你的额头非常宽?

是（接20）

否（接21）

17. 你的嘴唇颜色很暗淡?

是（接22）

否（接21）

18. 你开心大笑时牙龈会看得很清楚?

是（接23）

否（接22）

19. 你脸上的黑痣多还是淡痣多?

黑痣多（接23）

淡痣多（接24）

20. 你的下巴丰腴有肉?

是（接A）

否（接21）

21. 从正面看，可以清楚看见你的鼻孔?

是（接B）

否（接A）

22. 你的嘴角明显向下?

是（接C）

否（接B）

23. 你的耳垂厚度如何?

很厚（接C）

很薄（接D）

24. 你耳朵的外侧棱角很多?

是（接D）

否（接23）

测试结果：

A：超级普通脸★

现在的你不太顺利呦！世上没有解决不了的事，只要你勇敢地面对它。练习迎着阳光展现笑容吧！你的爱人很快会出现的。乐观、积极，是你最美的笑容。灰姑娘总有一天会遇到王子的！青蛙也会有公主来爱！

B：平凡普通脸★★★

你的面相目前看来普普通通，无所谓好坏。你与爱人的关系也处在不上不下的阶段。建议你多展现自己迷人的笑容，只要有自信，就会很受人欢迎哦！好的才华和人品，也会让你变成恋人眼里的白天鹅（白马王子）。

C：超级幸运脸★★★★★

恭喜你！现在的你拥有一张超级迷人的"桃花美人脸"，紧紧地拴住爱人的一颗心哦！别担心他（她）会移情别恋，至少目前看来，对方是死心蹋地的。建议你可得好好保护这张倾国倾城的幸运脸，最好不要在脸上或耳朵上动手脚（比方穿洞），以免幸运五官走样。

D：普级幸运脸★★★★

很可惜，你差一点就挤进超级幸运脸之列了，不过别担心，现在看起来你的爱人还是与你心心相印的。整体来说，你的五官还是不错的。建议你平常多对着镜子笑，习惯成自然后，就会使自己的迷人指数上升了。

第二章

做爱情国度的女王

爱情是一笔财富，它可以影响一个人的思想、性格、前途甚至世界观。

爱情是女人生命中最重要的内容，对女人来说，爱是一生的温暖，是永久的守候。女人为情而生，为爱而死。情与爱，是女人最不可或缺的精神粮食，是一个女人生命的支柱。聪明的女人，知道如何掌控自己的爱情，在爱情的国度里面游刃有余，从而获得真正的幸福。

PART 1

我的爱情我做主

　　女孩子在为自己选择对象和谈情说爱的时候，一定要有自己的原则，这样才会让自己的情感道路上少一些波折，多一些平坦。在爱情的国度里面，要做聪明的"女王"。须知，有原则才会有自我，懂得为自己选择和拒绝，为自己的爱情做主，才能让感情更加甜蜜。

"女王"法则

　　"女王"最大的特点就是爱自己爱到近乎自恋。也正因如此，她们才能让自己不受任何事情的左右，在所有环境下保持真正愉悦和舒适的心情。因为没有人会在乎你胜过于自己，只有好好爱自己，才会让男人更加呵护你。

　　要想灰姑娘变女王，不妨先尝试一下下面几种方法：每天照5遍以上的镜子，每次照镜子时，都告诉自己："我就是天生丽质般的美人儿，简直是上帝的杰作，我得好好爱惜。"

　　想男朋友的时候，忍住不要给他电话。降低主动和他联系的频率，等他给你打。同时告诉自己，他是第二位的，自己的快乐才是第一位的，没有他你也会很快乐。

　　无聊的时候，多和闺中密友一起出去游玩。一群女人在一起，会大幅度提升你自恋的本领。而选择这段时间和男友黏在一起的人，只能让自己变得更加依赖他，大大降低自信心。

　　如果男友发脾气，绝不反击，让他独自气愤去吧。而你需要做的就

是约上好友一起去happy，不要跟他争吵，别让他的不快情绪影响了你的好心情。

如果和恋人已经分手，不要自责、不要失去自信。要告诉自己，他离开你，错过你，是他乃至他后世子孙的损失。你可以努力工作，但绝不拼命工作。就算老板气愤到即将暴走，也要好好吃午餐，绝不熬夜加班。否则伤了自己的容颜谁去买单？不划算。

遇见真爱，主动出击

L作为乐队的主唱，他的身边围绕着各种各样的仰慕者。每次演出结束后，M总是远远地注视着男孩，看到L手捧着鲜花，在大家的喝彩声和尖叫声中离开。虽然对L爱慕已久，M却从未出现在男孩面前，也许是因为羞涩，也许是害怕见到L那不经意的眼神。所以女孩M总是远远地看着男孩，从未走进过他的生活。

女孩的朋友们一再地鼓励她要勇敢一点："你要主动一点啊，他虽然是乐队的主唱，可也不是什么不能接近的大明星，都是在一个校园里生活，有什么不能靠近的啊。你胆子真小！"但是M始终迈不出那一步。

可是最近女孩M有些不安了，因为L身边开始出现几个固定的女孩，朋友们又开始劝说："看，你不行动，有人行动了吧，人家可是又送碟片，又送吃的，忙得不亦乐乎呢。你呢？就等着你的'王子'被别人抢走吧！"朋友将"王子"二字说得特别重。

没错，在女孩心中，L就如同"王子"一般，难道现在就要眼睁睁地看着心爱的"王子"找到公主，而自己就永远在远处默默地看着吗？

突然不知哪里来的一股力量，让女孩决定不再等待，她要主动出击，抢回"真爱"。曾经学过一段时间乐器的她主动来到乐队请求入队。女孩向来都是一副文文静静的样子，从未在外人面前表现对乐器有任何兴趣，但她却是从小就有着良好音乐基础的才女。女孩的优异表现确实让原本不屑的乐队成员们惊讶得张大了嘴巴，终于顺利闯过第一关！女孩开心得快要跳起来了，不过看到站在一旁的L，女孩还是压抑住了兴奋，表现得很冷静。当L伸手向她表示祝贺和欢迎的时候，M的心里早就已经乐开了花。

这仅仅是M主动出击的第一步，从此以后，女孩更进一步，常常以请教和排练为由与男孩交谈，而且有很多时候还是两人单独相处。这虽然让男孩的"粉丝"们大为恼火，但没办法，因为这是"公事"。

遇到和L单独相处的时刻，女孩自然不会放弃这样的好机会，于是接连使出"贴心小礼物"、"爱心便当"等一系列招数，没过多久，L就被女孩的真情打动。两人成了一对令人羡慕的甜蜜小情侣。

在传统的恋爱观念里，女人一定要等待男人来追求，否则会显得很粗俗。然而因为这样一种被动的想法就很可能错失挚爱的人和真挚的爱情。所以，女人在真爱面前，不要去考虑什么"面子"的问题，而应当大胆地追求自己的真爱，这样才不会留下什么遗憾。

"女王"在爱情面前从不退让，她们对待自己想要的真爱，从来不会等待，而是寻找机会、主动出击。只有这样，爱情才能牢牢地掌握在自己手中。管它什么面子不面子，统统排到爱情后面。对于"女王"来说，如果主动放弃了机会，错失了真爱，那才是最没面子的事呢。

当然，"女王"法则主动出击，也要讲究分寸，把握火候。"男追女，隔座山；女追男，隔层纱"固然是真，女人主动出击"猎取"爱情的确是比较容易达成所愿，但是如果没能把握好分寸，往往容易弄巧成拙。所以，尽管女人采用的是主动获取的方式，还是应当注意一些细节，把握一些分寸。

身体诱惑的招式不可尝试。不要以为用身体诱惑的办法来捕获他就能够引起他的真心，如果他对你只是起了色心而没有动真心，那就等同于被占了便宜还没能达成所愿，岂不是吃了大亏，相信这不是你真正想要的吧。

贬低自己的招数更不能用。男人只爱那些他们觉得难以得到的女人。为了得到男人的注意，恨不得把他赞到天上去。于是觉得不够劲，还心甘情愿地做起了他的保姆，开始对他饮食起居照顾入微。常常用"我配不上你"、"我可以等你"之类的话来鼓励对方，却将自己贬低到尘埃里。相信

这样的方式只会帮助培养他的高傲情绪，就算结果如你所愿，一时得到这样的爱情，得到之后他同样不会把你放在同一个高度来珍惜，"幸福"同样不会持久。相信我，男人需要的不是一个勤勤恳恳的保姆，他需要陪伴在他身边的是一个有吸引力、能够不断激发他想去珍惜疼爱的女人。

吹嘘和炫耀的招数不会奏效。为了让对方看到自己的优点，就一个劲儿地把自己吹得震动山河，这不但不会使他对你产生任何好感，反而会让他用更快的速度远离你，因为你太"优秀"了，没有一个男人想要和一个比他强百倍的女人一起生活，他需要的是你的崇拜，让他找到自身的优越感。如果在你主动追求的过程中，他总是拒绝你的邀请，或者不想和你单独在一起，聪明的女孩应该很快地明白他的意思——我对你没有兴趣。所以遇到这样的情况，就不要再发扬锲而不舍的精神了，把握好尺度，该放手的时候就应当放手，潇洒一点离开，否则只会让自己颜面尽失。

主动出击一定要把握好时间，如果在你努力了一段时间后，他仍然不能接受你，或者从不在公开场合承认你，并不使用任何语言表示对你的爱慕或欣赏，亦或是没有任何细节表示对你的关心爱护，那就说明你的主动出击该收场了。不管是他早就已经习惯了你的关心、照顾，还是因为怕说出拒绝的话会伤害你，但有一点是肯定的，他已经用另一种方式拒绝了你。所以，聪明的你意识到这一点就应当再暗下决心主动一次——主动放弃。

做个会爱的女人

聪明的女孩子往往会主动创造机会，而不是等待机会。她享受求爱的整个过程，这个过程浸透了她的耐心和技巧。

作为一个女人，应该懂得一个和睦家庭的可贵，懂得一个温馨的家对于女人的意义。但是，一个完整的家，永远也不可能离开男人。记得有一句话是这样说的："对男人多一分了解，对女人来说，也就多了一分保障。"这句话虽然说得有些片面，但也不无道理。然而，女人是否能真正地了解男人的内心世界呢？

在生活中，男人扮演着领导、下属、丈夫、父亲、儿子等不同的角色，肩负着各种艰巨的使命，这就要求他们在履行对家庭、妻子、子女、环境等的责任时必须拼搏，全力以赴。如果不履行这些责任，男人必将受到社会各方的谴责，因此，要想做一个好男人，其实是很累的，也不是很容易就能做到的。

做一个会爱的女人，就要学会爱自己的男人，这是一个聪明女人创造自身幸福和欢乐家庭的开始。

那么，女人要如何爱男人呢？学会下面8件事，二十几岁的你就有可能成为一个会爱的女人。

1. 爱人就是爱人

只要去爱就行，不要拿来比较，不要在丈夫面前总说别人的丈夫如何如何好，别数落他没出息。你是他最亲密的人，爱他一定要尊重他，对大多数男人来说，赞赏和鼓励比辱骂更能让他有奋斗的力量。因此，即使是在吵架时也不可以出口伤人，身体的伤害很容易治愈，精神的伤害却会延续很久。

2. 不要整天追问对方爱不爱自己

只要用心去体会就能品味出来了。爱不是说出来的。挂在口头上不落到实际的爱苍白无力，婚姻生活是现实的，风花雪月的恋爱不是真实的生活。

3. 不要让虚荣和功利迷住眼睛

金钱有价，真心无价。物质的追求是无止境的，你的人生不是活给别人看的。鞋子合不合脚只有自己知道，舒服最重要，要知道，千金易得，真爱难寻。

4. 必要的信任

如果你不信任你的丈夫，就好像是在沙上筑塔，别想建立起亲密无间的夫妻关系。缺乏信任是通往亲密之路的最大阻碍，每个人的成长经验都会影响到信任能力的养成，幸福的婚姻是建立在互相信任的基础上的。

5. 适当的依赖

如果你在精神上、物质上完全依赖别人，让对方扮演供应者的角色，

那么你的自尊便会被人拿走，你会更缺乏安全感，并产生寂寞感、恐惧感。因此，真正的亲密关系是一种微妙的平衡互动关系。对爱人适当依赖才会使你的吸引力更持久。

6. 彼此保留一份自我空间

女性应保留一份感情空间，用来爱自己。她们有保留自我隐私与单独参加社交活动的权利。当然，给丈夫保留一份自我空间也是非常必要的。而在日常生活中常常会出现这种情况：妻子总希望丈夫能守在自己的身边，而丈夫并不愿意，虽然妻子给丈夫做了可口的饭菜，给丈夫许多温存和女性的美感，丈夫仍感觉不到快乐。相反，他们会感到空虚、无聊，妻子"黏"得越紧，丈夫的这种感受就越强烈。

因此，在婚姻生活中，除非夫妇能够相互尊重对方的爱好，并给对方一定的空间，否则，没有一对夫妻是能够幸福和美满的。

7. 留足经营感情的时间

现代社会中，竞争激烈，生活节奏日益加快，每个人的工作都十分繁忙，有不少人因忙于事业而顾不上夫妻俩的感情生活，以至夫妻经常不能一起吃饭、休息，影响了两人感情的巩固和发展。所以夫妇工作再忙，也要巧于安排，挤出时间留给两人共浴爱河。

8. 爱他的父母

爱人的父母就是自己的父母，爱屋及乌，只要内心深处真正感到这就是自己的父母，心理上对老人依恋亲密，老人是会感受到你的这份真心的。对他的父母好，他会对你更好。何况，人老了很像孩子，只要像哄孩子般哄老人开心就可以了。

一个女人如能时时关怀她所爱的男人，那他在远离你及家人单独工作、生活时也会让人放心；一个女人如果善于关怀男人，也就会带动他去关怀、理解他身边的人；一个会爱男人的女人，也一定是个有信心和有魅力的人。

👑 PART 2
精灵国的爱情小妖精

聪明的女人都知道，获得圆满的爱情是需要技巧的。幸福的女人之所以能够牢牢抓住男人的心，除了自己的外貌，更重要的是她的个人魅力，或温柔、或妖媚、或可爱、或恰到好处的"刁蛮"……

半面琵琶的诱惑

从古至今，人类总是对月球和宇宙中的其他星球不断进行探索，因为在这些未知的星球上，有太多的谜尚待解开。这些星球之谜对科学家的诱惑，远远超过了地球本身，尽管地球上也有很多需要他们解开的谜。

没错，人们对于未知神秘的事物，总是充满着无穷无尽的想象和探寻谜底的欲望。就像是白居易在《琵琶行》中写道：千呼万唤始出来，犹抱琵琶半遮面。面对女人这个善变的个体，男人同样拥有一种想要一求究竟的冲动，这便是女人对男人的致命诱惑。然而，一旦女人撕破了面纱，完完全全地暴露在男人面前时，就会让男人觉得索然无味。

S是公司的美女。她天生丽质，性感迷人，身边时常簇拥着一大群"粉丝"。尽管大家都知道S已经有了结婚对象，而且不久就会成为别人的新娘，但是仍然如磁石一般吸引着一群男同事的目光。

不久S结婚了，婚后突然发生了180度大转弯。原来美女S的那些矜持和距离不见了，开始和同事们说说笑笑，毫不避讳，那些男"粉丝"对她有了进一步的了解，也渐渐发现她不过就是个普通的漂亮女孩，并没有什么特别之处。原来注重打扮的她结婚之后也开始疏于打扮，常常不加修饰的

就来到公司上班，虽然天生丽质，但魅力已经大打折扣。

女孩转变成了一个好同事，但却失去了S原来那份独具的魅力。因为，女人一旦没了羞涩遮掩，就会失去那份神秘感，失去对别人的诱惑。

耳熟能详的古代四大美人之一的杨贵妃就深谙这一道理，所以才能让唐明皇为之神魂颠倒，集万千宠爱于一身。

虽然唐明皇贵为天子，而杨贵妃不过是他的一个宠妃，可杨贵妃却从来没有让唐明皇见过她洗澡的样子。杨贵妃总是刻意挑选唐明皇要处理政务或有其他要事的时候进行沐浴。这一招可真是吊足了男人的胃口。男人天生的好奇心总是不停地诱惑着唐明皇：杨贵妃究竟有什么不同？"为什么爱妃每次洗澡都要躲着朕呢？"唐明皇百思不得其解，终于有一次，唐明皇使了一个小计谋，他对杨贵妃谎称自己有要务要处理，很晚才能到她的寝宫。之后他便到杨贵妃身边的宫女那里打探到了贵妃洗澡的时间，想到这次探秘行动，唐明皇顿时觉得热血沸腾。当他偷偷摸摸地来到贵妃的浴室外，正打算一饱眼福的时候，却看到了已经穿好衣服的杨贵妃。原来杨贵妃早已经听到外面的声音，还没等唐明皇看清，就已经穿戴整齐了。唐明皇虽然很失望，但却因此对杨贵妃更加疼爱。大概就是因为这个女人身上拥有男人所渴望的那股神秘感吧！有人说，女人就像一本书，越往后翻，内容越精彩。这种比喻当然仅限于聪明的"女王"。那些从头到尾一股脑向男人交代得明明白白的"书"，还怎么能激起男人阅读的兴致？半遮半掩的好处就在于，永远给男人留有探究的空间，这样才会让兴趣长久持续下去。

"女王"深知女人最大的魅力不是美丽的容颜、高雅的气质、渊博的学识和雍容的气度，而是一份神秘感，一份半遮半掩的诱惑。不管是欲说还休的言语，还是飘忽不定的行为、变幻多端的想法，她总是要保持自己的神秘感，这是令男人着迷的致命吸引力。

当男人看到女人美丽迷人的装扮而为之心动时，"女王"会在心里暗暗地笑着说，"好戏还在后头呢！""女王"永远不会倾尽所有来刻意吸引一个男人的注意，她总会保留一招半式作为备用。而且她的想法永远变化多端，让男人捉摸不透。也许男人认为自己已经对她了解得足够多了，谁知道其实他只是揭开了冰上的一角而已。因此，在她身上，总有男人探索不尽的秘密，这种感觉会让男人欲罢不能。

对于和他刚认识不久，或正在恋爱中的女人，要修炼"半遮半掩"的功夫，只需要做到以下几点，就能让他觉得你的神秘感十足。

少说、多问、少答。如果刚开始就表现得滔滔不绝，从自己的儿时经历到个人的性格爱好，甚至连家庭状况都交代得一清二楚，那你对他来说就变得索然无味。因此，"女王"会在这种情况下选择多问问题，尽可能地了解对方，而对于对方提出的问题，能闪则闪，能回避的就决不开口说出来，也尽量不要主动向他介绍自己。比如他问你爱好如何，喜欢什么，你可以微微一笑，"我不说，你自己慢慢了解吧！"给对方一个诱饵，让他慢慢探究，比给他直接的答案更有意义。

"女王"懂得如何制造神秘感。仅仅让男人慢慢了解自己还不够，还要给他增大难度，增设障碍，不要让他那么容易的就把你了解得一清二楚。所以不妨用一点小策略来增加自己的神秘感。比如在看电影时，一个并不感人的情节却让你潜然落泪，对方会摸不到头脑。暂且不告诉他原因，让自己落泪的原因神秘一段时间，日后可以解释说这段情节突然让你想起了某个感人的故事。当然，这种招式最好慎用，偶尔为之是神秘感，用得多了则变成了神经质。一定要在约会时给自己门禁，不能让他感觉你可以无止境地陪他。要约定时间，像灰姑娘一样到了某个时刻就一定要离开。这样的话，男人才会倍加珍惜和你在一起的分分秒秒，而不会对你有随叫随到的感觉。

学会制造邂逅。明明你就知道这个时间他要下班，而且一定会从这条路回家，你就装作刚好经过这里。这样的邂逅不但让对方觉得与你有缘，更能增加你的神秘气息。

对于相处已久的情侣或夫妻来说，要保持这种神秘感确实有些难度，因为彼此之间已经有了很深的了解，或许已经了解到了99%，而只有1%未知的程度。这种情况想达到"半遮半掩"的诱惑，就要多花些心思了。如

果男友或老公对你已经足够了解，你自然是没办法消除他的记忆，那就只剩下不断地充实自己，让自己始终有足以吸引对方的地方，始终让对方觉得还有不了解你的地方。例如，原本对汽车毫无兴趣的你，在某次聚会的时候，突然对汽车提出了非常深刻的见解……想象一下，这会让你的男朋友多么吃惊！看着他惊讶的样子是不是很有成就感呢？女人要善变。谁说我的性格一成不变，谁说我的爱好要死守到底。就算男朋友已经知道你喜欢看爱情片，你也可以突然对某部枪战片感兴趣呀。女人是善变的，这是一条真理，有时候就不妨试用一下。你的善变越发挥得淋漓尽致，男人也就越摸不到规律，抓不住你的方向，对他而言，你就是他最具挑战也最具诱惑的人啦！

不做爱情追星族

迷信爱情是女人的硬伤，爱情是全世界女人心头亘古不凋的花。不难看到市面上最好卖的女性读物均以"如何"开头：如何在一分钟内引起男人的注意、如何给他一个终生难忘的夜晚、如何让他深爱你一辈子。这真的是一个十分刺激有趣的游戏。在女人这里，爱情俨然成了正襟危坐的一桩事业，更可笑的是其重要性甚至超过了活着本身。

女人的命运不是贝多芬的交响曲，没有既定的慷慨激昂的旋律。它可以精彩纷呈，也可以淡雅如菊，这取决于如何谱写自己的人生乐章。

但是很多女人总是喜欢把谱曲权拱手交给男人，以为男人的责任心能为自己带来幸福。当自己幸福不再了，就有了抱怨、责怪、痛骂、憎恨的理由。

爱着的时候，曾那么肆无忌惮的相信爱情。当你需要漂亮的时候，他会为你细心地挑选漂亮的礼服；当你需要浪漫的时候，他会精心地为你安排浪漫的烛光晚餐；当你需要温暖的时候，他会耐心地为你悄悄生起炉火，拥着你在壁炉前一起取暖……

男人高兴的时候他可以为你安排你想要的一切，但是当他厌倦你的时候，你要怎么过？乞讨他的爱还是从此不独自去用餐，不想一个人逛街，独自忍受冰冷？

信奉爱情的女人习惯把命运的钥匙交给她的男人。这样的女人就像飞上天空的风筝，不管你惬意地飞入云端，还是欢快地享受着微风，只要线那端的男人松开手，你就会飘得不知所终。

永远都不要轻易地相信他说"我永远都不会松开手"这样的话。

或许可以相信男人的离开是无可奈何的，可这一切都不会改变你已经形单影只的事实。女人常常会擦着眼泪，幽幽地问："他为什么要离开我，我为他付出了一切！他喜欢吃的菜，我累死累活地学着做；他喜欢的运动，我不喜欢，可我还是二话不说去陪他。难道他不知道我做的这些都是为了他吗？我做了我能做的一切，他还想要什么呢？"

他或许会满足，但是却不得不离开。原因很简单：因为他爱上了别人！女人将遭受到的打击归罪于男人，怨男人的薄情寡义。然而究竟是男人爱说谎，还是女人容易受骗？

男人变心并不奇怪，奇怪的是为什么千百年来只有当男人背叛的厄运降临之时，女人才恍然大悟，大声痛骂男人"不负责任"？

我们也许会在森林中迷失，但至少可以凭借着河流的流向或者月光等其他信号找到出口的方向，若女人一旦迷失在男人这个森林中，非常抱歉，霎时间所有能找到出口的信号都会自动消失——即使当你走进时已标注了"信号已覆盖此区域"。

所以多少女人都在重复做同一件愚蠢的事情：将自己交给男人负责，同时也丢失了自己！

并不是所有的女人都会迷失在男人这片丛林中。聪明的"女王"就从不迷失自己，她们知道在自己的命运字典上，从来不会标明女人要永远臣服于男人，更没有拱手出让自己命运的可能。

当然"女王"不会拒绝男友的追求和呵护，她们会尽情享受被他照顾的感觉。但是当男友忙碌时，她们会有更加忙碌的事去做；男友不在身边陪伴时可以一个人到沙滩享受阳光；想去做瑜伽而男友却在身边黏着自

己，就马上给他找点事做，好让自己快点脱身。

聪明的女孩永远是：有男友在身边就享受两个人的浪漫，没有男友陪就享受一个人的精彩。

没错，你的男人或许会包容你、呵护你，叫你"宝贝"，将你捧在手心，可是这些是他们的权利，却不是义务！你不能强迫他一直待你如此，否则便成了欺骗。要记得：当男人为了爱自己而放弃爱你时，请不要失去重心，迷失方向，更别让自己跌入谷底。要像"女王"一样更加疼爱自己！

女孩不要总是为了迎合对方而改变自己，不管他是否喜欢，依然保持可爱、善良、个性。总之，"我就是我，我就是要做自己"，这是"女王"心中永不变更的台词。但是现在越来越多的女孩把男人当成冤大头，以为自己的一切都是对的，所以完全不去在乎男友的感受，要求他百分百地爱自己。没错，你要保持的是自己的个性，但是你的娇蛮、任性、泼辣还是尽量不要在男友面前展示。

女人，无论何时，都要独立，不去迷信、追捧爱情。

是的，无论面对怎样的狂风暴雨，女人都应该像一颗"树"，而不是攀附在别人身上的"藤"！因为自己的生命力永远比任何一个"某某"都重要！

长得漂亮不如爱得漂亮

"漂亮"，两个字涵盖了女人所有的生活理想：脸蛋长得要漂亮、日子过得要漂亮、在外交际话要说得漂亮、在家会友菜要做得漂亮……在女人这里，希望在别人的眼里自己永远是光鲜照人的！当然，女人的漂亮与否尚不可用单一标准来衡量，毕竟，不同的人眼里的美是不一样的。但是，长得漂亮是优势，爱得漂亮是本事。

做女人，总会有点烦心的事。当然，让所有女人最烦心的事莫过于为相貌发愁。都说女人好自恋，实际上女人也都自卑，即便美得惊人的女人也仍会觉得自己依旧欠缺点什么，这便是女人。

相信每个女人都有过这样的成长经历，一个人面对着镜子喃喃地说到："我要是有赫本的眼睛、泰勒的红唇、张曼玉的锁骨、舒淇的腰身……那该有多好！"至少每个女孩都梦想自己会漂亮，能够倾倒异性。

可是在相貌这个问题上，女人永远不会满足，也没有办法选择生来的相貌。但长得再漂亮，也不如爱得漂亮。

这就是上帝的公平：给予每个人的都是公平的，也许是美貌多一点，也许是智慧多一点，也许是口才多一点，也许是胆量多一点……说到底，就是要你凭着这一点点优势去博取整个人生的精彩！

可是还是有很多女人把自己的不成功统统归结于相貌问题：

如果我足够漂亮，我可以进入影视圈，可以当影后，可以成为万人迷！如果我足够漂亮，我可以遇上优秀的男人，可以嫁入名门，可以获得安逸的生活！如果我足够漂亮，我可以有机会进入名企，可以成为美女CEO，可以驰骋职场！但是你要清楚的是：

相貌平平能当影后的女人大有人在，未必个个都是美人胚，相貌普通嫁给优秀男人的女人也很多，她们一样有本事抓住他们的心。不是美女一样可以进名企做CEO，少年得志拼的可不是相貌而是聪明才智。

可是女人长得再漂亮，不如爱得漂亮。如果你不懂得这样的道理，那永远活不强势！

大多数的女人能长得漂亮、活得明白，但十有八九的女人都爱不明白。置身情场，不管你是多么精明的女强人，也常常感到彷徨与无助，生活的能力与爱的能力，对女人而言，无法划上等号。

漂亮的脸蛋可以获得无数的追捧，事业的成功可以满足女人的虚荣，但夜深人静的时候，满足感也渐渐退后，莫名的忧伤会袭上心头。不得不承认：一个女人，只有爱得成功，才是真的成功。

唯有真正去爱，才真正能够满足女人心理上的成就感。

女人要活得漂亮，就要做自己的主人。你可以输给男人，可以输给女人，但一定不可以输给自己。

爱情的N+1定律

定律一：一对恋人第一次吵架谁先认输，他们这辈子几乎就是这样的定局了。

定律二：一个女人在这个男人身边已是昨日黄花，但到了另外一个男人那里就有可能变成鲜花芬芳。

定律三：激情好像一根蜡烛，你可以一口气让它烧个半天，烧几个钟头把它用完；也可以省着用，一段一段来，能烧三个月；还可以慢烧，烧一会儿停一天，一根蜡烛没准能用三年。

定律四：几乎每个失恋的人都会跟你说："我这辈子不会再去爱谁了，我伤透了心，我只想一个人过。"可是没过多久，你能看到这个人已经开始了甜蜜的新感情，所以别拿她的话当真。

定律五：脚踩两只船的人，耗费的脑细胞肯定比同龄人多，也更容易衰老。

定律六：爱情是一个跷跷板，你主动一些，对方就后退点，进行着此起彼伏的较量。

定律七：芭蕾很高雅，但舞者在练习的过程中，常常是孤独地一个人对着镜子，爱情也是如此，再炽烈的爱情也有平淡的时侯，所以要学会一个人生活。

定律八：选择爱情时，一般要在你爱的和爱你的之间选择后者。

定律九：不迷信爱情，不做爱情追星族。

定律十：男人跟你说兔子不吃窝边草，有四个原因：一、是窝边根本没草，或者全是枯草；二、是窝边的草不够鲜美；三、是洞后面有一只猎枪在瞄准，兔子不敢吃，有贼心没贼胆；四、是怕别的兔子笑话。除了上面四个原因外，兔子没有不喜欢在窝边拈花惹草的。

……

定律N：没有一个男人不喜欢美女，所以无论在什么情况下，尽量让自己保持漂亮，哪怕是出门倒垃圾。

　　定律N+1：爱情就是小狗的尾巴，你哭着喊着去追求它的时候，往往怎么也追不着；你迈开大步高高兴兴向前走时，它一定乖乖跟在你身后。

PART 3
从上瘾到开悟的爱情

恋爱中的女孩禁不住问："你爱我哪一点？"

"嗯，我爱你温柔、听话、体贴、善良、美丽。"听着男孩把人间一切美好的词汇都用来形容自己，哪怕他说上三天三夜，女孩也不会觉得腻。

大多单纯的女孩轻信了男孩的话，她天真地认为，这就是自己吸引男孩的真正原因，所以不断努力改变自己，让自己变得更加温柔、乖巧、体贴，她用全部身心来爱着那个男孩，以为只要自己成为了男孩口中的"完美女孩"，就能将男孩牢牢"拴"在身边。

然而，女孩越努力改变自己，试图变成他想要的样子，男孩越是觉得不满、压抑；女孩越想拴住男孩，男孩就越想要逃离。一次激烈争吵过后，男孩平静地说："我们分手吧。"女孩吃惊地望着男孩，过了许久才幽幽地问："为什么？"

"因为，你的爱让我窒息。"男孩顿了一下，接着说："我知道，你为了我，付出了很多，放弃了工作，和父母也闹翻了，整天就围着我转。可是，我是个独立的人，我不想让你像影子一样紧紧地跟着我，我也需要自己的空间和生活。"

"可我这么做，还不全都为了你？"女孩委屈地说。

"是啊，你这么做全都是为了我，那么以后，也请你为自己考虑考虑吧。"男孩说完转身要离去。

"我爱你，我不能没有你。"

女孩痛哭流涕哀求对面的男孩。

当然，这样的哀求于他不过是蚍蜉撼树，他早已坚定了离开的心。她的眼泪和哀求，会让他略略心疼，但却不会让他回头。

"分开吧！不要再继续了！"

她最后的挽留宣告失败。

于是，她和他分开了。

他开始收拾起种种的愉快和不愉快，重新上路了。

女孩怎么也没有想到，她全心全意地爱着男孩，她对男孩的爱甚至超过她自己，可是，男孩竟然这么绝情地抛弃了自己。她以后该怎么办？"或许，只有死了，才能得到解脱。"她向好友哭诉道。

于是，她把自己扔进了心的牢房，开始了对自己精神上的酷刑！

女人总说自己遇上了坏男人，被他们伤得很深。其实，真正的伤害都是女人强加给自己的，是自己反复地告诉自己多么离不开他。分手后，女人更爱把自己锁进心的密室，把和他一起的所有画面用显微镜仔仔细细来回味。他的声音还萦绕在耳侧，他的相貌还眷恋在眼前……她忘不掉……她受不了……她忍不下失去他的痛。即便往日他对她不见得多好，但失恋的女人，只觉得心里疼，好像谁抢走了她的宝。其实，他本不属于你，又何来失去？

女人的大问题就是常常给自己的心施压加码，她反复暗示自己——我离开他不行！

是真的离开他不行吗？

没有他你真的不能活吗？你还能呼吸，还能吃饭、睡觉。只不过是身边少了一个人陪伴。分手就像拉橡皮筋，放手早晚的问题，只是晚放手的那个会疼，但不会一直疼下去。

虽然失恋不是件愉快的事，但当他对你说"分开吧！"你可以大声地告诉他："我爱你，但我可以没有你。"

为什么要对一个决心离开你的人思念到憔悴呢？你以前错就错在太在乎男孩，而完全忽视了自己。你可以什么都为他着想，任何时候都把他摆在第一位，你都不爱自己，不在乎自己，又怎么能奢求别人在乎你呢？男孩说得很对，从现在开始，你还是好好爱自己吧。男人不会爱你超过你爱

自己的。

　　女人习惯这样，一旦认准了某个男人，就会全心全意地付出。为了给男人买昂贵的西装，自己甘愿穿从地摊上买来的廉价货；为了拴住男人的胃，情愿熏在油烟里，在厨房里反复提升自己的厨艺；为了满足男人的事业心，甘愿回家做他背后那个默默无闻的女人。她们抛弃事业，抛弃自由，甚至抛弃自我，只为让男人永远爱自己。可是，她们不曾想到，越这么付出越有可能被"忽略"。

　　其实，最根本的原因是这些女人不够爱自己，也不懂得怎么让男人爱自己。也许这么说会遭到很多女人的反对：说我们怎么会不爱自己，我们很爱啊！我们会好好保养自己的皮肤，买昂贵的首饰、漂亮的衣服，去高档浪漫的餐厅享受美食……这的确是女人爱自己的表现。但这仅仅是一部分，试问：有几个女人能够不受男人的干扰去做自己想做的事？男人需要的也不是一个会洗衣做饭的佣人，你一定要做到和他精神上产生共鸣，会互相欣赏，否则生活将会是一潭死水。

　　聪明的女孩会将对自己的爱凌驾于一切"爱"之上，她们会非常清晰地给自己的人生一个定位。优秀的女人有自己做人做事的行为标准。她们或许不够有钱，不够漂亮，人生也不够完美。但是，在这并不完美的人生里自己却是绝对的主宰者，想哭可以放声哭、想笑可以大声笑，不用看别人的脸色，更不用听别人的使唤，这份随性和惬意，才是聪明的女孩最看重的。

PART 4
失恋不过是一场重感冒

被狠心的男人抛弃，却能够马上坦然面对失去、重新开心生活的女人并不多见，大部分的女人都会沉浸在悲伤里一段时间，并且习惯通过向别人倾诉的方式来宣泄自己内心的痛楚。

女人分手后寻死觅活的结果只能是悔恨。现实世界绝对是真实残酷的，没有几个男人能够为了责任、内疚而委屈自己留在不爱了的女人身边。既然已经不爱了，既然已经绝情了，他怎么还会在乎女人的死活？如果为了一个男人而白白地浪费了自己的青春和生命，这样岂不是有些傻？可能当你过了若干年回头去看已经微微发福的男子，当初那样的悸动，已经淡去，蓦然发现他其实也不过是一个普通的男子。当初那样用生命挽留，男人不但不会后悔，还会更加确定分手的明智，因为谁都没办法想象如果同这样一个心灵脆弱的女人过一辈子会怎样。

聪明的女孩明白报复负心男最好的办法就是过得比他好。

M和男友分手已经半年，虽然一个人的时候还是忍不住想起两人在一起的甜蜜时光，但M承认自己更喜欢现在这样自由充实的生活。刚和男孩分手的那段时间M也是对他充满恨意，尽管本身对他当初的承诺并没抱什么希望，但背叛却是女孩没有想到的事情。

恨归恨，女孩并没有像其他失恋的女人那样折磨自己。既然他离开已经是事实，就该早点接受现实，想办法让自己振作起来，没有人爱更要努力爱自己，M决定要比从前更加认真地生活，要对得起自己。

于是女孩每天都打扮得青春阳光，还参加了各种健身班——瑜伽、拉丁舞……身体更加健康，曲线也更加迷人。女孩也开始不断地参加各种社

交活动，活泼开朗的她走到哪里都能成为引人注目的焦点，同时也结交了不少朋友，这其中不乏追求者。

俗语说：情场失意，职场得意，女孩把精力更多地投放在了工作上，不断的努力换来了接连不断的升职，薪水高了，日子过得更加惬意自在了，女孩用上了平时不舍得用的高档香水，穿上了最喜欢的品牌衣服，而且可以一次性给自己买好几套，最近又在准备买车……

M现在已经开始享受这样的生活，有时候暗暗地对自己说：幸亏当时很快就放手了，否则真不知跟他在一起会是什么样子呢。由于女孩的魅力只增不减，追求者也接连不断。不过这一次，女孩可要在众多的追求者中慎重地选择。前男友本来以为她离开他之后过得很难堪，还想要假装表示一下关心，对她劝慰一番，以满足自己的虚荣心。没想到通过朋友得知M现在过得有声有色，身后跟着一群追求者，这让男孩心里很不是滋味。

对旧恋人来说，分手后他们往往希望看到对方过得不如意的样子，只有这样才能显示出他们存在的重要性。但是当他们看到分手后的恋人破茧成蝶，对他们来说才是最痛苦的折磨。他们也许会因此而后悔当初没有好好把握，当然也有少数人会真心地为对方的蜕变感到高兴。但无论如何，女人都要活得更好，而这也是对负心男最有力的报复。

聪明的女孩往往会用心地打扮自己。就算失恋了那又如何，也不能委屈了自己的脸，依旧把自己打扮得漂漂亮亮的，依旧穿上最靓丽的衣服，戴上耀眼的首饰，依旧踏着高跟鞋昂首阔步地在人群中显示自己的自信，依旧毫不吝啬地向周围散发自己的魅力。这样的女人是可怕的，因为没有哪个男人能够挫伤她的锐气。她要向大家证明，是那个选择离开她的男人没有福气。他永远都不能夺走她的美丽与自信，他只是这世上唯一不懂得欣赏她的人。美丽不是做给别人看，而是要做给自己看，对自己负责。当男人眼睁睁地看到失去爱情的你依然很有魅力，这对他来说不能不算是一种致命的打击，他也会在心里暗暗给自己一巴掌。

失恋的女孩赶快擦干你的泪水，去窗外走走，努力充实自己吧。你不能让自己每天沉溺在无限的伤感和怀念当中，赶快清醒过来找到更值得你去追求的事吧。除了他，还有很多值得你去珍惜的东西。也许在前一段恋情中，你一直压抑自己，委屈自己。那就趁这段时间好好地宠爱一下自己，享受原本就应当属于自己的那一份快乐。去喜欢的餐厅一边享受音乐一边享受美食；就算买了几套昂贵的衣服，也不用担心看见别人的脸色；尽情享受被别人搭讪的感觉，而不用担心身边男友嫉妒又带有杀气的眼光。无论是做何种运动，选择用汗水来宣泄一切；还是找朋友痛快地去KTV，在沸腾的音乐声中嘶吼；抑或是去自己一直想去的景点，马上背上你的背包去旅行吧……总之，用实际行动来充实自己、提升自己，让自己在精彩丰富的世界里得到锻炼和升华，而不应当在悲伤和回忆中浪费自己的人生。

当然看到你没有被失恋打倒，还能够找到更加精彩的生活方式，想必这也会让前男友佩服不已。男友选择离开，即使千百遍地告诉自己我是优秀的，但是也要冷静地分析一下自己身上是不是真的有别人不能接受的缺点，自己是不是需要完善一下，使得自己更完美呢。冷静下来之后要尽量找出这些缺点，并改掉这些坏毛病，这不仅仅会完善自己的性格，而且对自己的下一段恋情也会有所帮助，对事业和其他方面也能有所帮助。女人永远不会嫌自己太完美，所以为什么不趁这个机会好好地提升自己，让自己更完美呢？变得更加完美的你让前男友后悔去吧。

我们都真切的体验过曾经许诺要爱自己一辈子，陪自己一辈子的人突然转身走了，那时真的有天塌地陷一般的感觉。大多数女人都会在这个男人转身离去的无情背影里感到无限的绝望，生活失去了意义，从此消沉下去。

无论你是自怨自艾还是自残自虐、自暴自弃，这一切都只会搅乱了你的正常生活，让你失去了快乐，失去了幸福，而他呢？早就已经把你忘记，现在躺在他怀里的是另外一个女人，不是你。女人何苦在最好的时光里把自己折磨得不成人形，满脸沧桑，他已经给了你很多的伤害，你为什么还要继续伤害自己呢？

当一个男人选择离你而去，你唯一能做的就是微笑着转身，不要歇

斯底里，不要大发脾气，因为这样他便有了更充分的理由离开你，把这一切归结为性格不合。不要去恨，因为恨会让你纯净的心蒙上阴霾，变得丑陋，最好的忘记就是淡漠。试着把悲伤留到他看不见的时候，让时间慢慢地沉淀，慢慢地分解，直到你开始淡漠，能开始新的生活，相信我，那不会很久，多少的疼痛都会淡去。

也许人生中的得与失原本就是一个奇妙的悖论，她失去了刻骨铭心的恋情，却也从此开启了事业的大门，虽然化茧成蝶整个过程痛并艰辛着，但破壳而出之后爆发出的能量是巨大无比的，与其说这是人生的补偿，不如看作是一场蜕变。

女人可以没有爱情，但不能不去生活，迷失自己。有些人一旦失去了爱情，就会连生活的信心也失去了。只剩下无助、寂寞、彷徨、悲观，不知道前方的路要怎么走。也许还在傻傻地等待，可是转眼间过了几十年，等到自己老的两鬓斑白，终于活明白了，回忆起那时候来，恐怕只剩下惭愧和悔恨了吧？

恋爱中的女人，总是觉得你爱着的这个男人是世界上最好的男人，非他不可，非他不行。他是独一无二的，没有他，你就无法生活下去，所以想方设法地要留住他，爱情不是靠追来的，是吸引来的。

觉得他与众不同，觉得他身上有耀眼的光芒，这光芒迷惑了你的眼睛。可是你知道吗，那不是他自己的光芒，而是爱情散发的光芒。每个恋爱中的人都是会发光的星，爱情的光芒也会让一个很普通的人显得光芒四射，如果不爱了，相信不久后再见他，你会惊讶原来深爱着的男人也不过是一个普通的男人罢了……

事实上爱情不过是一场重感冒，你只是感冒了，需要时间来恢复健康……然后，你会慢慢恢复爱上别人的能力，你的生活依然会很精彩！这才是对自己的宽容和爱，对他最大的惩罚！

PART 5
苏格拉底的爱情

世人说女人如花，花有花期，女人同样，花过了花期就会逐渐凋零，女人的容颜也一样逃不过岁月的侵袭。所以，女人如果在奔三的时候，还没有考虑结婚的问题，甚至还没有恋爱对象，那么不管你是信奉着单身信仰还是打算待价而沽，都请不要再固执于傻傻地等待自己的白马王子。

要知道，敲碎女人的梦是非常可怕的，但是梦想成真的最好办法就是赶快醒来。有关真命天子、白马王子的故事，想必这是每一个女孩从小听到大的。看到大多童话写到：王子遇到公主，经过一些波折，他们克服了困难，战胜了邪恶的皇后或后母，然后双双走入皇宫，从此他们便过上了幸福的生活。

女孩长大以后，突然发现幸福是要靠争取的，不再只是童话里写的那样美好。不努力争取，站在原地不动，美好的东西是不会自己扑面而来的，所以她必须往前走，不断地去追寻；即使她在向前走，她依然要逐渐学会辨认迎面而来的一切，欺骗和美好，往往都隐藏在表象下面。

那么，白马王子驾临之前，公主们都在干什么，莫非公主正在草地上发呆，一抬头就发现王子恰巧走到自己面前，王子恰巧就长得英俊帅气，恰巧你也是他中意的一款？

其实，真命天子，也是需要自己去找的，自己觉得他是，他就是了。

醒醒吧，女人，虽然张爱玲有句名言这样说："于千万人之中遇见你所要遇见的人，于千万年之中，时间的无涯的荒野里，没有早一步，也没有晚一步，刚巧赶上了，那也没有别的话可说，惟有轻轻地问一声：'噢，你也在这里吗？'"这只是一个美好的传说，并不是每个女人都信奉的爱情真

理。爱情有时候是靠运气的，就像灰姑娘也许能等到自己的白马王子，但你不一定，虽然你比灰姑娘强很多。

很多女人总是希望依仗着自己的青春、美貌，挑一个完美的男人来陪伴一生，否则就太亏待自己了。越是漂亮的女孩子越容易在选择男友的时候，眼光不自觉的就变得挑剔：A喝酒太厉害，不喜欢；B罗圈腿，走路失风度；C相貌事业皆优，只是海拔有点矮……细细数来这些缺点，都会成为把对方三振出局的理由。她不遗憾，觉得这无所谓，因为她坚信，她总会等到她的那个百分百的完美恋人，他手拿着一束红玫瑰，站在命运的转折处等待着她出现。那是多么令人激动振奋的一幕啊，佛说："前世五百次的回眸才换来今生的擦肩而过"，等了千万年，终于等到了冥冥中的他……

的确有女人在对的时间遇见了对的人，从此获得了一生的幸福。可是还有很多女人没有那么幸运，她们不是在对的时间遇到错的人，就是在错的时间遇到对的人，要么是在错的时间遇到错的人。怎么办？继续等还是顺手抓住一个凑合？眼看一只脚已经步入了大龄青年的门槛，而理想中的白马王子的影子却越来越模糊。这时候我们才恍然大悟，没有在对的时间和地点遇到完全对的人，注定的缘分也是可以退而求其次的，只要你相信他是王子，他便是你独一无二的白马王子。

可惜，很多女人就是铆足了劲坚守"命中注定的缘分"，在还可以求其次的时候等待着唯一的他，结果完美的他没有等到，自己的青春却悄悄地溜掉了。于是许多过了花期的女人，迫于社会舆论和家庭的压力，只好随便找个男人草草地嫁掉，心里却一直留着怨……更可惜的还是固执的女人，打死也不求其次，表面坚强地安慰自己崇尚独身主义，内心却脆弱无比，看见别人一家的温暖，自己也需要呵护陪伴。

T毕业于名牌大学，身材窈窕，身高1.68米，天生的瓜子脸，大眼睛，皮肤白皙，无论高中时代还是大学期间，身边总围绕着一群追逐者。但是心高气傲的她对于围绕在身边的那一帮男生不屑一顾，她决心要找个能配得上自己的"白马王子"。

她要找的男友必须满足这样的条件：身高1.80米，要有高收入，走路要有风度，声音要有磁性，穿衣要有品位，有浪漫的气质，不抽烟，不喝酒，要对自己温柔细心，和自己在一起不能看别的女孩……

T依照自己的条件筛掉了一个又一个男人，10年过去了，她从一个妙龄少女变成了眼角有皱纹的女人，可是她还不肯放弃自己设立的标准，心想：反正都已经挑了那么多年了，索性一口气挑到底找个最佳老公，也不枉费自己这么多年浪费的青春！

于是不紧不慢的又过去了10年，T已经40岁了，那些曾经相貌普通的女同学都早已嫁为人妇，那些曾经疯狂迷恋自己的男人也早已结婚，他们的儿子、女儿都喊她阿姨，这一声声喊得她心里直发酸。可是，这时的她就更不愿意将就着把自己嫁了，这么多年，一个人都过来了，还怕再找几年吗？

一晃T成了步履蹒跚的老太婆了，当初的风华都成了岁月中的尘埃，都已经随风飘散不知道落在了哪个角落。有一个漂亮女孩，美丽一如当初的她，不解地问她："老婆婆，这么多年了，你难道没有找到一个意中人吗？"

T幽幽地说："找到过一个。"

"那你为什么不嫁给她呢？"女孩奇怪地问。

"哎！"T叹了一口气，痛惜地说："那个男人也想找一个完美无缺的好女人。"

很多女人在爱情上都有着"完美主义"情结，可是只要是人怎么可能有十全十美的呢？如果这世界上果真存在一个完美的男人的话，那么他也一定是在寻找一个完美的女人。问题出现了：当你在寻找这样一个完美男人的时候，你能否确定你就是一个完美的女人呢？如果不是，那么又何必要强求别人呢！

其实，所谓的缘分是要靠自己争取创造的。爱情不是注定的缘分，这只是给相爱的人一个借口，以证明自己的爱情是多么弥足珍贵。在你找到完美恋人的时候，可以借此来安慰自己，但在你没有找到之前，千万不要迷信于它，你要告诉自己是在选择老公，而不是在等待一个完美的神。

有一天，柏拉图向他的老师苏格拉底请教什么是爱情，苏格拉底叫他到麦田走一次，不能回头，在途中要摘一株最大最好的麦穗，但只可以摘一次。

柏拉图觉得这简直太简单了，立刻充满信心地去了，最后却两手空空垂头丧气的回来了，苏格拉底问他怎么回事，他说："遍地都是麦穗，很难得看见一株不错的，却不知道是不是最好的，因为只可以摘一株，只好放弃，就再往前走走看，有没有比这更好的。就这样走到尽头，才发觉手上一株麦穗也没有……"

苏格拉底说："这就是爱情！"

柏拉图点头，接着又问："那什么是婚姻？"

苏格拉底又叫他到杉树林走一次，同样不能回头，在途中要取一棵最好、最适合当圣诞树的树材，但只可以摘取一次。

柏拉图吸取了上回的教训，去了不久，就拖着一棵看起来直挺、翠绿、却有点稀疏的杉树回来了。

苏格拉底问他："这就是最好的树材吗？"

柏拉图说："也许不是。"

苏格拉底问："那为什么不去寻找最好的呢？"

柏拉图说："因为只可以取一棵，好不容易看见一棵看似不错的，我怕再寻找下去又像上次找麦穗一样空手而归，而且那时时间、体力已经快不够用了，所以，也不管是不是最好的，就拿回来了……"

苏格拉底说："这就是婚姻！"

女人要明白，人的生命是有限的，青春是会消逝的，如果我们要求完美，过于挑剔，最终只能两手空空。一生的时间很短，作为女人的美好年华更是转瞬即逝，我们要在这短短的黄金阶段，去找一个基本上符合我们理想的男人，就算他有那么一点儿不让自己满意，那又有什么关系呢？我们也不是完美女人，我们的身上同样会有他不太喜欢的缺点。

你是在选择一个男人，一个实实在在的与你一起过日子的男人，而不是一个不食人间烟火的"神"。如果在不断的挑剔和更换男友中，错过了花开最美的时节，这才是终身的遗憾。

　　女人越早世俗一点越好，不要总是自我安慰说"缘分"未到，如果你在40多岁的时候才能碰到让你怦然心动的男人，难道你要在那时候才穿上婚纱嫁给他吗？恐怕到了那时，他就算愿意娶你，却基于外界的种种因素也变得心有余而力不足了。

　　对于嫁人来说，不要相信那些女人的花期不止一季的鬼话。女人最美的花期只有一次，那就是青春，女人要嫁，就要在自己最美的年龄成为新娘。过了35岁，就过了女人最美的花期，那时候还没有嫁出去，就只能空留遗憾和悲伤了。

PART 6
魅力赢得永久的爱情

　　美丽的女人人见人爱，但真正令人神魂颠倒的，往往是具有魅力的女人。能使一个男人对你赞叹不已并不算本事，若能令周围的女性对你有发自内心的钦佩才算你的能耐。都说女人是水做的，但你若一味如水般温顺柔和，那你也就只能如水般平淡无味，若你把自己锤炼成铁水般灼热，钢铁般坚强，那你的确是位可敬的女人，但绝不是一个有魅力的女人。

　　魅力与金钱无关，与年龄无关，与相貌无关。

　　冷艳时髦的女郎不一定拥有魅力，精明过人的女人不一定拥有魅力，纯洁如玉的少女也不一定拥有魅力。魅力女人不一定冷漠任性，不一定温顺活泼，魅力是一种智慧，但又不仅仅是一种智慧。

　　魅力并不是遥不可及，每个女人都可以拥有魅力。拥有魅力的女人是懂得恰到好处的女人。美丽而不娇艳，聪明但不压人，大度但不纵容，独立而不强悍，深知物极必反、过犹不及的道理。只有把握好分寸，行事才会游刃有余，才能获得别人的欣赏与肯定，自己才会一帆风顺。

　　有人说女人在家里，在职场上，在各种场合中，是鲜花，是花瓶。鲜花，艳丽芳香，高雅媚人，令人流连忘返；花瓶，精致玲珑，雍容华贵，让人赞叹不绝。两者皆可欣赏，两者又都很脆弱，前者易落，后者易碎。所以，要想魅力长存，女人就应该丰富自己的内涵和气质，这样锻造出来的魅力才会长盛不衰。

　　许多女人都希望自己有魅力，却不懂得怎样获得魅力。魅力是善于展现自己身上的亮点，有自信有激情，能用恰如其分的形体语言和适当的情感向周围表达自己。对朋友坦诚热情，且有爱心，有决断力，有责任感，棱角分明等等，使周围的人都喜欢你，愿意与你在一起，甚至多看你几下也感觉是快乐的事。

男人喜欢外表漂亮的女人，但当考虑妻子人选的时候，他会综合考虑其他的很多因素，比如她的性格，她的品质，甚至她的性能力等等。

也就是说，女人美丽的外表只是男人目光的引导者，至于他的目光停留多久，那就要看这个女人其他的魅力了。正如德国诗人歌德说过的："外貌美只能取悦一时，内心美方能经久不衰。"

意大利著名的科学家、思想家乔尔丹诺·布鲁诺在一篇对话中说："灵魂比身体可能具有的美还要美得多。"瓦西列夫也指出："在身体不完美的情况下，审美化的重点可以转向精神方面。比如，一个男人可能喜欢一个没有匀称身体，但却十分温柔、体贴和真挚的女人。"

《庄子》里有一个关于丑女和美女的故事，它有力地诠释了一个魅力女人的真正含义：有一个人投宿到一家客栈里。店主人热情地接待他，并向他介绍自己的家人。这个人发现主人有两个小妾，一位楚楚动人，一位相貌丑陋。

奇怪的是，店主偏偏宠爱那个丑女，而轻贱那位美女。他便打听缘由。店主就告诉他，那个长相漂亮的女人，自恃美貌却轻视他人，我越看越觉得她丑；而这个看起来丑陋的女人，心地善良，通情达理，令我越看越觉可爱，所以，我一点也不觉得她丑陋。

说到这里，正好那位漂亮的小妾昂首挺胸地走过来，主人连看都不看她一眼，对这个人继续解释："瞧她这德性，实在叫人生厌，她哪里知道什么叫美，什么为丑！"

女人真正的魅丽，是内外兼修的美，是外在与内心和谐统一的美。这是任何一个成熟男人所知悉的。

魅力女人不会盲目追求潮流，也不会洒脱到不修边幅，她们是懂得穿什么才适合自己的女人。她们在生活中拥有独特的品位，懂得在落落大方中求得个性。

魅力又是千变万化的，温柔的女人可以抚慰心灵，给人信心；坚强

的女人可以力挽狂澜，令人叹服；丑陋的女人可以拥有聪明才智，令人钦佩。魅力可以点石成金，化干戈为玉帛，即使你已年过半百，又有谁能说你没有魅力呢？

魅力无所不在，无时不在。大家闺秀，潇洒飘逸，落落大方；小家碧玉，玲珑剔透，娇美可人。现代女性的魅力，风格迥异，是个性和气质的体现，魅力使女人自信，得到意想不到的好运。女人的魅力使这个世界生机盎然，爱意弥漫。

怎样才能做一个有魅力的女人呢？

1. 有道德标准、能坚守原则

乐于接受别人的意见，对无伤大雅的行为能一笑置之。不人云亦云，不毫无主见地随波逐流。不会意乱情迷到丧失道德的程度，不会插足别人的婚姻，从来都离绯闻很远。

2. 宽容尊重

对有魅力的女人而言，她们明白大千世界无奇不有的道理，奇闻怪事出现也不会感到大惊小怪。世间万象，本来也没有对与错的绝对概念。能够包容和尊重别人的选择，也认同别人的生活方式。懂得尊敬别人，宽容别人，不同别人争吵。

3. 聪明博学

"女子无才便是德"早已是过时之言，女人的冰雪聪明、玲珑剔透令人折服，女人的知识广博，有说不完的丰富话题，天文地理、科技人文，信手拈来，绝不会令别人感到琐碎无聊。

4. 有独立的人格

在经济上，不依靠任何人，懂得坚实的经济基础是维护自我尊严的必需。能够通过经济的独立，获得满足感；在精神境界，不做某个男人的附属品，要具有自我意识，追求自我的价值、自我的目标。

5. 出得厅堂、入得厨房

不要以为现代女性都是不理家事的，也不要以为有了保姆她就会放掉家里的一切。回到家来，下个厨房，给先生做上一桌可口的饭菜，会营造一种生活的情调。你不是一个一成不变的角色，要在职业女性与贤妻良母之间进行角色转换，无论什么场合，什么角色，你都应该毫不含糊。

6. 时时充电

身处日新月异的科技世界，不进则退。你最好明白这点，不断自我充实，提升自我的知识和技能。你也许没有天生的优势，但要绝对相信后天的努力。你要比男人更加努力进取，不要对自己没信心，而应该比男人更有雄心。

7. 追求美丽

女人对美都是贪心的。美丽的女人不一定天生丽质，但肯定知道如何装扮自己。你要让每一天的心情，跟着衣妆一起亮丽起来。你的美丽，不为取悦男人，也不是虚荣的表现，而是你热爱生活与维护自尊的表达。

8. 清新自然、拒绝陈旧

要有极强的"保鲜"能力，使岁月与生活的琐碎无法在心灵中烙下痕迹。要善于发现生活中的美与辉煌，借以冲破无边无际的黑暗，重获新生。经常亲近自然，因为美丽的风景和清新的空气能抚慰疲惫与彷徨。

PART 7
小测试：10道题看穿你的爱情

1. 觉得自己本身是否是一个长相俊俏、甜美的人？

    是的，对自己的外表还有一点自信（接2）

    我不会很差，可是好像也没什么异性缘（接3）

2. 如果有一天你突然中奖得到一大笔钱，你会？

    和朋友一起庆祝，并实现多年来的梦想（接4）

    小心低调，可能搬到一个没有人认识的地方过太平日子（接5）

3. 你平常是否有裸睡的习惯？

    有，尤其是夏天，脱光了比较清凉（接6）

    没有或很少，那样根本睡不着（接7）

4. 如果太久没坐船，突然坐船你会不会晕船？

    会，会觉得不舒服，甚至可能呕吐（接8）

    不太会，稍微适应一下就没问题了（接6）

5. 每次坐车时，你是否容易把垃圾往车外丢？

    不太会，可以把垃圾带回家处理（接6）

    会，有时觉得垃圾留在车中实在很讨厌（接7）

6. 你平常是否容易胡思乱想？

    会的，有时真的想得蛮多的（接8）

    不太会，有时忙起来连想的时间都没有（接9）

7. 你是否曾经为了一件事，很沉迷地做到忘记时间？

    其实经常会这样，有时疯起来连自己都不自觉（接9）

    不常这样，除非自己真的很闲才有可能（接10）

8. 在你还没有情人的时候，你是如何幻想自己爱情的呢？

一段刻骨铭心、轰轰烈烈的爱情（接9）

平平凡凡、相爱终身，可以两个人天天腻在一起的爱情（接10）

9. 底下两个颜色，选出一个你最喜欢的？

红色（接A）

蓝色（接B）

10. 底下两个颜色，选出一个你最不喜欢的？

黄色（接C）

绿色（接D）

测试结果：

A型的人

你对爱情相当专情、坚贞，甚至有点过分执著。一旦有了另一半之后，你会把大多数的时间都花在对方身上，占有欲极强的你也会要求对方必须这么做。怀疑对方时也记得要给对方解释的机会，不然对方可能会因为你的反应过度、歇斯底里，而弄得彼此不欢而散。

B型的人

你其实正为爱情所苦恼呢。也许你正烦恼着自己为什么找不到另一半、为什么自己总是个失败者；有另一半的也在烦恼为什么你的他总是喜欢莫名其妙地生气、跟你吵架。那是因为你尚未找到恋爱的感觉。所以，现在的你不需要管为什么，别人怎么做，你也跟着怎么做好了，总有一天你会懂的。

C型的人

你是个多情又浪漫的人，虽然你不一定想出轨，可是当你看到一个令你怦然心动的异性时，你又会忍不住上前搭讪、拼命示好。你的情人虽然很喜欢甜言蜜语的爱情攻势以及浪漫的贴心关怀，却不见得容许你"脚踏两条船"。还是收敛点吧，不然说不定你会成为下一个社会新闻的主角。

D型的人

你的爱情观相当豁达，一切随缘。合则聚，不合则散是你处理爱情的态度。只是过于豁达往往会让对方觉得你吊儿郎当，不够珍惜这段感情而选择离去，所以你失恋的次数也不少呢。人说"久病成良医"，下次就多多满足对方的需求吧，哪怕一句你认为很肉麻的示爱语言都可以。

第三章 Chapter 3

20~30岁找到你的Mr.Right

『知己知彼，百战不殆。』恋爱是一场没有硝烟的战争。女人如果想在恋爱中占据主动权，就要充分了解男人的特性。男人的某些观点和心理是女人很难理解的，实质上男人的一切心理和行为都是有着深层根源的。『结婚是女人的第二次投胎』，所以作为女人你在选择时一定要擦亮眼睛，找到属于你的Mr.Right。

PART 1
男人为"爱"而找借口

女孩一定要分开男人的喜欢和爱，男人为爱遮掩的借口总是很多，男人不会直接对你说他不爱你了，他只会用行动来暗示你他不是那么喜欢你。

误了你的约会，他有借口；没接你的电话，他有借口；哪怕要结束跟你的感情，他还有借口。男人嘴里，总有着层出不穷的看似完美得无懈可击的理由。

女人问他："你是不是不喜欢我？"他会说："不是，对你感觉挺好。"女人问他："那你为何不跟我联系？"他说："我只是不小心弄丢了你的电话。"女人问他："你为什么不跟我承诺未来？"他说："我现在一切待定，还不敢去想将来。"

面对着这些借口，女人喘了一口气傻笑着说："看来，是我错怪他了。"对女人的信任，男人其实也是真着急："她怎么就这么不开窍？！"可是不管多么着急，你甭想从他口中听到他说他不爱你了。不论何种职业、何种性格的男人，本质上都是性情的动物，若真的爱一个女人，他会不顾一切。你的住址、你的单位、你的任何可能的联络方式……他都会像宝贝一般紧揣在胸口，紧紧不放。哪怕你藏在这世界上一个无人知晓的角落，他也有本事把你找出来。他不是忘记给你打电话了，相信即使发生了不幸，他在最后一秒也能拨通你的电话，没有什么能阻止他的。女人，不要再为他找借口了，他其实没有那么喜欢你。

一个男人，真爱一个女人，不会如此慢条斯理的跟她分析讲道理。一个让男人理智以对的女人，注定要失去他；一个让男人疯狂到无理智的女人，证明她能吃定他。

当一个男人不记得给你电话，不联系你，他能找出一百个理由来敷衍你。八成是对你兴趣不大。只不过，男人都不忍心伤女人的自尊。男人都觉得，让一个女人没面子，就是男人最大的没面子。他们也是喜欢一点点绅士风度的，至少在这一点上。

人们都习惯在拒绝一个人的时候，把理由准备得充分，让自己看起来更名正言顺。人都怕良心不安。只是，女人都是不愿意直面现实的。哪怕他的谎话编得不那么完美，只要她对他有感情，都愿意不惜降低智商自欺欺人地去接受。很多女人认为这是爱情，其实只是一场自欺欺人没有结果的游戏。或者，她也明白跟他是一场无言的结局，但能拖一天便能多和他在一起一天。但是，女人要记牢一点，当一个男人对你说："若遇到合适的对象，一定别放弃。"至此，便不要再对他抱有任何幻想。这是一个男人对一个女人最高级别的拒绝，那说明，他真的对你没有感觉。不信的话，接下来，他恐怕连骗也懒得骗你了……

有的女孩子说："我也知道，喜欢不等于爱，程度不同。"也有女孩子说："我明白，可以喜欢他，但不可以爱他。"更多女孩子问："谁能告诉我，什么是喜欢，什么又是爱？"

你希望他会出现在每一个你希望他出现的时候，那么你只是喜欢他。你希望他时时刻刻都出现在眼前，陪在你身边，那么你是爱他的。

喜欢，是有选择性的行为，只是喜欢他能带给你的快乐。爱，是涵盖全部的包容，连同爱他所带给你的悲伤痛苦。对一个女人而言，一个男人时时出现在你身边，也许仅仅是喜欢你；一个男人在每一个你需要他陪伴的时候出现在你身边，那他一定是爱你的。

PART 2
男人不想让女人知道的秘密

秘密1：太忙了，连打电话的时间都没有。

"这个男人到底在干什么？为什么一整天都不给我来一个电话？"我开始有点生气。和他认识已经四个月了，刚开始，他经常打电话、发信息给我，最近却很少打电话，连信息都没时间给我发一个。不仅如此，现在他还经常不接我的电话，明明看到了"未接来电"，但直到深夜也没有给我回个电话。今晚，我又忍不住拿起了电话。"嗯，文慧啊，什么事啊！"他的声音很温柔。"你怎么一整天都不打电话给我？""咳，我连打电话的时间都没有，快要忙死了。""还骗我？""真的，我时时刻刻都想听到你的声音，但目前为了新的项目而忙得晕头转向，回家后还要加班呢，你想想看，我哪有精力再打电话给你啊？""不管怎样，你这样做真是太过分了。""亲爱的，我这么卖命苦干难道仅仅为了我自己吗？如果我有了成就，你不是也觉得骄傲吗？所以，你要理解我。我最近真的忙得连打电话的时间都没有了。""好啦，知道了，你忙吧！"唉！就是这样我又一次地原谅了他。既然他说工作忙，那我还能说什么呢？

女人们，醒醒吧：

如果遇到上述情况，相信大部分女人就会相信男人的借口，劝慰自己说："没错，他是很想跟我联系，很想听到我的声音，他只是因为工作太忙，所以才没有给我打电话。"一次次，女人用自己像太平洋一样宽阔的胸襟原谅了那些说谎的男人。

还有一些傻女人甚至会认为"连打电话的时间都没有，他一定累坏了吧？那我以后一定要对他更好。"

真的是像女人们想的那样吗？既然男人迫不及待地想听她的声音，他们真的会因为工作太忙而没有时间打电话给女朋友吗？你有没有想过他们是在为不打电话找借口呢？

Man's Talk:

"其实，打一通电话有什么难？不管再忙，都会有时间打电话的，如果我不打电话就表示已经不关心女朋友了。"

"以工作为借口不打电话，就表示他对女朋友没有兴趣了，至少我是这样的。只要一个男人还喜欢一个女人，不管多忙，都会不停地打电话或发信息给她，再不善于表达的男人都一样。"

"由于工作忙而不打电话纯粹是谎言。工作再忙，总会有吃饭、睡觉和上洗手间的时间吧！怎么可能没时间打电话呢？等着上菜时、上洗手间时、下班回家时，都可以打电话啊！关键还是看他心里有没有你。"

是的，只要是男人，都会主动地打电话给自己喜欢的女人。即使对方不允许他打电话，他还是会找各种借口打电话，这就是男人！如果一个男人真心喜欢一个女人，为了听到她的声音、为了跟她约会、为了表达自己的感情、为了捕捉她的欢心，随时随地都会打电话给女人。

一般来说，因为忙而不能打电话给自己所爱的女人的情况是不存在的。除非那个男人突然发生了交通事故，或者失去了记忆，或者发生了意外，或者因饮酒过多情绪失控……如果不是以上客观的原因，那么男人随时随地都会打电话给心爱的女人。

当男人以"工作太忙"为借口而不打电话时，只有一种可能，那就是"我不喜欢打电话给你，因为我对你不感兴趣了！"因此，如果发现男人打电话的次数越来越少，或者经常以"工作忙"为借口不给你打电话时，你就应该停止为他找理由，应该趁早寻找新的出路了。

可是，还是有些女人放不下，还在设法给对方找理由欺骗自己，"因为男朋友真的太忙，所以不能打电话给我，但是我相信他仍然是真心爱我的！如果不爱我，为什么还要和我交往？"

可怜的女人们，你们以为男人只有真正喜欢你，才会跟你交往吗？

当然不是！其实很多时候男人会因为考虑到"别人都有女朋友，我可不能没有"或者"既然没有更好的女人，就只好将就一下"、"生活实在太无聊了……""有个女人约会总比自己窝在家里看电视强吧"等等理由，去和那些自己不喜欢的女人约会交朋友。

好了，聪明的女人们，听完这些话你们接下来会怎么做呢？你是想充当男友打发无聊时的工具，继续跟"因为工作太忙"连一通电话都不打给你的坏男人交往下去呢？还是想放弃这些坏男人，去寻找真正爱你，真心想打电话约你的好男人呢？

秘密2：不太适合！

想和他一起去参加朋友的聚会，他却说"不太适合"。

刚开始约会我觉得这个男人很好。但是，这个男人只参与只有我们两个人的约会。

从此，朋友们动不动就揶揄我："有了男朋友，你就开始学会'隐身'了吗？"我觉得不应该继续这样下去，因此我决定带他认识一下我的朋友们。

"亲爱的，星期六晚上有空吗？""星期六……应该有。""星期六是我好朋友刘欣的生日，听说张雪和关敏的男朋友都要来……正好你也有空，那我们一起去吧！""哦，这样啊，亲爱的，你也知道我很怕生，我觉得我不太适合去参加生日派对，你们玩的开心点。"

女人们，醒醒吧：

当男人说"我不太适合"的时候，女人就会感到很紧张。到底是真的还是敷衍我呢？如果遇到以上的情况，大部分女人都会感到失望，同时也会选择原谅男人，"他一定非常想去，但因为怕生所以才不敢去……"甚至有些女人会更加体贴对方："也是啊，他一定是怕我感到不自在。我跟陌生人相处，也一定会很不舒服。其实，我倒无所谓……既然这样，那还是下次再一起去吧！"难道这种男人真的会因为害羞、怕生，才不肯去参加女朋友的聚会吗？

Man's Talk：

"那还用问吗？当然是不愿意让别人知道他们之间有关系啦！其实就

是不愿意让别人知道自己是这个女人的男朋友。唉，女人难道连这个道理也不明白吗？"

"事实上，我确实不喜欢和陌生人相处，会觉得有点紧张。但是，如果有我喜欢的女人在场，那情况就不同了。换成是我，我一定会去的，而且还要好好表现一下自己。遇到这种情况，去不去和性格没有关系，只有不想见自己女友的朋友时，才会拿这个理由当借口拒绝。既然喜欢女朋友，也应该见见她的朋友们，这可是留下好印象的大好机会，为什么要拒绝呢？"

当男人说"不太适合"时，就表示他不是真心地喜欢你。如果是真心喜欢对方，那么所有的男人都会向周围的人炫耀对自己女朋友的所有权。"这就是我的女人！不许碰她！不许打她的主意！"当然，为了巩固自己的地位，他还会跟女友的朋友们频繁接触，争取得到大家的认可。所以，女人该明白，当自己邀请男朋友一起去见朋友时，世界上只存在两种类型的男人：一种是说"可以"的男人，另一种就是说"不太适合"的男人！

这两种类型的男人有什么差异是显而易见的。说"可以"的男人，表示"我是真心喜欢你！"而说"不太适合"的男人其实是说"我只想偶尔和你约会，免得自己太过无聊，还不想让别人都知道。"这个时候这两种类型的男人也都有一个共同点，那就是"我还是愿意和你交往的！"只是可能不是女人想象的那种而已。

但是，女人们绝不能忽视的是他们内心深处的想法。"和你在一起相处很开心，我没有意见，但如果要我跟你周围的人认识，我不愿意！"大部分女人都会根据男人的决断力和积极的态度来打分，如"这个男人对我很好！"喜欢坏男人的女人习惯在不知不觉中原谅对方的错误，还会主动地为对方找理由，找借口。例如，"因为他最近的情况不太好，所以……""我们才刚刚认识3个月，所以……"有这种想法的女人，希望你们能够重新反思一下自己。相信我，男人一旦遇到自己真心喜欢的女人，一定会迫不及待地想见女友的朋友！

当女人邀请男朋友一起去见她的好朋友时，如果男朋友说"不太适合"，那就要明白他的心里还有"我为什么还要见你的朋友？"的想法。此时，有些女人就会问："其实，每个男人都不一样，而且性格差距又那么大，怎么能下这种定论呢？"

我倒想反问这些女人，"如果你真心爱一个人，难道你不想见见自己真心喜欢的男友的朋友吗？""你不想得到他的朋友认可吗？"男人不愿意见女友的朋友，不是还不确定你们的关系，或者正在寻找另一个目标，要么就是已经在和别的女人约会，而且这种男人的心中总有一个这样的想法：我目前不方便公开跟这个女人的恋情。

好了，那么聪明的你，应该怎么做呢？你可以继续忍受和"不愿意跟自己的朋友见面"的坏男人交往下去呢？还是想去找一个连你周围的人也喜欢的男人呢？当你静下心来想一想，你便能作出正确的选择。

秘密3：不要再问了！

"你昨天去哪里了？"我问他。"我待在家里。""在家干什么了？""什么都没做，你不要再问了，我不喜欢你这样逼问我。"他有点生气。女人不解地说："难道是我问得太多？我只是好奇才问啊……"

女人们，醒醒吧：

相信大部分谈过恋爱的女人都有这样的经历：都想知道男友和自己分开的时候是怎么度过的，都做了哪些事情。只要爱一个人，任何人都会产生这种一探究竟的想法。这时，如果心爱的男人不喜欢一一回答，那么女人会有什么样的想法呢？有些女人会想"他是真的爱我吗？""难道他讨厌我了吗？""他的个性一向就是如此，我应该多理解他才对。"或"既然爱我，就应该把所有的事情都告诉我啊？"有些女人还会想"他在外面是不是有别的女人？"那么，我们一起来看看经常以"不要再问了"这种方式回避问题的男人们心里到底是怎么想的呢？

Man's Talk：

"我觉得没必要把每天发生的事情都一一告诉女朋友，也很讨厌那样做。但是，这些男人的确是因为心里瞧不起女人，所以才会不耐烦地对女

人说'不要再问了'。只要对女人有一点点尊重，不管是实话还是谎言，都是会做一些解释的。"

"不错，也有很多不喜欢说自己的事情的男人，包括我自己，但只要面对自己真正喜欢的女人，男人就会老老实实地回答女人的提问。既然自己喜欢的女人感到好奇，没有什么好隐瞒的。又不是去泄露国家机密，有什么不能说的。呵呵……"

"不对女友公开自己的私人生活，就表示他不重视这个女人，这个女人在他这里没有分量。"

"我敢肯定，这种男人肯定不是一个想安分的男人。除了这个女人外，他的生活一定还有别的女人。而且这个女人也不会是这个男人最在乎的女朋友，即使是花花公子，也会比较在意自己心爱的女人。在我看来，这个女人顶多是他的一个打发寂寞的女朋友。"

所有男人都会在自己心爱的女人面前说实话。只要这个男人真心喜欢对方，就绝对不会有类似于"不要再问了"等蛮横的态度，反而会绞尽脑汁地讨心爱女人的欢心，证明自己对女人的忠诚，稳定女人的心。这就是男人，所以有的时候男人认真地撒谎也是证明他是爱这个女人的，那种拒绝回答的男人是真的不在乎对方！

女人必须要明白男人说"不要再问了"这句话中隐含的深意，那就是"我讨厌回答你的问题，因为我对你没兴趣！"

这种男人既不喜欢你，也不会爱你，甚至有些轻视你，他可以随便对待你的感情。说不定这时他还在和别的女人约会呢！

那么聪明的你应该怎么做呢？你是选择继续跟不尊重你的坏男人交往下去呢，还是想去寻找珍惜、在乎你感情的好男人？

秘密4：下次再说吧。

总是喜欢拒绝约会的男友。"星期一、星期二、星期三……难道已经连续一周了？"今天，我们的约会又没戏了。确切地说，是他单方面地取消和我的约会。"今天可以见面吗？""哦……下次再说吧。我正巧今天家里有事，我们改天再见面吧。"每次要和他约会时，他总是能够找很多借口，而且从来都不告诉我明确的约会时间，这让我摸不着头脑。"下次是什么时候呢？""这……我现在也说不清楚，不是我不想见你，只是我们要事先约定好时间后，要是到时候取消约定，我心里也会过意不去的。反正改天再见吧，拜。"女人不解：到底还要再提几次，我们才能见一面呢？

女人们，醒醒吧：

其实，没有一个女人相信他是真的没空，她们很少有人能承受这种打击，但是她们又不忍心，所以就会找出各种理由说服自己。例如：是我匆忙决定约会时间嘛，所以他才会三番两次地失约，是我不对，那么不如下次等他有空时再约会吧。更可笑的是，这种女人不但不责怪自己的男人，反而欢喜地安慰自己说："不是他讨厌和自己约会，而是因为他没空才拒绝，只要下次再约会就行了。"

仍然有很多女人认为，"既然我们是恋人，我就要完完全全的去相信他，就没必要深究'下次再……'这种话的含义，这样太累了。"然而，你们对这种男人的心思了解多少呢？

Man's Talk：

"呵呵，那个男人真有那么忙吗？会有男人因为工作忙拒绝约会的吗？那只是敷衍的借口吧。下次会是什么时候？这分明是在拒绝她嘛！这样做既不会被对方骂，又能委婉地拒绝对方，不是很好吗，你不觉得吗？"

"这纯粹是男人拒绝女人常用的借口，一个经不起推敲的借口。只要说下次再约会，就不用负任何责任，而且女人为了下一次约会，通常都会积极地打电话给他，这可是男人不费力气就能吊女人胃口的绝招。我会不会说得太直白了点？"

"呵呵，他说下次再见面？搞没搞错？如果是和心爱的女人约会，他听到后一定会说'我马上过去'，男人求之不得，怎么可能推辞说下次，这也太搞笑了吧。"

聪明的女人们！面对你的约会，总是说下次的男人，只能说明其实他们的最佳选择并不是你！

当然，也会有例外的情况。例如：男人刚刚进入新公司，为了得到

上司的认可而拼命工作，或者临近重要的考试，都可能尽量减少跟女朋友约会的次数。但是，这种情况下的男人也不会轻易跟女朋友说"下次再说吧"，至少会明确约会的时间。

一个男人面对真心喜欢的女人，是没有什么理由说"下次"的。如果今天没空，那可以改成明天见；如果明天没空，还可以后天见；如果还不行，至少可以抽十分钟的时间见见面。一般来说当女人要求和男人约会时，往往不可能制定好约会的时间，她们只是想通过约会表达"我很想你"的感情，但是轻易就说出"下次再说"的男人，实际上心里却在想"今天我可不想见你。当然，我也不知道什么时候想见你，等到我想见你的时候我们再说吧。"。

因此，当女朋友要求约会时，经常说"下次"的男人一定不是真心爱自己的。

聪明的女人们，好好想一想吧！当女人说"我们今天见面吧"，会有"好，你等我，我马上过去"的男人和推脱"还是下次再见吧！"的男人。那么，你觉得哪种男人会更爱你？你真正想和哪种男人约会呢？

秘密5：你说呢，你猜呢？

面对女人，越来越多的男人开始拐弯抹角，用反问的伎俩迷惑女人。

她提出一个问题。他一般不会立刻回答。在停顿几秒钟以后，他才会缓缓地说出自己的答案。

女人要注意，男人的这几秒钟，总是有着你想不到的别样含义。这个答案其实是在他心里经历了一番权衡较量的。他的内心，至少有两个或两个以上的答案，他在经过深思熟虑的比较以后，才回答说哪个更合适。

当你向一个男人索要一个答案，如果对方迟疑三秒钟以上，往往，他最终给出的那个答案并不是心里真实的答案，而是为了取悦你或者减少麻烦而刻意描画过的答案。

生活中，总有些男人是恋爱高手，他常能把女人的犹疑三言两语化于无形，让你对此不抱一点怀疑态度。

女人问："你真心爱我吗？""你更爱我还是她？""你愿意为我放弃另

一个城市中的诱惑吗？"往往，他会笑着反问："你说呢？"女人怒嗲：
"我不是问我，我是问你！"于是他换了一副痴情的样子说："当然，亲爱
的，我做的一切只为你。"于是她感动万分，更加忠心于他。

只是她不曾知晓，在这短短的一问一答间，他便小骗了她一回。总有
些男人不喜欢在第一时间回答问题，他会采用一个反问的伎俩，让女人觉
得那是他在调皮，实际上，那是他为自己争取时间思考，权衡利弊，他要
通过这几秒钟内她面部表情的变化，搜索出一个她最想要的答案，而不是
他真心想说的答案。但是女人不知，觉得那是男人的调情，她从不反感，
乐得欢心。所以聪明的女人不要去问，要用心去看。

女人都爱幽默的男人，认为那是男性的智慧和魅力，但一个总在你
提问题的时候淘气或调侃反问的男人，你该有所警觉，细细观察，他是
不是一个惯会对女人察言观色的花花公子。不要总是在被别人抛弃时，
才豁然读懂他的心。即便爱上的是一个狡猾的男人，也要明白他的狡猾
在何处。当然，一个总对你有所隐瞒的男人，他对你的感情也不可能那
么干净彻底。

秘密6：宝贝……

女人认为男人既然叫我"宝贝"，那么他肯定是喜欢我，但是为什么
他从来都不和我约会呢？难道他是在考验我？

Man's Talk：

"其实，没必要为'宝贝'之类的称呼动心。叫'宝贝'虽然是爱的
表达，但很多情况下男人会对很多女人这么称呼。"

"为了不混淆几个不同的女朋友，我也经常叫她们'宝贝'，而且大
部分女人都喜欢听到我这样称呼她们。只要我叫她们'宝贝'，她们都以
为我喜欢她们，因此很容易对我产生好感。当然，我也不可能同时跟那么
多女人交往，至少我会在感到无聊的时候随便找一个'宝贝'陪。"

如果他和你只是普通朋友的关系，那么更应该特别小心"宝贝"这个
称呼。有的男人对任何女人都叫"宝贝"，这就说明他已经结交过很多女
人，而且他的周围有很多需要用这种称呼应对的女人，统一用这个称呼可

以避免叫错名字，这可是典型的花花公子哦。

当男人叫女人"宝贝"时，只有两种理由：第一种是真正相爱的"情人称呼"，第二种是"备胎称呼"。

"宝贝"是"情人称呼"，被昵称为"宝贝"固然是件好事，但如果那个男人只是称呼你"宝贝"，却没有公开和你确立"你就是我的女朋友"的恋人关系，那他就有可能在欺骗你的感情，因此女人千万不可轻易动心。

女人们，你们知道男人所说的"备胎管理"是什么吗？

其实大家都很清楚，备胎是什么。男人把女人比喻成"备胎"，把自己当成司机。换句话说，女人就是被男人作为候补的车胎。另外，坏男人都有自己的"备胎"，会努力施展自己的魅力，让更多的女人心甘情愿的成为自己的备胎，从而更能体现自己的魅力。面对自己的这些备胎，男人绝对不会真心地爱上其中任何一个女人。

既然这些男人不喜欢这些女人，为什么要跟她们交往呢？

（1）为了证明自己的能力。男人喜欢跟周围的男人竞争，如果他们能够比别的男人拥有更多的女人，他们就会觉得很自豪。

（2）只见一个女人感觉很单调。虽然现在的女友也不错，但如果每天吃一样的饭菜，你不觉得厌烦吗？正因为这样，他们虽然将米饭作为主食，但偶尔也会吃面食或喝粥。

（3）为了打发时间。当自己的女友忙碌时，他们还可以和别的女人约会，用来打发多余的时间，不至于孤独难耐。

（4）为了证明自己的魅力。即使有相爱的女人，坏男人还是喜欢从别的女人身上证明自己的魅力，一样很受女人欢迎。

听了这些，女人们才会恍然大悟，原来是为了这些目的，男人们才把女人当成备胎管理，因此，聪明的你应该好好回想一下，自己是不是也曾经被稀里糊涂地当成备胎了呢？

PART 3
谁配做你的Mr. Right?

　　人生，不管年龄大小，有爱情来临的时候，就应该尽情享受爱情带来的美好；没有爱情的时候，也要让自己活好。当你最不经意的时候，爱情往往就在下一个转角处出现，你静静地走过去，也许就能看到你的Mr. Right，当你迫不及待匆忙地跑过去追赶时，很有可能由于脚下不稳，摔了一大跤，伤到了自己。

　　人伤了还好，心伤了可能就需要很久才能缓过来……

　　问一个没有什么恋爱经验的女人，什么样的伴侣才能共度此生，你会发现，她们可以开出各式各样的条件，比如：温柔、体贴、有责任感、孝顺、有钱、有男子气概、没有不良嗜好、有能力、学历高，有的还希望要有很好的职业：公务员、教师、医生、律师甚至军人……

　　谈过恋爱或是踏入过婚姻的人就会知道，这些条件再好，一对佳偶还是可能在岁月的流逝中变成一对怨偶。在恋爱之初，温柔体贴可能只是一时的假象；有责任感的人可能要求你更有责任感，他总会觉得他所负的责任比你的责任沉重而且重要得多；有男子气概的人，可能生性暴躁，或者凶残；嫁给有钱人固然好，但你可能会卷入一个大家族的恩怨纠纷……

　　由此可以看出，以上这些因素都不是理想伴侣的表现，那么，什么样的男人才更值得期待和考量呢？

1. 懂得尊重女人的男人

　　一个好爱人的基本品性，是尊重对方。会尊重，才懂得信任。一个尊重女人的男人，不管在何时何地，他都懂得考虑你的权益，以你的幸福为前提，他能给你安全感，不会借爱情和婚姻之名，行剥削和迫害之

实。这样的男人，在他们的思想里没有重男轻女的思想，在生活中他会把你和他自己放在同一个天平上，这样的男人深刻地懂得尊重你的人生目标以及生活乐趣，你快乐，他就会开心。同样，他开心，也不会造成你的不快乐。

但在生活中，有些女人以为拥有大男子主义者可以为自己提供一个安全的羽翼，可以保护自己，其实会保护女人的男人绝对是一个懂得尊重别人的人。而大男子主义者是一个会重男轻女的男人，这种男人一定会在热恋时期过后，恢复本性，做任何决定都忘记把你考虑进去。试想，如果没有了尊重，一切的理想条件，都只是壁画、雕饰、泥土、砖块、水管，如果缺乏支撑屋顶的梁木，爱情便脆弱得不堪一击，更别提遮风挡雨了。若你真的想要试验他对你的爱，老实说，问他爱不爱你，不如问他有关生男生女的问题，这样更能够了解他是不是你的理想对象，你在不在他眼里，他会不会尊重你。

2. 好男人事业和家庭两不误

男人绝对不能没有事业心，但如果他的事业心太重，他用在家庭和你身上的心思就会很少。而且，太醉心于事业的男人，大多有指挥他人（包括女人）的欲望。和太有事业心的男人相处，最大的伤害是精神方面。譬如，你要他陪你逛街，他说没意思；你要他陪你看电影，他说没时间。他事业取得了成功，你也跟着风光，但那是别人看到的，别人看不到的是漫漫时光里你的寂寞。

此外，有事业心的男人大多因为过度劳累，身体既处于综合素质发展的巅峰状态，也面临最不稳定、最脆弱的状态，心脑血管等疾病正在一旁虎视眈眈，稍有机会就乘虚而入。

3. 和你人生观一致的男人

人生观也是婚姻中重要的因素。在婚姻中你是什么人都没关系，最要紧的是得找一个和你人生观一致的人，这样你们的婚姻生活才是幸福快乐的。不要担心这样的人放纵难觅，正所谓萝卜青菜，各有所爱，相信这世上一定有一个欣赏你、和你拥有一样的人生观的人。你所要做的就是拿出耐心找到那个人，不要自卑，要知道，你身上并不鲜明的特点甚至是缺点，也许就是另一个人欣赏的地方呢！

4. 诚实但不太本分的男人

本分的男人是为一种信念而活，他们只做自己应该做的事，而不是自己想做的事，大凡本分男人都有太多的清规戒律，你若爱得深了，他会使你哀怨；你若爱得浅了，两人倒可以浅在一处，只是，这样的爱情不是生涩就是了无生趣。

女人对过于本分的男人，虽放一百二十个心，但会觉得他小家子气，女人大多喜欢男人为生活增添更多激情。虽然女人确实希望每件事都按程序走，生活安定而且舒适，但女人也愿意偶尔"浪漫"一下。

5. 能使你在他面前表现真实自我的男人

理想爱人的一个要素就是，你能在对方面前不刷牙、不洗脸，你能把脚跷在桌上，你能放声大哭，你能在他面前毫无顾忌地大放厥词……总之，一切美好的和丑陋的、善良的和恶毒的东西你都敢在对方面前不加掩饰、真实地表露。那么，这样的男人就是你值得一辈子去爱的人。

婚姻不是儿戏，找到能与自己过一生的人，可遇而不可强求，不是只要有了时间的积累就可以做到的。有的人，初见面就觉熟悉，比如贾宝玉初见林妹妹，当然这是爱的最高境界了，我辈凡夫俗子不是能够轻易达到的。但如果交往了一段时间，对方仍旧犹抱琵琶半遮面，那就累人累己了。试想，在如今这个竞争异常激烈的社会里，要是在家里也找不到绝对放松的感觉，那哪里还能成为使你轻松的避风港湾呢？

看到这里，你或许会认为嫁个理想的男人真是不容易，所以有的时候我们只能退而求其次，实在找不到自认为合适的男人，就让人出出主意，帮忙张罗张罗。其实，这个社会上好男人还是很多的，有时挑男人就像买衣服，款式太多了，容易挑花眼，听听别人的意见还是有好处的，正所谓"旁观者清，当局者迷"，这句话还是有一定道理的。

PART 4
做让男人着迷的女人

眼泪是女人的一剂迷魂药，总是让男人招架不住。即使女人做了伤害他的事，就算当时他对她恨之入骨，当看到女孩眼中那晶莹波动的泪水一串串流下的时候，他的心顿时会柔软下来，不仅会忘记女人对他造成的伤害，还会心疼地帮女孩拭去泪水。

对付那种自尊心不是很强的男人，只要给他们个台阶，就很容易让他们放松警惕。所以，面对这样的男人，聪明的女孩只要拿出最温柔的腔调，可怜巴巴的表情，温柔的语气道歉，即使道歉并不是发自内心或者真诚的悔过，男人也会变得柔情万千，只得乖乖地臣服。

聪明的女孩本身最擅长的功夫就是"太极"，她们能将"以柔克刚"的绝招发挥得淋漓尽致。对付自尊心比较强的男人，她们就使出眼泪这个杀手锏。

聪明的女孩也懂得运用自己的眼泪，因为她知道只要女人一哭，就能够得到全世界，装得楚楚可怜能够激起男人的保护欲。当女人泪眼婆娑时，男人就有一种想要保护她的冲动，自然就轻而易举地把好男人骗到手了。

总之，就算才华横溢，就算机智过人，只要遇到好男人，聪明的女孩都会毫不犹豫地收起自己原本的精明强干，立刻摇身一变成为一个楚楚可怜、娇小动人的"弱女子"，不管别的，先把好男人"骗"到手再说！

聪明女孩掌握眼泪原则是为了吸引好男人，并不需要真的把自己弄到可怜巴巴的境地。女人只要懂得在恰当的时候装装可怜，就能够轻而易举地将好男人"骗"到手了。女人的确要有气质才够美丽，但很多漂亮的女人往往表现出一副盛气凌人、高高在上的样子，就像孔雀开屏一样，惊艳四射，而且气势高昂，这只会让男人转身逃开，不敢接近。所以，面对炙手可热的好男人，女人一定要收起高傲，放下架子，让自己看起来温顺些，更容易让人接近一些，适当地撒撒娇也未尝不可。还有一些女人就是复合型的人才，什么都会，什么都能干，换灯泡、修理家电，那些传统观念中男人的工作她们样样精通，无一不晓。如果女人这么能干，还要男人干什么？男人往往会觉得自己没有用武之地而悄悄离开。所以，聪明的女人要想抓住好男人，就要不时地让自己变傻变笨一些，给他们发挥能力施展才华的空间，并顺便出其不意地赞美一下，他们心里一定会乐开了花。甚至有些时候，明明就是一帆风顺，女人也要适当地制造出一些小麻烦，然后可怜兮兮地向男人求助。男人便会非常乐意地充当救美"英雄"的角色。就算你是事业型的女强人，在工作中很多男人都不是你的对手，但是在生活中也要表现得傻一点，好让男人知道女人在工作以外的时间是需要他来照顾和呵护的。比如，你可以笨手笨脚地打烂身边的东西（当然尽量要找便宜货），慌里慌张地把房间搞得一团糟，让他看到你弱势的一面会更加想照顾好你。

男人们不喜欢在自己面前表现得很强势的女人。因为，她对男人的控制欲是种挑衅，会让他们觉得非常不舒服，没有面子。相比之下，男人们还是喜欢享受去照顾女人，然后接受她充满崇拜的目光和赞美的言词，这种感觉很美妙。当然，男人不是要求所有的女人都小鸟依人、楚楚可怜，但是，他们在两者之间会轻易地放弃前者选择后者。男人会想：既然她们很强，不需要我们，就让她们自己照顾自己吧。做个小女人，要学着表现自己的多愁善感，表现出柔弱的一面。比如，看电影能够被悲伤的场面感动得频频落泪；看到路边的流浪猫、流浪狗，眼眶含泪，表示惋惜。小女人可以有主见，可以有想法，可以有自己的判断，但这些想法一定要隐藏在自己的心中，一定要让男人认为你是小女人，什么都需要他帮助。即使明明他的意见你早就想到了，也要做出让步说"这个主意真好啊，我怎么没想到呢"，"你真是聪明啊"，这些话会让男人心中顿时充满优越感，这样会更加激发他对你的保护欲。

♛ PART 5
尽你所能地去了解他

爱情本来很纯洁，婚姻本来很简单，只要两个人有感觉，有爱的需求，就可以不讲任何条件的牵手，可是，总有那么一些人，在婚姻门坎前停止了爱的脚步。

兵法上讲："知己知彼，百战不殆。"这句话同样适用于恋爱这个没有硝烟的"战场"。恋爱中，男人女人如同在捉迷藏，这种迷藏是想要进入对方内心世界的游戏，男人想知道女人心里最想要的是什么，而女人更应该知道男人心底的"海底针"究竟何模何样。

都说"情人眼里出西施"，恋爱时的男女除了坠入情网的光环效应外，恐怕还有着男人刻意包装扮酷的内容，扮演知心情人和夸大与女人的诸多共同点，是许多男人追求女人的拿手好戏，不说他们如此做是不是有嫌欺骗，但却容易让女人看走了眼。

那么，如何才能在热恋的激情下，穿透男人的一切包装，看透他们是否是你真正的所爱呢？美国心理学家贝迪在《与你所爱的男人相伴终身》一书中指出："留心他生活中的一些事实，你会发现许多藏在他那张脸后面的东西。"

不要只缠绵在你与他的二人世界中，不要只听他的单方面表白，走出去感受生活中的他，以下是这方面的经验之谈，或许能帮你测试他。

1. 相同还是相容

当罗小姐听李先生说，他和她一样喜好宋词、喜欢吃甜食并都爱穿休闲服饰时，大有相见恨晚的感觉，一连串的相同爱好使他们迫不及待地想早日开始幸福的生活。然而结婚不久，双方都很失望。不同的人生取向和处世原则使日常生活充满了争执，罗小姐主张无为而治，李先生却急功近利，双方你瞧不起我，我看不上你，不一致的价值观使曾经的吟风咏月变了味道。

霍夫曼博士指出："多数婚姻的失败，都是由于夫妇双方错误地把两个人的相同点当成了相容性。"相容性不是指两个人具有一模一样的性格，而是意味着他们具有相同的价值观。因为性格可以互补和修正、整合，而价值观则关乎两个人认识世界、把握世界的思维和行为方式是否相同。试想，一个利他主义者和一个自我至上者结合在一起，会有多大的矛盾和冲突。

在建立关系的问题上，女性常以感觉构建存在，比如谈得来便认为是好朋友，而不考虑对方是否也视自己为朋友。这使得许多女性常常会一厢情愿地认为，同她关系亲密的男人会用同她一样的眼光看待生活，而问题恰恰出在此。因而，当你步入婚姻殿堂之前，你有必要清楚地了解他和你的价值观是否相同，而不是指望心有灵犀。不妨列一个你认为生活中最重要的事情表，然后让他回答，看答案分歧有多大，如果大到不能相容，那么就该理智地考虑你与他的关系。但是，无论是如胶似漆的情侣还是多年恩爱的老夫妻，在认识问题上都会有分歧，关键是，这种分歧是不是致命的，如果你与他在信仰、价值观上基本一致，那么你还可以说是幸福的。

2. 细微之处见真情

甜言蜜语是恋爱中最程式化的东西，他可以道尽一切柔情，却不一定能付诸在行动上。专家指出：要一目了然地体会一个男人是否是一个你所追求的体贴丈夫，只需观察他对你的性行为就可得到。这里的"性"包含着伴侣间一切亲密行为。

30岁的王小姐说："平日的他做事粗犷，让人觉得他有一种粗枝大叶的感觉，可每次我演出回来，他都会为我适时烧一箱洗澡水，并给我做按摩，他体贴我们做舞蹈演员的疲乏，他让我真的很爱他。"而她的同事却说："我与男友分手就在于他全然不在乎我的感受，不论我多么疲

乏，只要他需要，他就要求你给予，每每急切而粗鲁，根本不顾及我的感受和需求。"

其实，性关系不光是伴侣间的生理接触，更是一种感情的接触和交流。它呈现什么样的状态，将影响着两人之间会发展成什么样的终生关系。平等关爱的，还是不平等冷漠的。就性关系状态影响伴侣关系的问题，一位性学专家曾谈到：性接触会发生在任何一对互不相识的男女之间，那只是欲望的接触，而与之区别的伴侣间的性则是灵与肉的结合，这之中传递着两人关系中温柔的、充满爱意的、情意脉脉的方面。如果没有这种态度和感受上的相配，那么，性的不和谐最终会导致情感的破裂。

所以，用心去体会他在亲密接触中传达出的感觉，如果他心不在焉或自我至上的话，那么别指望他能关注你的心绪变化，而如果他能时时关照你的感受，并愿意为之付出努力的话，那说明他是个懂感情会体贴的男人，在你和情人向天长地久迈进的时候，不要忽略，性向行为在爱情风格中扮演一个很重要的角色。

3. 跳出熟悉的生活圈子

在熟悉的环境里生活，任何人都会表现得游刃有余，从而使得人们在熟悉的生活圈子和环境里只能看到一个人刻意包装的一面，也就是所谓的"不识庐山真面目，只缘身在此山中"。

有时候，为了考察一个男人在这个熟悉的环境里所做的一切，是否是精雕细琢还是虚张夸大，女士们就有必要创造一个机会，跳出他的领地，看他离开他所熟悉的环境，改变生活节奏和内容后，还是不是你原来认识的那个男人。

吴小姐的男友是艺术系的高才生，不仅谈吐风雅、举止潇洒，而且画得一手好画，浑身洋溢着一种普通男人不具有浪漫气息，许多朋友都认定他俩的婚姻一定是一首优美的抒情诗。然而一年后他们却分手了。原来这位浪漫的艺术家生活起来似乎连最起码的自理能力都没有，应付社会问题的眼高手低荡尽了他所有的潇洒，而吴小姐又特别看中男人的能力。为此，她感叹生活光有欣赏是不够的。

婚姻的实际性就在于它有着清谈之外的柴米油盐，欣赏与喜欢并不能应付现实生活中那些千变万化五花八门的实际需求。生活中纸上谈兵的"思想巨人"有很多，但是如果你在喜欢他的同时，对他在婚姻生活中与你是否融洽尚无把握的话，那么不妨打破平常的聊天、散步、看电影的约会规则，利用节假日一起做一次异地旅行，看看他应付生活的能力，要知道，安排食、住、行要远比买一张电影票更能考验一个人处理问题的能力。对吴小姐的男友来说，外出写生是多么浪漫，但当真正去蜜月旅行时，光在日程安排上就一塌糊涂。别人尽量坐夜车以节省开支方便游览，而他恰恰相反，多搭了住宿费不说，把时间还搞得很紧张。

设计一个情境，跳出熟悉的生活圈子去观察他，如果考验失败了，能给你一个提醒，去重新评估你们的关系，如果是意想中人，那岂不是皆大欢喜。

4. 言语之中看道德

女人选丈夫，最在意的恐怕就是这个男人的道德观，如果你在享受他对你海誓山盟的同时，仍拿不准他的品行的话，那么不妨和他谈论他的前任女友，或他对友人失败婚姻的评价，不要小看这种试探，这往往能说明他的修养和为人。

许多女性出于"你的眼里只有我"的虚荣嫉妒心理，在问男友以往女友情况时，往往希望听到"她不如你"的评价。如果你的男友真能如此说，说明他很懂女人心理，但如果他在评价中充满了嘲笑和轻蔑的语气，那么你的虚荣心在得到满足的同时，有必要心存一份清醒，他能不顾曾经的柔情蜜意，如此恶毒地诋毁曾经有过亲密关系的女人，也就难保在你们情冷意淡时不如此对待你。

在医院工作的赵小姐说："他是在我和另一个女孩之间进行选择的，那个女孩比我漂亮很多，相貌上我常有一份自卑感，因此我常希望能从他那里听到几句关于那个女孩的坏话，谁知任我怎么离间，他对她最不好的一句评价也就是：'她也是个心地善良的女孩，只是她对金钱的强烈追求让她浮浅了些。'这些话虽然让我很有些失落，但一想他能如此善待曾经伤害

过他的女孩，足见他的善良和有情义。我为自己遇到一个真正懂感情、有教养的男人而高兴。"

恋爱与分手都是双方的事，如果分手的原因主要在女方，而这个男人由此就把一切责任推与女方，并满怀怨恨侮骂对方的话，那么至少可以说明他不是一个能推功揽过的人，心胸也有嫌狭隘，况且，你不能够指望一个根本不懂得尊重别人的人会尊重你。

如果你幸运地遇到一个情窦初开的男人，那么你也可以从他对别人的婚姻评价上看出他的婚姻观念。家务应该由谁多干，争执后是谁先道歉，如何看待婚外情感等，你不必问得那么露骨，只须巧妙地设计一个问题婚姻案例，看他的倾向性和认可性，便可从中推断他的行为方式，不要指望对他人婚外性关系颇羡慕、有极端的大男子主义的男人会成为一个能克己奉献的"主夫"。

5. 了解另一面人生

现代女性追求婚姻的爱情至上，与此同时，也不要低估了那份潜藏在你头脑深处的传统的"夫贵妻荣"的期许，这使得男人的谋生能力在这里显得尤其重要。可以这么说，爱情也需要面包。从这个角度出发去，恐怕就会发现这种现象：有的男人是优秀的情人，但不是优秀的丈夫。

恋爱时的情感世界里只有你们两个人，在你面前，他会表现得多情、诚实、稳重，从这一方面观察，你相信他在事业上也定是塌实肯干，拥有良好的人际关系。但是许多时候错误也就缘于你一厢情愿的推论。

刘小姐与周先生恋爱时，男友为她打点生活琐事很干练，于是刘小姐觉得他在工作上也一定很有责任心，但是结婚后才发现周先生对工作还不如对家务尽心，每天挨完八个点后，最大的乐趣就是玩鸟养花，那副认真劲远比工作上瘾多。这让向来喜欢事业型男子的刘小姐大失所望。爱失去了欣赏也便没了激情，渐渐地她把目光投向了身边一位大有可为的同事。

在你的爱情世界里，如果男人不仅给了你甜言蜜语，而且还为你遮风挡雨的话，那你就不能不注意他闯荡世界的生活。由此，美国心理学家霍夫曼博士指出："沉醉在爱里的时候，不要忘记他的另一面人生。干涉男友的事业当然不可取，但起码的了解却绝对必要。"

利用节假日和他的同事聚一聚，听听他们对他评价，体会一下他们对他的重视程度；找个借口不妨顺便到他的办公室看看，感受一下同事对他的态度，要知道人们对工作敷衍了事的人是不会有十分亲切的态度的。当然，你从中也可以考察他的人缘，良好的人际关系也是事业成功必不可少的条件。这一切的前提条件是你真的很在乎他的事业心，如果你更喜欢居家男人的体贴关切的话，那你倒不必要求太多。否则的话，身处两难境地，男人会让你的生活更不开心。两全其美者少而又少，要你所要的。

所以哲人说：婚前睁大眼，婚后闭只眼。意在强调婚前选择的审慎和婚后的相容，然而审慎中也要有智慧的心机，相信冰雪聪明的你定能心有灵犀。

PART 6
小测试：你和什么人最相配呢？

1. 你会想和哪一种异性约会？

   看起来老实又内向的（接2）

   会玩又懂得打扮的（接3）

2. 有个人边看表边跑，他迟到了5分钟，你觉得他心里怎么想？

   才5分钟不算迟到（接4）

   糟了！迟到了！（接5）

3. 有个家庭主妇正在打扫，你觉得她正在怎么想？

   我要扫得一尘不染（接6）

   差不多就行了，做完可以去看小说（接4）

4. 有个女生从你身旁经过，飘来一阵很香的味道，你觉得是哪一种香味？

   甜甜的果香（接7）

   清淡的花香（接9）

5. 和朋友一起吃饭，付了钱走出餐厅才发现店员少找你10元，这时你会？

   折回去向他要回来（接9）

   才10元就算了（接8）

6. 有一只鸟从鸟笼飞走了，你觉得？

   这只鸟一定会再回来（接7）

   不会回来了（接10）

7. 看到有人顺手把垃圾丢在路上，你有什么感想？

   不能原谅这种人（接12）

   没什么感觉（接10）

8. 朋友到你家做客，你喜欢收到哪一种礼物？

鲜花或装饰品（接16）

蛋糕或食物（接11）

9. 你在半夜边看书边窝在棉被中想事情，后来……

多半会睡着（接12）

会越来越清醒（接8）

10. 你现在正在逃命，你认为是什么东西在追你呢？

狮子或老虎（接13）

酷斯拉（接14）

11. 你看到地面上有洞时你会怎么想？

洞里有什么东西？（接15）

太危险了，还是赶快盖起来吧！（接A）

12. 书架上的书倒了，看起来乱七八糟，这时你会马上整理吗？

会（接16）

不会（接13）

13. 有个人正对另一个人说悄悄话，你认为他听了之后的反应是？

忍不住大笑出来（接17）

皱起眉头一脸沉重（接18）

14. 有个女子拿刀对着一名男子，这个女子会对他说什么？

我恨你，所以我要杀了你！（接18）

再过来我要刺过去了！（接D）

15. 你想找工作，下面两家公司你会选哪一家？

能让人成长的公司（接D）

稳定的公司（接B）

16. 朋友请吃晚餐，你已经很饱了，他却一直劝你吃甜点，这时你会？

再饱也会吃（接17）

很果断地拒绝（接15）

17. 买新电器时，关于说明书，你会？

使用前一定先看仔细（接C）

根本很少会看（接B）

18. 下面哪一种人令你无法忍受？

小气又啰嗦的人（接D）

做事随便的人（接C）

测试结果：

A：你和活泼健康的男生最速配

你在爱情的表现上显得相当笨拙，只要在心仪的人面前就会故意装出一副很强悍的样子，这么喜欢逞强的你，正需要一个比你强悍、可靠的伴侣。最好是那种有一点粗鲁、但是身体非常健康、性格开朗、体力超好，不是弱不经禁风的类型，最适合你不过啦！

B：你和有气质的文艺青年最速配

你最重视的就是两人的兴趣和感觉合不合。你比较欣赏重视自己工作、拥有自己一片天地的异性，希望他对不管是文学，或是艺术，甚至音乐都持有高度敏感性，你喜欢两个人一起去欣赏电影，或是听听演唱会，享受优闲知性的时光。若要寻找你的另一半，过幸福的婚姻生活的话，当然是非这种人莫属啦！

C：你和相敬如宾的人最速配

你是一个很容易一头栽进兴趣之中的人，这样的你需要一个可以尊重你的兴趣和工作、百分之百支持你的伴侣。你不喜欢两个人老是天天腻在一起，希望彼此能保有适当的距离，所以拥有一身专业技术和知识，抱着就算是两个人在一起也可以彼此拥有自己的空间的异性，是你的最佳人选。

D：你和责任感强的爱家一族最速配

认真和意志坚定的人是你的最佳人选。如果你要结婚，那种对家庭和工作具有强烈的责任感，在公司也很受上司信赖的人是你的第一选择。在婚前你可能还会很坚持什么男女平等、提出种种你的原则，一旦结婚之后，你就会愿意为了对方和家庭去做任何的事情。

第四章

透析婚姻博弈的真相

婚姻是娇贵的花朵，需要精心的呵护，否则就会枯萎。当婚姻进入稳定阶段之后，你需要考虑如何去经营婚姻，增进感情，如何赢得男人的心。你需要去维护婚姻，懂得男女相处之道，合理制定家庭规则，让你们的感情之花永驻不败。

PART 1

婚姻GPS导航让你跟对人

几乎每个女人都参与过这样的讨论，是嫁人还是工作？当然，绝大多数的女人会毫不犹豫地投"嫁"一票，厮杀江湖不如归隐田园。而且，在外拼搏也未必就会有好的归宿，说不定到最后伤痕累累也一事无成，还不如直接找个好老公嫁算了，可以享受一辈子清闲，何乐而不为呢？

这样的想法是不错，可在现实世界中往往行不通。不信你去看看，但凡是那些嫁得好的女人哪个不是精明强干！所以我不得不迎头一盆冷水浇给那些想靠嫁人致富的女人：在这个世界上，只有干得好才能嫁得好，没有不劳而获的幸福！

在众多女生的眼里，嫁个好老公会比找个好工作更便捷更有利。女性都有一种寻求安全感的天性。女人天性不像男生那样敢打敢拼，喜欢有挑战性的工作，职场危机对她们来讲就是生存危机。在工作中与男性正面"交锋"的女性存在着一定的劣势，她们有着当下最美丽的青春和容颜。不可否认，这是一笔宝贵的资源。我国古代就有众多女性用青春容貌换取生存资源，这也没有什么好稀奇的。一个人如果在这个社会上没有站稳脚跟的本领，只仗着干巴巴的婚姻生存好像也不太现实。

但问题是，这个世界上有些东西是可以拿来交换的，但有些东西是交换不了的，至少不是等价交换的。青春美貌的确很诱人，也可以换来金钱和地位。女学生想用青春美貌去换得一个有责任感、有绅士风度、学识渊博、帅气魁梧的成功男人。可是这种男人是稀有动物，找到他的概率可能比找一份好工作还要小，而这种成功男人往往是属于另一个成功女人的。话又说回来，这样的优质男人就算单身，他也不会到婚介所或征婚网站上

去找老婆的，更不会只是为了养眼就去娶一个赤裸裸奔着他的钱来的女人吧。也许恰好给你碰到了，但是最容易得到的往往是最容易失去的，想想你除了美貌还有什么可以长久地保持你的吸引力？你要的是男人的经济和地位，男人要的是你的青春容貌。而容貌和青春是上帝赐给女人最好的礼物也是最易拿走的，当青春不再之时也是被扫地出门之时。同时女人也要告诉自己：一个只看重女人容貌的男人是万万不能嫁的。

嫁人致富并不是明智之举，若是撞上大运那就另说了。当别人的老婆可不只是会做家务哄孩子那么简单。这个世界的成功与喜悦几乎是没有捷径的，如果有，那往往是要付出代价的。对女人来讲，青春是短暂的，美好青春如年华似水流。其实，无论是男人还是女人都应该在有限的青春里大胆地追逐自己的梦想。对于一个只在乎容貌的女人，她只会随着时间一天天贬值；对于一个重视增加内涵，不断完善提升自己的女人，她便会随着时间一天天增值。一个有品位的男人真正爱的是有修养有内涵有品质的女人。一个没勇气面对社会，只顾寻求庇护所的女生能吸引的往往只是一个贪图美貌的男人。如果你是一个成功的男人，你会去娶一个满眼只看重你的收入和房产却不顾年龄和品质的女人吗？

只有经历磨难，在困境中成长的女人，才能够最终成为成熟的女人，才会有迷人的魅力。有丰富阅历的女人，有思想的女人，经济独立的女人才是男人眼中的极品。年轻时只想去做专职太太，在经济上是依附于男人的，经济的不独立注定了政治上的不独立，政治上的不独立注定了要受制于人。可想而知，一个受制于人的女人怎么会幸福呢？

我们耳熟能详的灰姑娘的故事之所以让人难忘，原因就在于灰姑娘出身平凡却可以嫁给高贵的王子，然后顺理成章地变成了贵族的王妃。但是我们不要忘了灰姑娘有个神仙帮助，她可以把南瓜变成马车，把老鼠变管家，对于大多数女人而言，都是普通的女子，姿色平平，能力不出众，也没有这样的人脉，那也就大大减少了成为"公主"的可能性。

认清了现实，要想飞上枝头当凤凰，只有努力工作，干出成绩当嫁妆！

现实生活中女人靠奋斗赢得人生和爱情的例子有很多，她们开始时只是从偏远山区走出来的农村女孩儿，但是凭借着自身的努力转身变成了驰骋职场的白领佳人，无人敢小觑，此时，她的身价才真正提升了，同时也会赢来优质男人的欣赏目光。

那些沉浸在偶像剧中的女人们赶快醒醒吧！不要总幻想着电视剧里播放的剧情：一个相貌、能力、背景、学历统统不出众甚至有点愚笨的女孩子却成了成功男人竞相追逐的对象，并且人人对她死心塌地、痴心绝对。女人要清醒地知道，现实世界中这样的故事是根本不可能发生的！

PART 2
我就是我自己的归宿

　　我想说的是，其实不管你跟谁结婚，结果都一样。我们不能总是期望自己的伴侣帮我们找到真正的快乐，让我们重获自信。因为无论你和谁结婚，真正的伴侣永远是我们自己。

　　经过我们不停地寻找，我们确实可以找到一起生活的伴侣，可要想找到精神上的伴侣就只能去探寻我们内心。从自身内部的探寻才能最终获得我们所需要的幸福感觉。每一个人生来就是如此，但人们往往很容易忘记这一点。总是以为找到外部的某种形式特征，比如婚姻或者男人我们就能获得满足，实际上空虚和寂寞是不会因为结婚或者有伴侣就会自动消失的。要想获得真正的快乐与归宿，唯一的方法就是反观内在，看看怎么和自己相处。

　　而我们在成长过程中就已经深受各种现实的约束、社会的道德规范、父母言行的影响。并且随着时间的推移，它们对于我们的判断和价值取向有着不可小觑的影响，它们让我们渐渐遗忘了原本想要的东西，同时磨灭了理想，使我们看不到自己的方向，并丧失了扎入大地的根须，无法获得成长所需的营养和动力。让我们感到真正快乐的源泉其实是在我们自身，而我们通常都迷失了方向，反倒是向外去寻找，这样只会让我们重复着南辕北辙的故事。

　　有时我们会极为固执地坚持自己的角色，逐渐忘记了自己的本来面目。甚至在失去和痛苦之时才会自问：到底什么是快乐？怎样才能快乐？我想说当你把你的快乐的权利建立在他人和外部事物的时候，你已经失去了快乐的能力，失去了和你本身的联系，自然会陷入不断寻找的困境。当你对幸福快乐的渴望越高，那么你对周围人和实物的需求也会越强烈，可是外部的世界是我们所不能掌控的，所以对外部的依赖很可能会让你被现实所压倒。我们的内心是矛盾的，有的女人究其一生都在不断地寻找、追逐幸福，可是依靠男人恐怕只会让你渐行渐远。有时候我们渴望成为一个热情奔放的女性，大胆追求梦想中的情爱，但我们却又受到了各种道德的约束，无法随心所欲；我们梦想自己能够和男人一样，在社会上大刀阔斧、冲锋陷阵，但心里却希望躺在男人温暖的怀抱里得到无微不至的呵护。

当我们试图从另一个人的身上寻找自己的幸福时，得到我们想要的，其实真正要寻找的幸福不过是内心的安定与和谐。

虽然大多数的时候我们满足于现状，但总是觉得生活缺了点什么。实际上我们缺乏的是内心的平静与快乐。于是在身边寻找一切可能使我们得到提升和满足的事物。我们一直都在寻找更好的另一半，以为寻找到伟大的爱情和一个能让我们内心安定的人，我们便不会感到空虚寂寞。以为我们找到一个伴侣，就会感受到完满，得到理解，使自己变得强大，得到提升，并实现内心的平衡。就好像格林童话里讲的那样"从此王子和公主就过上了幸福生活"，但生命中对一切自有安排。就像在婚姻的城堡里，始终掩藏着冲突和矛盾。尽管夫妻两人关系亲密，但是这种长期持续的关系以及双方所要承担的责任，也会令彼此的感情最大限度地相互消磨损耗。我们常常会觉得睡在身边的那个人似乎并不是最好的灵魂伴侣，而自己却无能为力。

我们生来就是不完整的。其实从我们生命开始的那一刻起，我们便害怕孤单，不断地去寻找自己的另一半，渴望与他实现身体上、精神上的高度统一。这种渴望是与生俱来的，来自于我们的遗传密码。经过多年的寻找，终于有一天，我们遇到了生命中的他，并与他结为夫妻。直到此时我们终于可以停下不断寻找的脚步，终于可以平静下来，我们第一次感觉到完满合一真的很美妙。

但这种幸福弥漫的感觉往往维持不了多久。结婚几年以后，很多一直

相依相偎的伴侣，都没有办法始终保持完满合一。那些仍能感觉到和谐与快乐，还能深层次地进行沟通的伴侣已经不多了。居高不下的离婚率已经表明，与另一个人在一起生活的时间越长，就越容易让人形成厌倦，渴望脱离。这恰恰与我们结婚时所期望的相反。长久以来我们所渴望的婚姻幸福、和谐，不仅没有属于我们，反而使我们完善自身的希望和对另一半的信任渐行渐远。

不过，幸福与和谐同样可以在婚姻生活中逐年剧增。只是这需要两个人的不断努力，但作为女性的你首先必须从一个误区中走出来，那就是：并非只有找到正确的归宿，你才能获得幸福。我要告诉你的就是，你就是你自己的归宿，你的幸福掌握在自己手中，你能使自己的生活和情感变得充实而丰富。但是，你必须将寻找的触角伸向你的内心世界，看看你真正需要的是什么，只有这样你才会真正地获得幸福。

PART 3
男人婚姻使用手册

女人既要懂得生活也要学会创造生活，绝不会让琐碎的家事干扰到生活。好的老公是"培训"出来的，聪明的女人懂得如何使用男人，如何挖掘男人的潜能，她们清楚地知道，对男人的付出懂得"智取"而不是"强攻"。

对男人的"家务培训"

其实，每个女人的心中都有一个公主梦，希望她的男人能待她如公主一般疼爱，对她包容和无微不至地照顾。而现实生活中她们很少能遇到把她们当公主一般疼爱的男人，她们往往还要扮演女仆的角色去为男人忙上忙下，公主梦想在现实生活中犹如肥皂泡一样轻易就会被击破。在这种极大的反差下，女人们更加期待自己能够遇到偶像剧中那种痴情完美的男主角。然而，生活并不是偶像剧，很少有男人会像电视剧中演的那样将女人视为女王，奉若公主，所以，在现实中，大多数女人都生活在两种状态中。

默默付出型。这种类型的女人已经放弃了挣扎，选择一个人去默默承担了生活中所有家务。但人总是有惰性的，男人更是如此，一旦女人变成了默默奉献的类型，男人便会觉得你的付出是理所当然的，不会珍惜你的付出。最终只有一个结果，那就是把男人宠坏了，然后让他抛弃了你。

苛求完美型。这种女人比起上一种类型的女人要聪明一点，不甘忍受现状，期望能够通过自己的努力有所改变。但是她们用又哭又闹，又打又骂的方法，希望能够引起男人足够的重视。起初的确能够如她们所愿地

享受到男人的"殷勤"，尽管有些是男人不太情愿的。但人就是这样越好就越想好，于是女人变本加厉，不断地命令男人为她做这做那。直到有一天，男人烦了厌了忍受不了了，就会头也不回地离开。

这是现实生活中颇为常见的两种极端，从上面这两个例子可以看到女人对男人似乎是束手无策的，讨好也不是，厉害也不是。然而对待男人，聪明的女孩并不会走上其中任何一个极端，她们会一手拿着皮鞭，一手拿着糖果，这是她们让男人乖乖听话干活的秘密武器。

我们知道在管理学中，有一个"胡萝卜加大棒"的管理原则。在企业中的应用就是"奖惩并用"，而在生活中，这同样是施行"恩威并重"的原理。那些讨人喜欢的女孩也正是将这一原理的应用发挥到了极致。

S的老公英俊魁梧、细心又浪漫，是个典型的优质男。有这样的老公，S身边的朋友都羡慕不已。老公有一份稳定而且收入不错的工作，虽然学历一般，但是因为个人能力出众所以早早就当上了主管。老公的精明强干也是当初吸引S的原因之一。但安逸舒适的生活让年纪轻轻的老公渐渐地变成了一个没有进取心的人。每天按部就班地工作，工作中规中矩，不会犯错，也没有突出的业绩，看着别人都纷纷升迁加薪，而他无动于衷，觉得现在就很好没必要去努力工作了。

S看在眼里急在心里。虽然她从不指望老公能够大富大贵，但至少希望老公能够有上进心，每天都能看到一些进步，更何况这对聪明的老公来说并不是什么难事。可是每一次S拐弯抹角地暗示老公要积极进取一点的时候，老公总是嬉皮笑脸地对女孩说："我还不是为你好么，想多抽出一点时间陪你嘛！"这样的话听起来合情合理，让人无法反驳。但S心里知道老公实际上是有些懒惰了，看到生活得很舒适，就懒得再去拼、再去奋斗了。S也有些无奈，却不知道有什么办法能让老公重新燃起斗志。一个好朋友听到了S的苦恼，笑了笑说："这个简单，你老公之所以现在不努力，是因为你们的生活过得很舒适，如果你们的生活质量提高了，钱不够花了，你看他还努力不努力！"

这招真好！S照着朋友的话去做，把自己平常想买而没舍得买的东西陆陆续续地搬回了家。老公起初并没有在意，直到月末S把账单给他看，本来想要敷衍地看一下，然后就去看自己喜欢的电视剧，结果账单上的总数让男孩不得不重新回顾一下。女孩搂着老公的脖子，撒娇地问："咱们这个月的开支是不是有些多？可是这些都是必须的啊，你看那个旧的热水器都用了好几年了，最近老是出毛病，维修的话也挺贵的，正好赶上商家促销，便买了回来，算一下还省下好几百呢。再说有了这个新的，用着多方便啊。还有这些厨房用品，都是在商场打折又有很多赠品时我才买回来的。剩下的这些化妆品就有些奢侈了，不过确实物有所值，用了之后就感觉比我原来用的那些效果好，你看皮肤水嫩嫩的，老公，你也不想我早早的就变成黄脸婆了吧？"

女孩在老公旁边耐心、详细地解释各种开销的理由，连老公也觉得这些开销都是应该的，可是不明白为什么这个月会特别多呢？看到老公一直紧锁着眉毛，S开始装可怜了，可怜巴巴地说："老公，要不我把这个热水器退回去吧，原来那个就是偶尔不好使，将就一下还能用的，我是不是买太多东西了？"老公看着S可怜巴巴的样子，赶快安慰道："不用不用，这台热水器买得很好啊，物超所值啊！只不过我得多努努力了，这样赚得多了，你花起来就不用那么为难了！""老公，你真好！"S在老公脸上印了一记香吻，心里不知有多高兴，终于能让老公恢复斗志了。

女人想要男人乖乖听从命令，千万不可以没完没了地在他耳边唠唠叨叨，也不可以永无止境地默默忍受他的坏习惯，最好的办法就是软硬兼施、糖衣炮弹。聪明的女孩会用小皮鞭轻轻抽下男人，但她们决不会继续往伤口上撒盐，而是恰到好处地用巧克力的甜蜜来安抚男人。女人一定要懂得相处的技巧。就像S那样，她在一个月内花了很多，甚至让老公直皱眉头，这时候如果她不是"可怜巴巴"地向老公解释，而是理直气壮地说老公赚钱少，让他去卖力工作，我保证这一定会引发一场激烈的家庭战争，而女孩这种机智的做法不但没让老公反感生气，还提高了生活的质量，最重要的是让老公"重返战场"恢复了斗志，从而达到了自己的目的。

你要知道如果你以严肃的口气去命令男人做家务或做别的事情，他肯

定是一百个不愿意，并且找出一大堆理由来反驳你，所以女人就要学会，把一切家庭规定和你想要的结果以爱的名义提出，这样事情就更容易解决。比如温柔地问他"亲爱的，你爱我吗？""恩，爱啊"、"那我要是累了你会心疼我吗？""那当然了""那你一定会和我一起承担起繁重的家务对吗，否则我会累坏的"……男人这时候想要收回刚才的话，已经晚了。双方表面上是在调情聊天，说说情话，实际上在一问一答的过程中就已经逼他就范了。

M是父母的掌上明珠，从小到大她几乎不知道哪些是家务活，更别提要自己去洗衣做饭了。可自从嫁给了老公，她的角色完全变了。刚开始只是觉得新鲜，试着给老公做了几顿饭，没想到之后做饭这项家务就成了女孩的本职工作；原本也只是想体贴老公，趁机表现一下自己的"温良贤淑"，谁料只是帮老公洗了几件衣服，M从此以后就变成了老公的全自动"洗衣机"了。

结婚不久，M渐渐承担起了所有的家务工作。起初，M认为老公的"大男子主义"很有男人味，并以此为傲，她觉得，男人就要有点硬朗的样子，如果整天都在厨房混在锅碗瓢盆之间，那还有什么阳刚之气啊！可是家务活做久了，还是会很累的，毕竟工作回来累了一天，还要马不停蹄地做饭、收拾家务，渐渐地M的立场开始动摇了，她觉得让老公也参加到家务中是很好的事情。每次在她吃完饭想要休息的时候却还要无奈地走进厨房收拾残局，她的心里总是很失落，心想如果老公能来帮忙，那将会是怎样一种浪漫；如果两人可以一边一块洗衣，一边说笑，互相泼泼水、涂涂肥皂泡，也会让这枯燥无味的体力劳动变得有趣起来，生活也会更有情调。

可现在M在厨房看着躺在沙发上，一边吃着零食，一边对着电视哈哈大笑的老公，只能摇头苦叹、寂寞无奈，同时又觉得自己很可怜。如果只是单纯的洗洗衣做做饭，M也许能够委曲求全的继续下去。但被她宠坏的老公可没有更加珍惜她，反而对她越来越冷漠，终于有一次让女孩忍无可忍了。

一次，M发现家里的微波炉坏了，便让老公拿去修理一下，老公以"工作了一天太累了"为由拒绝去维修。于是M不得不独自搬着沉重的微波炉自己去找售后维修。一路上M眼前反复上演着刚刚老公装累的画面，她明明知道那是个借口，老公说工作累就把家务活都推给了她，难道他就没考虑到自己也是早出晚归地工作吗？白天同样要上班，晚上不管M回来有多晚多累，老公永远是靠在沙发上跷着二郎腿看电视悠然自得的样子，有时还会不时地催促她快点去做饭。想着想着，M的心中突然燃起来一股无名怒火，甩手不干了。她把微波炉扔在路边，大摇大摆地回到家，一句话也没说就进了房间，锁上房门，M要好好地补上一觉，彻底地放个大假。这下，轮到老公傻眼了。当然，他会非常气愤，会和M争吵。不过，面对老公勃然大怒的行为，M突然觉得很可笑，并且有一种高高在上的快感。连续几天都要面对着老公因为愤怒而变得丑陋无比的脸，女孩实在看不下去，一甩手，回了娘家。

过了几天以后，老公终于耐不住了，前来求饶。M说可以跟他回家，男人欣喜若狂，宛若中了大奖，得到了宝贝。女孩接着说："条件是，以后家务我心情好的时候可以做，心情不好的话，你要去做。"男人连声称是。从那以后，M总是时不时地给老公进行"家务培训"。自从M开始使唤男友，她便越发觉得自己从前的日子实在是过得很累。现在好了，不但自己的负担减轻了，也能够因为两人共同做家务而增加了互动，感情似乎也比从前更好了。久而久之，她的老公真的变成一个顾家的好男人了。一个好男人绝不是与生俱来的，而是需要女人慢慢培养的。没有人天生会喜欢去服侍别人。那么聪明的女孩都要给老公培训哪些内容呢？其实培训的内容主要是要让男人建立根深蒂固的"好男人就要照顾女人"的观念，可以给他们介绍一些周围的模范男人作为榜样，让他认为原来男人顾家又体贴是多么潇洒有风度。

那么，女孩具体是怎样对男人进行"家务培训"的呢？改变一个人的观念，当然不是一朝一夕的事情，而是需要一个潜移默化的过程。聪明的女孩首先要有耐心，同时还要学会一些惯用的招数，这会让你体会到训练的"魔力"所在：

第一招：笨手笨脚法

如果男友非让你去做他最爱吃的饭菜，你可以假装不是忘了放盐，

就是火大烧糊了锅，再不就是切到了手，被油烫到了脸，总之错误百出。这样的状况，男友还会频频地让你去做饭吗？当然不会。你做不好，便会激发他的保护欲和领导欲，亲自做出正确的示范以炫耀他的聪明能干，但"笨"得要死的你就是怎么都学不会，这种情况下男友自然会承包下做饭的家务，不用让你费心了。当然不要忘了适时地表示惊讶和赞扬，让他看到你崇拜的神情，相信他下次会做得更好。

第二招：奖励请求法

"如果你能帮我……，我就会给你一个惊喜，或者如果你能把……你就能够得到……"在这样的句式指点之下，最初只是用委婉的语气提出请求让男人做，等到他们做到了，你不要忘了遵守约定，给他应得的奖赏，其实奖励不过是一个吻，一个小礼物，就可以让他乐此不疲。这样用不了几次，男人就知道那些是他的分内之事，当然，即使是分内事，也别忘了按照惯例给点好处，如果把男人看成孩子一样，就更容易理解了。男人都有"孩子气"的一面，这时候，就要像对待小孩一样对待他们。如果他拒绝帮你做家务，而你却要独自面对一屋子的家务活，这个时候，为了两全其美，你可以告诉他，如果他能把衣服拿出来晾上，你可以奖励他玩一个小时的游戏。

第三招：引发醋意法

"你不照顾我，哼……不知道有多少人排着队等着照顾我呢！"聪明的女孩不要摆出一副"服侍我是你的荣幸"的态度，这会大大刺激男人的自尊心，反而会事与愿违。但是女孩会用行动展示自己的魅力，让男人不敢轻易怠慢。家里的灯泡坏了，男友如果执意不管，女孩也不要去管，但是记得去请一个英俊潇洒的异性朋友来家里做客，顺便帮忙换换灯泡，自然这件事要让男友在"无意"之间知道，相信以后的家务活他会第一时间抢着干完的。

第四招：甜言蜜语法

大部分男人最受不了女人嗲声嗲气地撒娇，所以温柔就成了女人最厉害的武器。如果你有什么要求，就尽管拿出娇滴滴的姿态，撒娇地提出要求，如果男人乖乖地答应了，也要以"柔"的方式回报：他干活，你也忙前忙后地给他递水、擦汗；他去帮你跑腿，别忘了在拿到自己想要的东西时回报一记香吻……让男人做家务可以，但理所当然地接受他的服侍，把他当做为你服务的奴隶，然后不停地让他为你做这做那就是不对的。聪明的女孩要记得适当地给他们鼓励和赞美。而甜言蜜语就是一个不错的选择。哪怕只是温柔地说一句"辛苦你了"，或是当他干得正起劲儿的时候，劝他休息一下，让他体会到你的关心和疼爱，他就会备受感动，动力十足。

当然对男人提出要求也要合情合理，不能让他们没面子、没尊严。如果当着外人的面让他给你打盆洗脚水，这就是犯了大忌。特别是有的女人总是以一副高高在上的姿态来命令男人，并且认为男人理所当然地应当为她们卖命，这样的女人肯定让男人心里不舒服，甚至厌烦。如果女人什么要求都不提，男人就会想当然地把她们当成逆来顺受的角色，毕竟，没有人会愿意主动去受累做事。如果要求提得合情合理，想要拒绝却只能接受，这种女人是男人最怕的，因为这样的女人我们根本没办法开口拒绝。

如果男人让听见：女人要给男人培训家务课程，相信他们一定会觉得太不可思议了。但是想想也没错，女人生来就比男人更柔弱，也没有男人干活有力气，她们更容易感到疲劳。可是受传统观念的影响，大部分的男人都会认为女人做家务是理所当然的。然而过去传统的社会中，男人在外赚钱，女人不用去外面工作，只要在家干活，这种分工的确没有反驳的理由。但是现代社会，男女同工同酬，一样在外面工作8个小时，女人回家还要义务的去"服侍"男人，没有自己的空闲时间，这样对女人来讲也不太公平，所以如果一个男人真的会心疼他的女人，一定要积极地参与到家庭工作中来，不可以不劳而获。并且，双方一起劳动不仅可以减轻女方的负担，展现男人的风度，还可以提高劳动效率，促使双方感情更加和谐。

男人的面子=婚姻的里子

在人的心目中男人是坚强、勇敢、不屈的化身，即使遭受打击，也要

咬着牙撑过难关。但是又有多少人知道男人也有委屈、苦水、泪水在心里流淌。男人所承受的这一切酸苦压力，如果没有了老婆的支持、如果不是为了家里的妻子儿女，就都失去了意义，男人也会如飘在空中的大气球，随时都有破裂的危险。

男人的成功与否在很大程度上取决于自己心爱的女人。女人毁掉男人或塑造成功男人的关键，那就在于女人无条件信任和对老公的支持力度，这是成正比的关系。

在婚姻中，给丈夫面子，不是让女人委曲求全，而是要给丈夫体面的自尊，这样既有助于家庭和睦，同时女人也会得到丈夫更多的关心和体贴。

当男女双方迈入了婚姻的殿堂，此时的女人为人妻、为人母，在小日子里充当着比男人更重要的角色。在家庭中可以掌握经济大权，女人说了算，在男人的眼里已经是习以为常。但是无论女人掌握多大的经济权力，在大众面前也一定要给足男人面子。

在社会上原本很有作为的男人，在事业上飞黄腾达、前途无量，但是家中的老婆却不让他省心，经常数落自己的老公为了工作不照顾这个家，心里没有她这个老婆，怀疑老公在外面和别的女人鬼混等等，这些冷水泼到老公的头上，就等于将他打入十八层地狱，要是超生可就难了。

相对的，只要男人有上进心，不管出身多卑微，不管创业的条件有多差，或者前途充满了密密麻麻的荆棘和障碍，只要他心爱的女人付出十分的鼓励和支持，他必然能令许多人大跌眼镜、刮目相看，打拼出属于自己的一番天地，同时也给自己的女人带来前所未有的幸福。

可见，一个女人给足男人面子，可以激发他们更多的优势，从而让他们做得更好。因此，女人要给足男人面子，以促使他们积极向上。

现今的社会，女人早已经不再依附于男人而生存，这已经让有些男人心理失衡，如果再不给男人面子，家庭生活必定会矛盾重重。倒不是说男人的心态不好，几千年来造成的问题不是一朝一夕就能烟消云散的，女人不只是过去那种唯唯诺诺的女人，现在可以自闯一片天。面子问题，也就自然地应运而生了。

男人在外打拼，劳累、委屈他都可以不在乎，但他不能失去男人的尊严。许多二十几岁的女人在谈恋爱时，她们的男朋友可能会用玩笑般的口气告诉她们，在人后我听你的，在人前你可得给我留点儿面子。确实，男人就是这样好面子的"动物"。二十几岁的女人，只要不违背原则，暂时委屈一下，给男人一点面子又何妨呢？常言说："量大福大。"大度的女人也会令男人加倍地尊重她。总之，妻子给丈夫一点面子，这样做不论对于丈夫的交际形象和工作，还是对于家庭的和睦，都是有益的。

但是，在现实生活中，有些妻子并不了解男人的这种心理，有时候，不知不觉地把在家里的威风也拿到家外，当众显示自己对丈夫的管束，自以为很舒服。这样做便会出现两种结果：一是，如果丈夫当众听命于你，丈夫就会感到很狼狈，威信扫地，使他成为交际场合中被人戏弄的对象，这自然有损于他的交际形象。二是，如果丈夫不满她们的指使，作出反抗的表示，又难免产生矛盾，甚至成为家庭矛盾的导火索。总之，不管哪一种情况，结果都是不好的。产生上述后果都与妻子在公众场合下不注意给丈夫面子有关。

聪明的女人是绝不会这样做的。聪明的女人应该懂得在什么场合、什么时候给丈夫一点面子。把握这种分寸也是有技巧的。

二十几岁的女人，迟早要嫁为人妇，因此，大家不妨把以下几条作为参考。

1. 适当地时候不妨示弱

有一位先生开了一家餐馆，生意兴隆，一日餐厅打烊又遇妻子河东狮吼。该先生情急之中逃至桌下，恰好客人返回来寻找丢失的东西，正好撞上，进退两难甚感尴尬。这时八面玲珑的妻子急中生智拍了拍桌子："我说抬，你要扛，正好来帮手了，下次再用你的神力吧！"该先生顺坡下驴直夸夫人想得周到，一场面子危机轻松得到化解。

2. 待他不妨谦和些

对于男人，不要以为你告诉了他，他就会按照你的要求去做，当我们希望得到既定的结果时，一定要为对方的接受程度考虑。比如他在刷过牙

后总忘记把牙膏盖盖上，你就多说几句"请记得盖上"，而不要向他频频甩出"不要、不准"之类的话语，只有这样，他才会欣然接受，而不会恼羞成怒，破罐子破摔。

3. 聪明的女人内外有别

不管你在家里把老公当做电饭煲还是当做吸尘器，一旦在外涉及他的面子时，一定要小心谨慎，就像手捧一件古老、珍贵的瓷器。给他足够的面子，必然获得"高额回报"。

4. 聪明的女人会流泪

其实男人很累，睁开眼便是各种责任和义务，他们不敢承认自己也有非常脆弱、需要关怀的时候。在他志得意满时，请给予他足够的欣赏。当他遭遇了不公和挫折时，不妨陪他一起流泪，然后尽快忘却，旧事不提。

PART 4
恰当的礼仪拉近婆媳情感

很多已婚男人都会觉得，母亲只有一个，不能替换，是父母养育他们长大成人，所以必须孝顺他们的父母。如果儿媳妇和婆婆不和，经常吵架，大多已婚男人宁可选择离婚。

由此可见，如果你很爱老公，珍惜你们的这段姻缘，你一定要处理好婆媳关系。如果你伤害了婆婆，就是伤害老公，老公心里必有疙瘩，夫妻之间肯定不会和谐。

婚姻不是单纯两个人的结合，而是一个家庭和另一个家庭，一方亲缘关系和另一方亲缘关系的结合。母爱与夫妻之爱都是天经地义的，母亲认为儿媳对儿子照顾不周，对儿子的爱不够完美，而儿媳又认为婆婆对丈夫的爱太过具体，太过细密，由于爱的方法上有差异，进而产生了矛盾。

作为儿媳，对于婆媳关系，聪明的做法是，你既然爱你的丈夫，那就连他的妈妈一起爱吧。但你心中应该这样提醒自己，婚后尽量与公婆分开居住；你要有自己的工作，不与婆婆一起操持家务；即便是在一起住，也要有两台电视；你的孩子不要让婆婆看到6岁；不要在婆婆面前斥责自己的丈夫；不要在婆婆面前向丈夫撒娇；时常给婆婆买些礼物；不要跟婆婆摆架子。

细细想来，你的婆婆怀胎十月，生下了儿子，并且费尽心思培养成人，随之让他把你娶进门，如果你认为婆婆身上的责任完成，那就大错特错了，儿子在她的眼中永远是个长不大的孩子，需要她的关心与爱护，即便有了你以后，她的这份爱丝毫没有削减。她可以随意支使自己的儿子，可以打、可以骂，但是你不能这么对待婆婆的儿子。如果你坐在沙发上支

使丈夫给你倒杯茶，责备丈夫在工作中太软弱、太笨拙的话，你的婆婆就会"大怒"！她认为你在"虐待"她的儿子。从此，你们婆媳间的导火索被点燃，你不要再希冀婆婆对你有所关爱了。敢在她的面前委屈她儿子，背地里她儿子还不知怎么受苦呢？所以，在婆婆面前，你应该扮演温顺的小猫，对丈夫百般的温柔，什么都听他的，顺从他，做出贤德的样子来，给他端茶倒水，背后你让他给你洗脚也无妨。

因此，你如果深爱自己的老公，希望和他一辈子过上美满的生活，那么，跟你婆婆做最好的朋友吧，以诚相待，用你的爱感化她，与她结成最可靠的盟友，共同关心、照顾你们都疼爱的那个男人吧！

那么，如何与婆婆融洽相处呢？在此传授你一些小秘方。

1. 看到婆婆身上的闪光点

老人经历丰富，对于人生有深刻的感悟。你可以请求婆婆讲讲她的过去，一方面你可以更多地了解婆婆，另一方面你也可以从中了解到自己丈夫小时候有个什么样的童年，有个什么样的成长轨迹。或者可以与婆婆谈谈工作、家庭、社会等方面的话题，你从中可以感受到她的思想倾向，她理解问题的角度，从中也或多或少地了解到她老人家的性格。同时，你也可以谈谈自己，让她更多地了解你。对于婆婆的优点，你要给予及时的赞美。一些看似不起眼的赞美，都可以令她充满喜悦，但是不能奉承她，一些虚假的话语在老人那里是行不通的，是会令她生厌的，赞美要真诚，发自内心。

2. 心中不要有成见

也许在婚前，你的姐妹们会给你打一个预防针，婆婆如何欺负儿媳，对儿媳不好等等。听过"家有一老，如有一宝。"老顽童，把她当成"小孩儿"一样对待就好，这并不是对她的不尊重，而是对她充满爱的表现，你能对一个孩子十分苛刻吗？同时，对于婆婆身上的缺点，你不要当众指出，这会让她感觉自己的自尊受到了侵犯，这会让你们的婆媳关系急剧变化。

3. 与婆婆"吵架"有分寸

相处久了，哪有舌头不碰牙齿的时候呢，当与婆婆发生矛盾时，你要保持理智，不要惊动他人，争吵过后，你不能将家丑向外宣扬，你要心平气和地解决，你需要通过冷静地思考原因来进行自我调适。然后主动去向她道歉，在这种情况下，她一般是不会计较的，不过话说回来，与别人吵架是件很丢脸的事情，你会让这种事情发生在自己的身上吗？

4. 用爱感化婆婆

爱是伟大的，爱能化解一切。用你的包容与理解，用你的爱心去感化婆婆。有些婆婆年轻时曾受公婆的气，现在她总算有出头之日了，当看到你，她的报复心理在作祟，当然要整整你，不会便宜了你。你要多体量她，平时多关心她，不要和婆婆对着来，但也不要让自己陷入任人宰割的境地，要运用你的聪明才智去化解。

5. 对婆婆充满宽容

婆婆如何对你并不重要，重要的是你如何对待自己的婆婆。爱你的丈夫就要爱他爱的人，她一生风风雨雨地走过来不容易，你是受过良好教育的现代人，要懂得事事包容。不可否认，有许多夫妇的分离与婆媳关系相处不好有着直接的联系，请扪心自问，你做到宽容了吗？

PART 5
当婚姻与爱情触礁

婚姻是需要经营的，没有经过经营的婚姻是不完满的，女人对于自己的婚姻一定要用心，要懂得如何维护婚姻，善于用自己的聪明头脑，为自己争取幸福。当感情出现问题的时候，一定要保持一份清醒和理智，尝试改变自己，首先要让自己变得更美好，这样你的婚姻才可能更美满。

更换伴侣，不如改变自己

纵观那些被丈夫抛弃的女人们，她们的通病大多是：不化妆，不打扮，不修饰自己；不知道眼泪的力量，不知道撒娇的魅力；而不断使用"刀子嘴"逐渐把婚姻推向了边缘。在这里具体分析如下：

（1）世界上没有丑女人只有懒女人，你越不打扮自己，美丽就越与你无缘，不修边幅的你已不似婚前那样令人心动了。如果你认为对丈夫百依百顺就能使婚姻永葆美满与长久，你就大错特错了。没有谁愿意长期与一个不注重修饰，邋里邋遢的人生活。一个不懂得美化自己的女人，就意味着拒绝男人，拒绝他们的欣赏。因此，男人也会将你看成一个无知的人，最后他会瞧不起你而弃你而去。

（2）如果你的丈夫是有能力的人甚至是成功人士，在恭喜你的同时也要提醒你，一定要不断地提高自我，你的不思进取会让他疏远你。细想，如果你的事业日益强大，眼界不断地开阔，观念不断更新，而他却还在原地踏步、不要求上进，你又会有何感觉？逐渐拉开彼此距离的是你的不上进，而不是他。

（3）家是宁静的，是避风的港湾，夫妻间需要彼此帮助。如果你有娇生惯养的做法，请你改掉。不要以为老公是一棵你可以依靠的永不倾斜的大树，他也会有苦恼、烦心的事情，让他健康成长，你需要为他浇水松土，要懂得体量对方。

（4）你以为对方是个不懂事的小孩子吗？你颐指气使的作风该收敛了。事业有成的你，可能会把滋长的高傲情绪无意间带进了婚姻。在家庭中处理任何事情都不听取和尊重他的意见，这样做只能加速你们的婚姻走向破裂。

（5）女人最愚蠢的做法有一种，那就是通过不给他性爱来惩罚他。你自认为别的方面占不了上风，于是就以不给性爱相要挟，你的这种做法既愚蠢又可笑，不但对方不会屈服于你，还可能造成他对和你做爱有心理上的障碍，甚至将他推向别人的怀抱。

（6）像个侦察兵一样时刻监视他的一举一动，对于对方的晚回家你总是盘问个不停，甚至与异性同事多说几句话也顿时醋意横生，不给半点自由。随时打电话到他的办公室查岗，经常做这样的事情，你的婚姻早晚会亮起红灯。

（7）对他的家人朋友冷若冰霜，当着他们的面从不给老公面子。你对他的家人与朋友十分不尊重，你还有什么权利要求他去尊重你的家人。你难道没听说过"爱屋及乌"吗？你这样做正加速你们关系的恶化，爱他就应该爱他的家人。

（8）你不断地对他批评、指责，总是可笑地拿他与别人盲目攀比，过分苛求，一副"恨铁不成钢"的姿态，你不断地把一些标准、要求放在他的身上，你的角色注定是吃力不讨好的。身为他的伴侣，你不但不支持他、鼓励他，还总是给他浇冷水——如果事实上真的像你所描述的那样糟糕的话，不如尽早离开这个令你讨厌的人算了！如果不是那样，你还是少说话，多做事，让他的耳朵也清静清静吧！

（9）你把所有精力都放在照顾子女上面，你认为这样做，任务就完成了。你忽视与他的情感、感情交流，这不仅减少彼此的交流，还忽视和丧

失自我的生活内容。有一天，你会发现除了孩子，你一无所有。

（10）不知道眼泪的力量。在他面前，你从来都不示弱，你无比地坚强。要知道，男人很容易被女人的软弱、无能、无依无靠所激发，眼泪无疑是最好的方式。

（11）不知道撒娇的魅力。你误认为以母亲的身份去向他撒娇，会是不恰当、不合适的表现。其实不然，他们不但不会反感，反而会认为你更加迷人，这对他是非常受用的。

婚姻的死亡宣判与涅槃重生

有人说，男女之间的感情就像一杯陈年老窖，越久味儿越浓。可是真正走在感情线上的男女们，在平平淡淡的日子中，却感觉激情不在。于是，总有一两个偷腥的猫，悄悄地向外探出了头。于是伴随着无性婚姻、婚外恋情、网络恋情……的出现，婚姻中的两个人在固守一方城池的同时，也忍不住朝外张望；或禁不住诱惑，趁着春光采撷一支野花；更有甚者选择义无反顾地冲出城外……诱惑不断，办"红绿本"的手续也越来越简单，结婚、离婚不断，就像围城一样，太多的人想挤进去，太多的人又想跳出来。面对离婚，以下两个问题你还是需要予以仔细斟酌，在问题没有得到确切的答案之前，还是别冲动的好。

1. 你们之间再无法消除差异了吗

婚前两人个性的差异，像磁铁一样被对方常常吸引，婚后这些差异却成了彼此无法逾越的鸿沟，譬如生活中小到牙膏怎么挤，大到如何使用金钱，怎样去赡养父母等等问题上把双方逼上离婚路。可以说，用离婚的方式来消除彼此观念上的差异，是不可取的，这仅仅说明了你们还没有找出解决的办法，但你能够保证以后就不会遇到这样的问题吗？

2. 离婚后你就可以过得好吗

离婚绝不只是要离开"那个讨厌的人"，更要面对法律、财务、心理和社交关系等各方面的改变。因此，你在动了离婚念头之后，不妨先找人谈谈。即使最终的结果你仍然选择离婚，也还是要将离婚所带来的伤害降到最低。

3．下列几类女人在选择再婚时更要三思

（1）总是玩儿"一哭二闹三上吊"的神经质般歇斯底里的女人。

（2）醋意十足的女人。

（3）物质至上的拜金主义女人。

（4）报复心强、翻脸不认人的女人。

（5）只有做牛做马的男人才能取悦她的强烈女权主义的女人。

（6）体弱多病、弱不禁风的女人。

（7）喜欢移情别恋、水性杨花的女人。

（8）自我中心、角色强悍的女强人。

（9）糊涂至极的女人。

（10）爱情字典里没有"唯一"二字，把男人当成她的战利品。

4．再婚前女人的心理准备

（1）不要与前夫藕断丝连。爱情是自私的，过去就过去，不要让现在的爱人伤心，使新家庭产生不和谐因素。即使与他有联系，也可以开诚布公地对现任丈夫讲清楚，以消除他心中的疑虑。

（2）摆正自己的心态。对家庭生活不要抱有太高的期望，婚前的浪漫想法碰到现实不会全部实现，所以要遵从于现实。

（3）不要将他与前夫比较。即使他身上存有缺点，你也不要有比较的心理。当你听到他说，你还不如我前妻呢！你又做何感觉呢？

（4）重拾"性"福。由于是再婚，出现了诸多的顾虑，对于婚后性生活也是难以启齿，这会影响到夫妻感情。不妨互相沟通，多一些对他的理解与尊重。

（5）爱他就爱他的家人与孩子。由于父母的再婚，使孩子面临更为复杂的生活环境。长此以往，孩子的身心很难得到正常的发展。所以，你不妨给孩子完整的母爱，学会做孩子的朋友、老师。

PART 6

小测试：你适合结婚吗？

如果你被超强的龙卷风卷了一天一夜之后，你直觉你自己会被甩在什么样的地点？

A. 被挂在大树上。

B. 破损的住宅区。

C. 无人的沙滩上。

D. 公园的草地上。

E. 荒凉的坟墓区。

测试结果：

A：你还不够格走入婚姻，因为你的玩心太重，还定不下来。这类型的人其实心智年龄跟成熟度还有点距离，他还想把握一点点的时间好好看这世界，实现其他梦想，还不想花太多时间在家庭之中。

B：你还不够格走入婚姻，因为你的事业心太强，一心只想向前冲。你内心企图心非常旺盛，你甚至觉得玩也不重要了，在工作上的成就感远比一切都还要重要，这种类型的朋友要小心变成工作狂哦。

C：你还不够格走入婚姻，因为你本身浪漫又多情，根本不知道要选哪一个。这种类型的朋友内心深处是多情种，觉得每个异性都有他的优点，加上因为心很软，谁来你都不会拒绝，常常不自觉会陷入自己的矛盾中。

D：你已经够格走入婚姻，因为你爱家又顾家，幸福正在等着你呢。这类型的朋友目前很想找一个人去爱，把心中满满的爱与家人分享，觉得与家人相处就是一种幸福。就是煮饭、倒垃圾也是一种甜蜜的负担，守着的家就变成他的责任。

E：你已经够格走入婚姻，因为你的经济稳定，个性又成熟，非常有资格走入婚姻。这类型的朋友内心很成熟，常常在别人玩乐时你已开始努力工作，加上你的个性成熟，很会包容别人，于是会有很多朋友欣赏你，希望能够跟你结婚哦。

第五章

创造生命中的『贵人』

在好莱坞，流行一句话：『一个人能否成功，不在于你知道什么（what you know），而在于你认识谁（whom you know）。』由此，可以说，人脉是一个人通往财富、成功的门票也是有一定道理的。而二十几岁正是你积累人脉的最佳时期。如果你想早日成功，就从二十几岁开始，充满激情地积累你的人脉资源，创造你生命中的贵人吧！

♔ PART 1
想做上帝的宠儿吗?

　　每一个女人都希望自己能够成为上帝的宠儿,但是幸运不是盼出来的,不是想出来的,更不是等出来的,而是需要你依靠自己的努力争取出来的。好命女懂得圆融处事的智慧,能够处理好方方面面的关系,懂得如何能受到欢迎,交什么样的朋友等。

如何受到欢迎?

　　世上总有很多人喜欢表现自己的力量和能耐,在他们眼中,他人总是很差劲。这种人很可能令你生厌,但你可以利用他们。他们喜欢表现就给他们表现的机会嘛。

　　最简单的办法就是,在他们面前故意表现得笨手笨脚。他们会哼着鼻孔走过来说:"真是差劲,让我来!"于是,他们就自己动手做起来。这个方法儿童们都会用,何况成人。

　　最聪明的办法是询问,表现得很虚心的样子去求教,他人怎么会不理睬?说不定会一边做一边教你怎样做呢。

　　人人都希望自己能受到别人的欢迎,但要做到这一点,并不是很容易的。

　　一个新上任的年轻军官要在火车站打一个电话,他翻遍了所有的口袋,但是最终也没有找到一分零钱。他把脖子伸得长长的,期望能够找到一个人帮忙。这时有一位老兵从旁边经过。年轻军官拦住他说:"你身上有10美分零钱吗?"

　　"等一下,我找找看。"老兵急忙把手伸进口袋里。

"难道你不知道对军官应该怎样说话吗？"年轻军官生气地说："现在，让我们重新开始。你有10美分零钱吗？"

"没有，长官！"老兵迅速立正回答道。

试想一下，这位老兵的兜里真的没有10美分零钱吗？那也未必，但他之所以如此这么快就回答说没有，原因恐怕只有一个——这位军官的态度过于骄横了，他这样高高在上的态度谁看了也都会不舒服，还怎么会借钱给他呢？年轻军官高高在上的态度或许暂时给他带来了心理上的满足，但是它却在不知不觉中伤害了老兵的自尊心，被拒绝也就是情理之中了。

卡耐基指出，如果我们只是要在别人面前表现自己，使别人对我们感兴趣的话，我们将永远不会有许多真实而诚挚的朋友。朋友——真正的朋友，不是以这种方法来交往的。

卡耐基在纽约参加过一个宴会，其中一名宾客——一个获得遗产的妇人，急于留给每一个人一个良好的印象。她浪费了好多金钱在黑貂皮大衣、钻石和珍珠上面。但是，她对自己的面孔，却没下什么功夫。她的表情尖酸、自私。她没有发现每一个男人所看重的是：一个女人面孔的表情，比她身上所穿的衣服更重要。

查尔斯·史考伯说过，他的微笑价值100万美金。他可能只是轻描淡写而已，因为史考伯的性格，他的魅力，他那使别人喜欢他的才能，几乎全是他取得卓越成功的原因。他的性格中，令人喜欢的一项因素是他那动人的微笑。

卡耐基认为行动比言语更具有力量，而微笑所表示的是："我喜欢你、你使我快乐、我很高兴见到你"。这就是为什么狗这么受人们欢迎的原因。它们多么高兴见到我们，因此，我们也就高兴见到它们。

笑的影响力是很大的，即使它本身无法看到。遍布美国的电话公司有个项目叫"声音的威力"，在这个项目里，电话公司建议你，在接电话时要保持笑容，而你的"笑容"是由声音来传达的。

俄亥俄州辛辛那提一家电脑公司的经理，告诉我们他如何为一个很难填补的缺额找到了一位适当的人选。

"我为了替公司找一个电脑博士几乎伤透脑筋。最后我找到一个非常好的人选，刚要从普渡大学毕业。几次电话交谈后，我知道还有几家公司也希望他去，而且都比我的公司大而且有名。当他接受这份工作时，我真的是非常高兴。他开始上班时，我问他，为什么放弃其他的机会而选择我们公司？"

他停了一下然后说："我想是因为其他公司的经理在电话里是冷冰冰的，商业味很重，那使我觉得好像只是一次生意上的往来而已。但你的声音，听起来似乎真的希望我能够成为你们公司的一员。你可以相信，我在听电话时是笑着的。"

由此看来，你应该微笑起来，你现在就应该开始微笑：当你要去上班的时候，对着大楼的电梯管理员微笑着，说一声"早安"，并微笑着跟大楼门口的警卫打招呼；当你站在交易所时，对着那些以前从没见过的人微笑——你将会很快发现，每一个人也会对你报以微笑。当你以一种愉悦的态度，来对待那些满肚子牢骚的人的时候，你会发现问题将变得非常容易解决了。

当然，如果你不喜欢微笑，那怎么办呢？答案就是强迫你自己微笑。如果你是单独一个人，强迫你自己吹口哨，或哼一曲，表现出你似乎已经很快乐，这就容易使你快乐了。

此外，如果你要别人喜欢你，请记住这条规则："一个人的名字，对他来说，是任何语言中最甜蜜、最重要的声音。"

肯恩·诺丁罕，是印度通用汽车厂的一位雇员，他通常在公司的餐厅吃午餐。他发觉在柜台后工作的那位女士总是愁眉苦脸。她做三明治已经做了快两个小时了，他对她而言，又是另一个三明治。他说了所要的东西，她在小秤上称了片火腿，然后给了几片莴苣，几片马铃薯片。

隔一天，他又去排队了。同样的人，同样的脸；不同的是，他看到了她的名牌。他笑着叫她尤尼丝，然后告诉她要什么。她真的忘了什么秤不秤的，她给了他一堆火腿，三片莴苣，和一大堆马铃薯片，多得快要掉出盘子来了。

　　由此，我们可以看出一个名字里所能包含的魔力，并且要了解名字是完全属于与我们交往的这个人，没有人能够取代。名字能使人出众，它能使他在许多人中显得独立。我们所做的要求和我们要传递的信息，只要我们从名字这里着手，就会显得特别的重要。不管是女侍者或者是总经理，在我们与别人交往时，名字会显示它神奇的作用。

　　卡耐基认为，打动人心的最佳方式是，跟他谈论他最珍贵的事物。当你这么做时，不但会受到欢迎，也会使生命获得扩展。

　　只要曾经拜访过罗斯福的人，都会惊讶于他的博学。不论你是个小牛仔、政治家或外交官，他都能针对你的特长而谈。其实这个道理很简单，当罗斯福知道访客的特殊兴趣后，他会预先研读这方面的资料以作为话题。因为罗斯福知道，抓住人心的最佳方法，就是谈论对方所感兴趣的事情。

　　所以，如果你希望别人喜欢你，就要抓住其中的诀窍：了解对方的兴趣，针对他所喜欢的话题与他聊天。

　　卡耐基指出，你遇到的每个人，都认为他在某些方面比你优秀；而一个绝对可以赢得他欢心的方法是，以不着痕迹的方法让他明白，他是个重要人物。

　　你希望周围的人喜欢你，你希望自己的观点被人采纳，你渴望听到真正的赞美，你希望别人重视你……那么让我们自己先来遵守这条诫令：你希望别人怎么待你，你就先怎么对待别人。

与谁交往决定你成为何种人

　　成功吸引成功，民工吸引民工。因为，你所遇到的人就会决定你会成为什么样的人。

　　我们大概都艳羡过有钱人家的少爷小姐，他们的生活总是那么滋润，从来都是锦衣玉食。哪像我们？每天为生存，为最基本的生活保障，去奔波忙碌，流血流汗。多数人都将这归因于上天的不公，我们没有投胎到有钱人家，生来就没有富爸爸，也没有阔妈妈。

可是你有没有想过，为什么他们能成为有钱人？可以追求生命的更高品位，而我们却挣扎于贫困的最底层，喊天天不灵叫地地不应呢？这就要看与你交往的都是些什么人！而那些有钱人的朋友都是什么人？两相对比，你会得出什么样的结论呢？

非常明显，有钱人的朋友一般都是那些达官贵人，有身份、有地位、社会资源极其丰富的人，而穷人的朋友大多还是另一些穷人。所以说，穷和富不是没有缘由的，好和坏也是有根本差别的。

徐耀是河北省某县城的一个普通农民，他20岁时，在父母的支持下，在县城里开了一家小饭店。一天，外面下着大雨，徐耀见离饭店不远处有一辆轿车出了故障，车主急得抓耳挠腮，无计可施。好心的徐耀便叫店里的司机开货车送他回家，而自己则帮忙看着那辆出故障的车，直到第二天车主回来取车。

后来，徐耀才知道车主竟然是本县的县长！这一下不要紧，徐耀雪中送炭的举动无疑赢得了县长的好感。在县长的支持下，徐耀改行做了五金和建材生意。县长还把本地出名的几位大企业家介绍给徐耀认识，一下子认识了这么多大人物，徐耀简直受宠若惊。这几位企业家都感动于徐耀助人为乐的精神，一致表示愿意支持他的事业。很快徐耀的事业发达起来。

我们可以算算徐耀值多少钱？找出他身边最要好的几个朋友，将他们的薪资平均，徐耀的"价值"便出来了。他原来的价值只是身边几个伙计相加的平均数，现在是几个大企业家相加的平均数，两者差别可谓大矣！由此可见，一个人的价值，很大程度上取决于他经常交往的人，即是他的人脉关系，这样说丝毫都不过分。

而且，在现代生活中人们也都认识到了人脉关系的重要性。比如，一个陌生的大都市，你从来都没去过，但只要你有朋友在那里，哪怕你身无分文也敢闯进去；而人生地不熟的，则需要非常大的勇气才敢斗着胆子闯一闯。

这些就是人脉的最基本的利益之处。除此以外，人脉更是成就你人生

的一个重要因素。缺乏人脉的人是根本不可能成功的。你还可以猜猜和比尔·盖茨先生关系最好的三个朋友是谁呢？其中之一便是同样大名鼎鼎的巴菲特。你可以将他身边的三个最要好的朋友的工资平均一下，是不是跟比尔·盖茨的工资相差无几呢？

明白了吧，你要想使你的身价更高，唯有去认识那些身价高的人！你一定要让自己明白——在这个现实的商业世界里，一个或是几个关键朋友就是改变你命运的"大还丹"。这枚"大还丹"有再生的功效，能让你的命运重写、人生重塑！

好的人脉确实就如一枚大补大救的"大还丹"，让你在当下的商业社会打造金刚不坏的真身。就算你条件恶劣，前途凶险，你的人脉也会帮你扫平障碍，打开通途，让你的一生都明亮起来。

从今天开始，千万不要再苛责上天的不公平了！比尔·盖茨说："这个世界本来就是不公平的。你无法改变这个世界，你唯一能做的就是改变你自己！"这是你必须始终保持头脑清醒的一件事。

而谈及改变自己，又从何改起呢？很简单，先从改变自己身边的朋友做起！因为"近朱者赤，近墨者黑"，与谁交往将会决定你成为怎样的人！如果你想成为一个优秀的人，结交高含金量的人是你必须奋斗的重中之重。

当然，每一个人都想改变自己的命运，像每一个优秀的人一样享受更高层次的生活。可是他们却并没有把人脉作为奋斗的重点，反而去投机取巧，选择了一个错误的方向，这样南辕北辙，即便你努力一辈子到头来都只是竹篮打水一场空。其实，你的身边隐藏着无数个机会，如果你能把握好这些机会，完全可以改写自己的人生。可是，多少人却视而不见，任之撒手离去。

话说回来，并不是你认识朋友就能成功，还要看你的朋友是谁，你的朋友是做什么的，你的朋友处于一个什么样的层次。如果你的朋友只是一帮酒肉朋友，你天天陪着他们去喝酒，喝酒后还要耍酒疯，耍酒疯肯定要不出大事业来的。所以说，想成功，想改变命运，你就得认识有能力让你成功、有本事为你改变命运的人。这样的人你认识几个？

你或许会说，这样的朋友我一个都不认识。其实，这是你思想认识的问题。要知道，这个世界上的任何一个人你都可以认识。

有这么一个故事，几年前一家德国报纸接受了一项挑战，要帮法兰克福的一位土耳其烤肉店老板，找到与他最喜欢的影星马龙·白兰度的关联。

结果经过一段时间，报社的员工发现，这两个人只经过不超过6个人的私交，就建立了人脉关系。原来烤肉店老板是伊拉克移民，有个朋友住在加州，刚好这个朋友的同事，是电影《这个男人有点色》的制作人的女儿的结拜姐妹的男朋友，而马龙·白兰度主演了这部影片。

看到这里，你也许会惊呼——哇！这个世界真的这么小吗？要知道我们生存的这个世界真的很大，仅地球陆地面积就大到了1.49亿平方千米，那是将近1.5亿啊！地球上的人口呢？据目前最新的统计，已经超过65亿了！这么大的世界，这么多的人口，一个人要联系到另外一个素不相识的人，那简直是大海捞针。但是却有人用实践证明了一个几乎不可思议的理论：这个星球上的所有人，从某种意义上来说，都可以通过个人的关系网联系起来，任意两人之间的最短距离都不超过5个人！

按照这种观点，我们应该对我们生活的这个小世界有个更为清醒的认识：不要对结识成功人士存有畏惧心理，认为自己高攀不上。其实，我们甚至可能跟奥巴马、普京、姚明成为无话不谈的朋友，还有什么人让我们必须仰视呢？只要我们有自信，有恒心，加强联系和沟通，我们就可以交到来自各行各业的朋友，来自世界各地的朋友。

所以，如果你没有显赫的家世，没有傲人的学历，也没有娶到亿万富豪的千金小姐，或是嫁给身价过亿的有钱男人。但是你还可以有另外一种选择，那就是从此刻开始累积你的人脉，并将人脉的力量最大程度地发挥出来，这样成功便掌握在自己手中了！

PART 2
编织好一张关系网

　　一个女人在社会上生存，要想得到更多的朋友，获得更多的人际资源和帮助，一定要有一个或者几个属于自己的圈子。圈子，最重要的特点是圈里的成员都有相近的爱好和共同感兴趣的话题。因此，圈子里的人很容易找到志同道合的朋友，听到自己关心的各种信息，从而得到更多意想不到的收获。

　　事实上，一个人组成不了团队，团队的力量将远远大于一个优秀人才的力量。合作所产生的力量绝不是团队个体力量的简单叠加，整个团队协作产生的合力绝对要大于每一个团队成员力量的总和。尤其是在今天，企业比起以往任何时候都更需要协作精神，资源共享、信息共享才能够创造出更高质量的产品和服务。对于企业内部的员工而言，协作造就团结，这是一种双赢的状态，是员工之间的双赢。下面的这个故事就是发生在一个中国女留学生身上的真实故事。

　　当这位中国女留学生在美国进修资源管理硕士学位时，有一门课程要求她和班上的其他三名同学一组到一家企业去实地参与编写一份企划方案。由于同组的另外三个美国同学对企划开发都没什么概念，所以她这位组长只好将重责一肩挑起，并几乎是独立完成了所有的工作。方案上交后，厂商及教授对他们的（其实是她的）方案都相当满意。第二天她在拿到成绩时发现自己得的竟然是一个B，更让人不能理解的是她的另外三个美国同学拿的却都是A。她感到愤慨，前去询问她的教授。

　　"为什么其他人都是A，而我是B？""哦！那是因为你的组员认为你对这个小组没什么贡献！""啊？但是，你该知道那份计划几乎是我一个人弄出来的啊？""哦！是啊！他们也都是这么说的，但论起在团队中的贡献……"

"说起贡献，你知道Jone每次我叫他来开会，他都推三阻四，不愿意参加；Jeff每次写的程序几乎都不能用，都是我帮他改写的；Mimi除了晚上帮我们叫Pizza外，几乎什么都没做。""为什么会这样呢？Jone说你每次开会都从不听他的，所以感觉没有必要再参加你开的会了；Jeff觉得他的工作成果被你任意修改而感到不被尊重，也因此越来越不喜欢参与你的领导了；但Mimi对于挽救小组陷于分崩离析做出了极大的贡献，使你们这个小组最终完成了任务。"

"我亲爱的教授先生！你该不是在搞种族歧视吧？""我可怜的孩子，你会打篮球吗？""这关篮球什么事？""这么说吧，任何大学生，对于竞争大都不会陌生。高考的竞争就像是打棒球，而不是打篮球。如果你当一个外野手，球飞过来了，你只能靠自己去接住它，别的队员跑过来，不但帮不上忙，还可能妨碍了你接球。高考也是这样的一场个人秀，无论你的亲朋好友、老师同学多么想帮你，你最后还是得自己一个人进考场。但是出了高考大门，你会发现这类个人秀型的竞争是很少见的。不论你从事何种职业，你的成功都必须仰赖于别人跟你的合作。就像是一个篮球球员那样，任何的得分都必须靠队员之间亲密的配合。如迈克尔·乔丹，他除了精湛的球技之外，更重要的是他与队员间良好的合作。"……

女留学生恍然大悟。现在，这位中国女留学生在工作中间每天都需要上级的提携、同事的帮助，以及别人的大力配合，她的团队在她的引领下永远保持着一种旺盛的活力。从这个中国女留学生的身上，我们可以看出你所交际的圈子对于事业的成败及工作的好坏具有极大的影响，所以说成功在很大程度上取决于你拥有多大的权力和影响力，与合适的人建立稳固关系至关重要。

由此可见，良好的人际关系能开拓你的视野，让你随时了解周围发生的事情，并提高倾听和交流的能力。

喜爱文学艺术的人都知道一句话，叫做"功夫在诗外"，这句话的本意是指学习作诗，不能单纯地就诗学诗，而应把功夫下在掌握渊博的知识，参

加社会实践上。对于希望建立起强大人脉的人来说，这句话同样重要。

在单位工作，见到的都是同事和客户，大家谈论的基本都是同一个话题，这就是我们所说的"诗"，但要把这首"诗"写好，就不能光凭着工作上的付出，还要通过业余时间的人际交往获取写好"诗"的经验方法。

但生活中，有一些人整天忙忙碌碌，认识很多人，整天为应付自己找来的关系而叫苦连天。网织得很大，但漏洞百出，而且又有许多死结，结果使用起来没有实绩。要知道，人的精力是有限的，因此你必须要注意时刻理顺你的关系网，该增的增，该删的删，该修的修，该补的补。而编织一张好的关系网，大致要经历以下3个步骤。

1. 筛选

把与自己的生活范围有直接关系和间接关系的人记在一个本子上，把没有什么关系的记在另一个本子上，这就像是打扑克中的"埋底牌"，把有用的留在手上，把无用的埋下去。

2. 排队

要对自己认识的人进行分析，列出哪些人是最重要的，哪些人是比较重要的，哪些人是次要的，根据自己的需要排队。这就像打扑克中要"理牌"一样，明白自己手里有几张主牌，几张副牌，哪些牌最有力量，可以用来夺分保底，哪些牌只可以用来应付场面。

3. 对关系进行分类

适时对各种关系的功能和作用进行分析、鉴别，把它们编织到自己的关系网之中。当你对身边的关系网进行分门别类时，你自然就会明白，哪些关系需要重点维系和保护，哪些只需要保持一般联系和关照，从而决定自己的交际策略，合理安排自己的精力和时间。

所以，人脉资源是一种潜在的无形资产，是一种潜在的财富。表面上看来，它不是直接的财富，可没有它，就很难聚敛财富。不是吗？即使你拥有很扎实的专业知识，而且是个彬彬有礼的君子，还具有雄辩的口才，却不一定能够成功地促成一次商谈。但如果有一位关键人物协助你，为你开开金口，相信你的出击一定会完美无缺，百发百中。

选对方法做对事

在当今这个竞争激烈的时代，其实人脉不仅仅是钱脉，人脉更是命脉。学会储蓄人脉资源，创造生命中的贵人，维系好人际关系网，是当今女性一定要具备的本领。假如你将这些本领融会贯通、得心应手地运用到你的工作、生活之中，你会发现自己也可以是一个好运的人。

拥有"破冰"的能量

要想赢得别人的信任，就要做到诚实、正直、廉洁、不欺骗、不夸大，要愿意跟别人分享信息，个人的一贯表现都要一致，要以一种有尊严、光明正大的态度待人。这涉及做人的道理，真正成功的人不是靠技巧成功，而是靠内在的品德修养成功。

每个人都有受人尊重的愿望，希望能有更多的自我表现机会，以实现自身的价值，如果这种愿望能充分地得到满足，就会产生一种新的鼓舞力量。

1914年，托马斯·沃森创办了闻名于世的IBM公司。他看到当时有些企业内部风气不良，许多资历老的员工欺压新来者，新老员工之间结下仇怨，职工内部很不团结。为了避免由于内部不团结而造成生产损失的情况在IBM公司里发生，托马斯·沃森提出了"必须尊重每一个人"的宗旨。

托马斯认为，尊重人就要讲公平，只有平等对待，互相尊重，才能形成团结友爱的氛围。因此，沃森叫人专门制定了工作礼节的自我检查手册，人手一册，随时对照检查。为检查职工是否遵守必要的礼节，他在各个基层中，任命1或2名任期为1年的"礼节委员"。

另一方面IBM公司的管理人员对公司里任何员工都必须尊重，同时也希望每一位员工尊重顾客，即使对待同行竞争对象也应同等对待。在IBM公司里，每间办公室、每张桌子上都没有任何头衔字样，洗手间也没有写着什么长官使用，停车场也没有为长官预留位置，也没有主管专用餐厅。IBM公司打造了这样一个非常平等的环境，每个人都同样受到尊敬。

在一个团队中，每个成员的优缺点都不尽相同，你应该去积极寻找团队成员中积极的品质，并且学习它，让自己的缺点和消极品质在团队合作中被消灭。团队强调的是协同工作，较少有命令和指示，所以团队的工作气氛很重要，它直接影响团队的工作效率。如果团队的每位成员都去积极寻找其他成员的积极品质，那么团队的协作就会变得很顺畅，团队整体的工作效率就会提高。

每个人都有被别人重视的需要，特别是那些具有创造性思维的知识型员工更是如此。有时一句小小的鼓励和赞许就可以使他释放出无限的工作热情，并且，当你对别人寄予希望时，别人也同样会对你寄予希望。

你应该时常地检查一下自己的缺点，比如自己是不是还是那么对人冷漠，或者还是那么言辞锋利。这些缺点在单兵作战时可能还能被人忍受，但在团队合作中会成为你进一步成长的障碍。团队工作中需要成员在一起不断地讨论，如果你固执己见，无法听取他人的意见，或无法与他人达成一致，就不可能融入团队，团队的工作就无法进展下去。如果你意识到了自己的缺点，不妨在某次讨论中将它坦诚地讲出来，承认自己的缺点，让大家共同帮助你改进，这是最有效的方法。当然，承认自己的缺点可能会让你感到尴尬，但你不必担心别人的嘲笑，你只会得到他们的理解和帮助。

在生活工作中，我们每个人都不可避免地会遇到困难、意外事故甚至不幸，一个坚强的人，总是力求依靠自己的力量去战胜困难，勇敢地面对不幸。但是，无论如何，一个人没有别人的帮助和支持是不可能正常地生活下去的。

有人说，看一个人道德修养如何，只需让他面对别人的欢乐和不幸，这话是有一定道理的。面对别人的快乐，是由衷地为他的成功而高兴还是妒忌；面对别人的不幸和困难，是为他焦急，为他排难，还是冷漠甚至幸灾乐祸，这都能充分显示一个人的道德修养。

一个人的道德修养，直接表明一个人道德教养的深度和广度。

什么是同情？同情不是怜悯，或者说不仅仅是怜悯。有许多自尊心很强的人，是很少向人诉说自己的困难与不幸的。因此，仅仅是怜悯的表示，非但不能帮他解除苦恼，反而使他的自尊心受到伤害。但是很少有人会对无声的真诚的帮助予以拒绝，如果他们真正需要帮助。

奥地利作家茨威格将同情分为两种，他说，有一种完全出自感情的冲动，看到别人的不幸后本能的难受。它常常是成事不足，败事有余的。而另一种是配合着冷静理智的真正同情，有正确的认识，贯彻的毅力，还有坚强的耐性。只有在不慌不忙、不屈不挠的状况下，一个人才能真正帮助别人，才能做到舍己为人！而这样的同情没有真诚的愿望、道德上的理解是无法达到的。所以我们说，同情不仅仅是怜悯，它是一种在理解基础上的情感。只有怀着深切的关心，抱着与人为善的态度，才能有真诚的同情，才能有助人的愿望和行为。"真诚的同情是最有效的良药。"它医治的不仅是当时的痛苦，还会平复以往造成的嫌隙，会带来感情上的一致，为建立友谊打下坚实的基础。

智慧女说服他人自有招

说服力等于财富！一个人生活品质、事业成就取决于他的沟通、表达、说服的能力。

在生活中，对他人产生偏见的现象几乎随处可见。偏见又称为刻板印象。也就是对某人、某事的看法形成了固定的偏见。

刻板印象普遍存在于人们的意识之中，人们不仅对曾经接触过的人具有刻板印象，即使是从来没有见过面的人，也会根据间接的资料与信息产生刻板印象。刻板印象又可分为积极的和消极的两大类。积极的刻板印象

总是把对方想象得完美、善良、热情、友好。消极的刻板印象则反之。无论是积极的刻板印象，还是消极的刻板印象，由于都没有用变化、发展、客观的观点看人，因此很容易陷入偏见的泥潭，即好的就永远好，坏的就永远坏，或者以点代面，以偏概全，把人看死。

偏见的产生一般有以下三种原因：一是"先入为主"。凭肤浅的"第一印象"进行判断，只要第一印象好，就认为此人好，愿意热情对待，笑脸相迎；若第一印象不好，就认为此人不好，冷眼相待，漠然处之。二是"循环证实"。人际交往是一个感情互动过程，对待他人友好或不友好的态度，都会有相应的感情反馈。若你对对方的第一印象不好，那么，消极的感情互动就会在彼此的交往中进一步得到证实，使双方的交往热情继续下降，这又反过来恶化原来的最初印象。在如此循环中，偏见就越来越深了。三是"片面推理"。如某人经济拮据，手头钱少，就无端推测他可能见钱眼开，甚至会有点手脚不干净。这就是平时所说的"门缝里看人，把人看扁"。

而且在纠正别人偏见的过程中，有些人时常犯这样的弊病，就是先想好几条理由，然后去和对方辩论；还有的是站在长辈的立场上，以教训人的口吻，指点别人该怎么做。这样一来，就等于先把对方推到错误的一方。因此，这样的效果往往不好。

那么，说服别人的有效方法是什么呢？社会学家在长期的社会研究中发现，说服人的方法和技巧有很多，以下几种是比较实用和简单的：

1. 注重感情

人是十分珍视感情的，在人与人的接触和交往中，感情的作用就十分重要。在说服人的时候，首先要创造一种平和、温暖或是热情、诚恳的气氛。有人说，再雄辩的哲学家也无法说服不愿改变看法的人，惟一的手段是先使他心软。其道理就在这里。在说服对象抗拒心态比较重的情况下，先让他们"发挥"一下是对的。"发挥"不只是情绪的宣泄，而且可以让他们在原来的路上走得更远。这时，因为事情已经过火、过头，也因为走得越远，错误就越容易暴露，他们自己便会意识到自己的错误。这样他自己就把自己说服了。

2. 先顺后逆、先退后进

心理学有个"名片效应"，是说与人接触，先要向人家介绍自己的情况，让人家了解自己，取得信任。心理学还有个"自己人效应"，是说与人接触，要取得人家信任，就应该先让人家认为你是他的"自己人"。我们采用这种先顺后逆的说服方法，的确可以消除对方的对立情绪，拉近双方的心理距离，认同感自然建立。

3. 激发动机

美国的门罗教授提出了一种激发动机的五步法。一是引起对方的注意。主要是要善于提出问题。二是指出他需要什么，把说服对象引到他自己的问题上。三是告诉他怎么解决，拿出具体的解决办法。四是指出两种后果，即是不同的两种结果。五是说明应采取的行动。这便是结论。这种方法实际上也是站在对方立场上，说服对方，是从对方的动机出发，先在动机上寻求一致点，这样的说服既能迅速成功，又不用大费唇舌。

4. 寻找沟通点

即是如何引起对方注意。实际上，无论在心理、感情，还是在生理上，我们都可以找到双方的共鸣之处，即沟通点。共同的爱好、兴趣，共同的性格、情感，共同的方向、理想，共同的行业、工作等，都是很好的沟通媒介。事情往往是这样的，对方哪怕是向我们这里移动一小步，他们的立场、态度、认识，都会发生显著的变化。

5. 拿出权威的地位

心理学有个"权威性偏见"，是对权威产生的一种过分崇拜的评价性偏见。人们听到、看到的权威，往往是闪闪发光的东西，并不了解他的另一面，所以会产生盲目性。

问题是，人们并不很清楚这一点。你用权威的话说，人们就信服；你拿出权威的地位，人们就很少提出疑议。这样，在一定的条件下，适当引用权威的语言和材料也能起到说服的作用。比如，"此地段多起事故，请注意安全"，和警察提醒您"这里一个月有三人死于车祸。"显然，后者的

作用会大得多。

6. 用高尚的动机来激励他

在一般情况下，每个人都崇尚高尚的道德、正派的作风，都有起码的做人道德。所以，在说服他人转变看法的时候，一个有效的办法就是，用"高尚"的动机来激励他。比如说这样做将对国家、对公司带来什么好处，或将对家庭、对子女带来什么好处，或将对自己的威信有什么影响等。这往往能够说服他，让他做应该做的事。

7. 用热忱的感情来感化他

当说服一个人的时候，他最担心的是可能要受到的伤害，因此，在思想上先"砌上了一道墙"，在这种情况下，不管你怎么讲道理，他都听不进去。解决这种心态的最有效的办法就是，要用诚挚的态度、充沛的热情来"对付"他，这样的说服也算是一种感化，使他从内心受到感动，从而改变自己的态度。

重视人脉"保鲜"功夫

中国台湾有个叫杨舜仁的人，他被人们叫做"名片管理大师"。他曾毫不夸张地说，他有1.6万多张不同人的名片，而利用他的管理模式，他可以在几秒内找出任何一个他想要的人的资料。

认识杨舜仁的人都知道这绝非夸张之辞，但是在旁人听来，恐怕还以为他这是一场魔术表演呢。

杨舜仁从原来的公司辞职后专门写了3000多封电子邮件，告知他的亲友辞职的原因，同时还对他的亲友的长期照顾表示感谢。发完这3000多封电子邮件后，他以为不会有什么反响的。没想到他竟然陆陆续续收到300多封回信，其中包括16个全职和兼职的工作机会。

杨舜仁说："这是我人生的一个转折点。如果当时我只是一个个地拨电话，可能打不到10个就挂了。"可是，他选择了发送电子邮件的方式。最后，在那16个全职、兼职工作中，他选择一份赴中小企业讲演网际网络应用的兼职工作。

他的朋友为什么这么重视杨舜仁呢？原来，他非常重视人脉的"保鲜"功夫，经常写封"嗨！我是舜仁，好久不见啦，最近过得好不好，有机会再聚呀"之类的短信，动辄就发给数百位朋友。杨舜仁说他有今天的成果就是这样一点一滴建立出来的。

这就是人脉的力量。只有平时维系人脉的人，到用的时候才会有效。千万不要"书到用时方恨少"！那样你就是临时抱佛脚，注定了没一个人理你。从这个意义上说，我们很有必要向杨舜仁先生学习这种人脉保鲜功夫。

人脉的保鲜功夫其实很简单，就像Outlook，只要你会用，打开就可以对收到的名片进行整理。在名片的背后加上批注，包括与对方相遇的地点、介绍人、他的兴趣爱好，以及交谈时所聊到的问题等，一定要务求详细，然后将这些人的信息写在备注栏里，以后只要用"搜寻"功能，便能将同性质的人找出来。

不管你是谁，不管你的人脉有多少，都请你加强对人脉保鲜的重视程度。千万不要认为自己没有时间，事实上抽空写封电子邮件，浪费不了你多少时间。关键是你懒得不想动，忙只是你的一个借口而已。

从今天开始，请不要再以自己忙为借口了！你可以与你的朋友们经常联系，用电子邮件写封"好久不见了，最近还好吗？""周末一块玩呀！"等这类邮件。如此一来，你日积月累的人脉保鲜功夫，让你的人脉时刻保持着活力。

其实，除了发送邮件，我们还可以通过更多的方式来进行人脉保鲜的功课。一般说来，有下面这几种值得我们尝试：

1. 充分利用网络

网络已逐渐成为一种流行甚至时尚的交往方式，QQ上一句留言，MSN上一个搞怪的表情，都有可能让你的朋友在对面哈哈大笑或处于感动中，他就会对你的印象更加深刻，这是经常处于忙碌状态难以脱身的人维护人脉关系的一种秘密武器。

2. 得意或失意，都要打电话

你的某个朋友失业了，正处于无比沮丧时，不妨打一个电话过去，提个不错的建议，给予一些帮助，介绍一个工作岗位，这样就能建立一层忠诚的人脉关系。

3. 让你的人脉信息都是有效信息

可能你的朋友升迁了，搬家了，换了手机号了，以前的邮箱忘记密码了等问题，这些问题都很常见。这就导致你的通讯录的某些信息因为变动成为了"无效信息"，这就需要你随时留意朋友的变化，常常互相关心一下。

4. 别让你的人脉内部分裂

你的朋友中可能有人一时意外或疏忽，与你的另一个朋友产生不合或极其不满。这时你要挺身而出，义不容辞地出来调解。如果能帮助他们解决矛盾再好不过，对双方都有利，两方都会感激你，即使调解不成，他们也会理解你的一片苦心。

5. 赠送礼品请多些创意

朋友生日了，结婚了，要开一家服装店了……这个时候你就需寄送贺卡或相关的有纪念意义的礼品。赠送礼品是有讲究的，你也要做出自己的创意来，才显得你的特别，朋友才会对你另眼相待，感动于你细致入微的心思。所以千万不要低估一张卡片或一份礼品的力量，小处可见大，成大事者要从小处着手。

6. 把有用的信息告诉你的朋友

通过朋友你可以获取很多对你有利的资讯信息。反之，你也要考虑到你的朋友，他是不是也需要你为之提供一些有用的信息呢？如果需要，你就要留意起来，留意一下你的人脉名单中的朋友有哪些癖好、兴趣和特别的需要之处。另外还要观察自己身边的信息和各种资讯，将对朋友有利的资讯提供给他们，你留给他们的印象就不会被抹除了。

7. 心到不如人到

这是最重要的一点，朋友的婚礼、重要表演、颁奖典礼等，这些对朋友来说肯定是特别重要。当然如果你特别特别忙，也可以不必参加，事后弥补，但是你得明白这一点"心到不如人到"，事后你弥补得再好，都不如你到现场看一下，把朋友的事当做一件大事对待，那你已经抵达了朋友的心里，他永远都不会忘记你了！

做足人情才有"杀伤力"

万事求人难，相信只要求过人的人心中都有这样深刻的体会。在现实生活当中，为了求人办事，人们运用各种各样的方法，可以说无所不用其极。当然，其中有的方法可取，有的方法不可取。虽然，各种各样的方法都能收到一定的效果，但运用人情效应有预见性地进行感情投资，却往往能够起到事半功倍的作用。

春秋战国时期魏国大将吴起非常懂得人情的重要，他经常对自己的部众嘘寒问暖，他的手下都很感动。一次，他手下的一个士兵受了重伤，吴起亲自为他煎药。在吹鼓炉火时，不小心烧着了胡须。旁人赶来，他莞然一笑，说："区区胡须，有何重要？如果他喝下这碗药能够康复，那折去这全部胡须也值得了！"受伤的士兵听到，感动得泪流满面，誓死报答吴起的恩情。身为全军统帅，能够亲自为士兵煎药，这确实是太过深厚的人情。后来那位士兵真的在一次危急中用自己的生命报答了吴起的恩情。

试问，这世间还有哪一件"杀手级"的武器能比人情的杀伤力更大呢？

这就应了中国的一句古话，叫做"士为知己者死"，古人把他人、尤其是地位高于自己的人对自己的平等看待，提升到了知己的高度，并愿意为之付出生命的代价。

中国是个讲究人情的大国，可以说人情就是一切财富的来源。我们平时结人脉，留人情，目的就是为了营造一个好人缘，有了好人缘才能左右逢源、事事顺意。在这样一个经济为核心的社会，我们都知道求人办事是最难的，很多心高气傲的人说"宁要人求我，莫要我求人"，这是对现实情况的一种写真。

　　如果之前毫无关系就去求人办事，这样太被动也太难。可是，如果你求助的人正好欠着你的人情，那结果可就大相径庭了，甚至你都不用自己开口，人家就要帮你把事情摆平。

　　人情关系学中有一种手段叫做施恩术，指的便是我们这里所说的"做足人情"。在我们的日常生活中，无论是入学、竞选班干部、评优评先进还是就业、升迁，处处都会涉及人情的因素。会做人情的借此能迅速飞黄腾达；有些痴呆愚笨的不晓得人情的"妙处"，反而大骂特骂，暴跳如雷。

　　日本有一家电子产品加工企业的老总山本就是一个非常善于进行感情投资的人，并且他也是借用这种方法为自己的企业发展赢得了稳定的客户关系。

　　由于他的企业是一家加工企业，为了维持长期的生存他必须要长期地承包那些大电器公司的工程，维持稳定的客户关系，他对这些电器公司的重要人物常常施以小恩小惠。不过他和其他一般企业家交际方式的不同之处在于，他不仅奉承现在公司的要人，而且对那些现在看似无关紧要的人员也殷勤备至。这样有朝一日，当现在这些受过山本恩惠的人员晋升到了公司的管理阶层之后，自然还记得山本的好处，也就忘不了要报答他了。

　　上面这个案例说白了，还是一个人情利用的问题。

　　一个正常的社会人，不可能不欠人情，只要他和别人发生了任何的联系，就必然涉及到了人情的欠还。一个人发生的"人情"交易越多，那么这个人造成的影响就越大。

　　这是中国人共有的癖好。人情交易中多有这样的特征，送人情的，一般心情坦然，大为舒服；而欠人情的，则难免揣在怀里，搁在兜里，日日计较着，就等着哪天把这人情还了，心里也落个轻松。虽然人人都想做人情，让人欠着自己的，这样自己就好办事些。但是人情有做得好的和做得不好的。做得好的，人人感激，动辄记他一辈子的好；人情做得坏的，反而事与愿违，将好端端的感情搞得一塌糊涂甚至反目成仇。这样的人情还做个什么劲儿呢？

　　人情要做就做到位、做好，使事情向自己预期的、积极的方向发展。真正的做人情是不能拿利益做取向的，你要想朋友之所想，急朋友之所急。在他最困难、最需要帮助的时候，给朋友一个人情，杀伤力是最大的。

著名的学术大家钱钟书先生一生过得平淡，在困居上海孤岛时，他动笔开始写《围城》，那时正值他窘迫的日子，每日"卷袖围裙为口忙"，后来保姆也辞退了，由夫人杨绛操持家务。当时钱钟书的学术作品根本没人买，他写《围城》的动机里就掺有了挣钱养家的成分。但是他一天只写500字，这哪里是商业性的写作速度？这时黄佐临导演上演了杨绛的四幕喜剧《称心如意》和五幕喜剧《弄假成真》，并及时支付了酬金，钱钟书一家才得以渡过难关。

事隔多年，钱钟书先生已成闻名人物，他唯一的一部小说《围城》成为很多导演执意之争，然而唯有黄佐临导演之女黄蜀芹得到钱钟书亲允，开拍电视连续剧《围城》。这里有一个原因，那就是她老爸黄佐临一封亲笔信的缘故。钱钟书先生的为人就是这样，有人帮过他，他便记一辈子的好。黄佐临四十多年前的义助之恩，钱钟书先生自然要报。

做人情的关键便在于此——你要抓住他的"要害"，也就是目前的需要点。别人需要什么，你就帮着做什么，做到这一点，你这人情算是做到家了。这样的人情一旦做下，纵使不能叫其难忘一生，也能令其铭记一时。

你一定要让自己抓住人脉投资的最佳时刻——在他最需要的时候伸出援手，人家就会想方设法回报你。别人就会牢牢记得你的好，一旦有机会，就会倾力相助。在他们的大力帮助下，你的命运发生改变几乎是很简单的事。

所以在这里我奉劝各位，如果你真的想在人脉投资上获得成功，就定要先把对别人的人情做好、做足、做到底，正所谓"帮人帮到底，送佛送到西"。说帮不帮，遮遮掩掩，帮到半路就撤人了，这算什么事？旁人笑话你不说，哪里还有人愿意跟你交朋友呢？

中国是知名的礼仪之邦，生于这样的国度，你必须懂得人情世故。因此，你一定要让自己记住，哪怕朋友间的关系再好，人情该做还得做，而且要做好做足，因为人情做足才有杀伤力！

PART 4
贵人其实就在你身边

　　人际交往中不只是蕴含着大量的成功机会，更重要的是其扩充和丰盈了我们的人生。对女人来说，要想在事业上获得更进一步的发展和提升，一定要学会与人为善，并学会聚集真正有价值的朋友，为自己的成功搭建好一个人脉的平台。

活在当下，与人为善

　　生活中，"贵人"有很多种，在生活上挂念你、关心你、照顾你的是你的贵人，如你的父母、丈夫；在事业上扶持你、帮助你、提携你的是你的贵人，如你的上司、同事；在人生旅途上引导你、鞭策你甚至为难你的，都有可能是你的贵人，如你的榜样、对手等。

　　社会学家曾做过一次调查，调查的对象是各个行业的中高层主管，调查的内容是在他们成为中高层主管的过程中，是否得到过他人的栽培和提拔。

　　调查结果表明：凡是做到中、高级以上的主管，有90%都受到过栽培，至于做到总经理的，有80%遇到过贵人，自当老板创业的，竟然100%的人都曾被人提拔过。也就是说，很大一部分人成功，都曾受过"贵人"相助。

　　一个人在工作生活中有贵人相助是件很幸福的事，在你刚刚踏上工作岗位时，有热心的亲戚朋友们给你指点迷津；当你生活中遇到了种种不如意的时候，有可以交心的朋友们陪你开心解闷儿；当你埋头苦干试图打造一片属于自己的天地时，有慧眼识英雄的领导推荐提拔你……这会使你在人生中少走很多弯路，也更容易获得成功。

生活中，其实贵人无处不在。但有些人却常常感觉孤立无援，以至于出现"拔剑四顾心茫然"的窘境，这样的状态固然跟不善于经营人脉有很大关系。要么是你没有把"贵人"看成贵人，要么是你没有把"贵人"放在你人脉圈的重要节点上。

在韩国有这样一个小伙子：他曾受到过良好的教育，但家境贫寒。在他20多岁的时候，他遇到了人生第一次重要的选择。当时他可以选择去美国当外交官，也可以选择去印度。去美国自然是风光无限，但是消费水平高，他需要挣钱补贴家用，所以他选择了去发展中的印度。

虽然目的地不是太称心，但这个小伙子到任后很快以自己的才气，引起了韩国驻印度总领事卢信永的注意，他发现这个小伙子谈吐不俗，思路缜密，办事沉稳，很多棘手的问题到了他手里都会迎刃而解。

卢信永非常看好这个小伙子，并牢牢地把他记在自己的脑海里。当然，在这个过程中，小伙子也意识到了一个问题：卢信永表面冷漠，内心热情，更可贵的是他有极其丰富的外交经验，并乐于向自己传授。

所以，这个小伙子更加谦虚地向卢信永取经，也更加卖力地四处奔波，把领事馆的各项事务打理得井井有条。后来，卢信永担任了韩国国务总理，他首先想到的是十几年前在印度一起共事过的那个小伙子，立即把他推荐到了总理府工作，后来更破格提拔他担任了总理礼宾秘书、理事官。

小伙子的职务像坐了直升机一样，以至于他不得不为自己跑得太快而向自己的前辈、亲友和同事写信道歉："我晋升太快，很抱歉！"不过道歉归道歉，他依然继续高升，虽然也经历了一些坎坷，但他最后还是登上了联合国秘书长的讲台，他就是——潘基文。

卢信永就是潘基文一生中的贵人，如果没有卢信永这个伯乐，潘基文这匹千里马或许就会被埋没。但是，在这个过程中，潘基文并非被动地等待着被发现，而是靠自己的实力积极主动地去争取让贵人发现自己。

曾经有人把"贵人相助"归结为命中注定，认为贵人是老天可怜某个人才会降下贵人来帮他，这样的想法有些过于偏颇了，而且把自己不能成

功的原因完全归结于天命，这是一种逃避现实、掩盖自己缺点的想法。机遇不是天上掉下来的馅饼，机遇也不会光顾没有准备的人。

现在的你也许只是一个默默无闻的小角色，跟成功人士有天渊之别，但是对于一个善于经营人脉的人来讲，这也并非是遥不可及的事情。当机会一旦落到你的面前，你就要牢牢地抓住，用自己的真诚和付出让人脉茁壮成长。

1998年，内蒙姑娘娄晓颖因家庭贫困赴京打工，从事家政服务工作。特别幸运的是，她被分配到了央视主持人倪萍家里做了保姆。

在做保姆的日子里，娄晓颖尽职尽责做好自己的工作。为了照顾好倪萍的孩子，高中没毕业的她专门学习了照顾幼儿所需的各种知识，把孩子照顾得无微不至，这让倪萍外出工作也非常放心。

娄晓颖的辛勤付出当然得到了倪萍一家的赞赏和感激，最后由倪萍推荐她报考了中央财经大学成教学院，并且负担了她的一切学习费用。最终，这个从大草原走出的女孩成为了北京协和医院的一名护士。

无疑，娄晓颖的个人成功和倪萍的倾心帮助有着很大的关系。但是，在生活中并不是每一个名人家的保姆都能获得这样的成功。假如娄晓颖没有真诚地付出，等待她的极有可能是一纸解约书，而并非一张火红的聘书了。

由此可见，要想得到贵人的热心相助，你必须要注意以下几点。

1. 一定要对对方的底细了如指掌

《孙子兵法》中说，知己知彼，百战不殆。你想跟一个可能日后对你的事业产生重大影响的关键人物交往，之前一定要将他的"底细"了解透彻，当然了人家的隐私你要视为避讳。你要了解的是他的身份、地位、特长、爱好等，还有他的亲人、朋友等亲近人物最好也了解一些，这样才能方便你找到与之接近的切入口。

2. 要注意和贵人交往的方式、方法，做到不卑不亢，知恩图报

一个人在一生中总会遇到贵人的，贵人往往在知识、技能、经验、人脉等方面有超过你的地方，对于这些，我们应该谦虚谨慎地学习，但注意不要过度地恭维，以至于到了溜须拍马让人肉麻的地步。同时也要注意的是，贵人在帮助你的过程中，也许会有一点点私心，他们的底线只是需要你记住他们帮助过你而已，但如果你功成名就就立刻变脸不认人，做了"念完经打和尚"、"吃饱饭骂厨子"、"学会手艺饿死师傅"的主儿，恐怕你离碰壁就不远了。

3. 要注意把自己也培养成一个"贵人"，以帮助别人为荣

帮助别人能使你获得更多的支持，互帮互助会使你的人脉更加巩固发达，要像贵人帮助你那样去帮助确实值得帮助的人，这样你得到的，除了心灵上的满足之外，还会有许多你意想不到的收获。

4. 不要以贵人相助获得成功作为终点站，而要把它作为新的起点

有的人处心积虑，终于到达了人生事业的巅峰，从那以后就不思进取，沉醉在自己成功的喜悦之中不能醒来，这是很危险的，不仅会让帮助你的"贵人"大丢颜面，更有可能让你跌下深渊，摔得很惨……

聚集真正有价值的朋友

人在得意的时候，因为自负，一切就看得很平常，很容易。有的人能力虽然很平庸，然而因一时时运通达，也可能成为不可一世的人物。如果此时你的境遇地位不及他，往来多时，反而会有趋炎附势的错觉。即使你极力结交，多方效劳，在对方看来也很平常，彼此感情不会有多少增进了。

霍新在一所普通中学执教，和周围的同事相处得不错，大家称兄道弟，彼此亲密无间。一个偶然的机会，霍新的一个在教育部门有很大权力的亲属通过暗箱操作将他调到市里的重点高中去了。但由于霍新并没有突出的业绩，所以霍新虽然顺利调入了那所重点高中，但以后每次回原单位的时候，他总觉得大家看他的眼神怪怪的，这使得他心里很不自在，所以在这之后他每次回原单位办事，一般都拣人少的时候去，并且办完事就走，唯恐碰见老同事，显得尴尬。

再往后，他就更少和原单位的同事联系了，偶尔遇见，也只是象征性

地寒暄几句。霍新怀疑大家看他到了高一级的学校眼红，而原单位的同事也觉得很诧异——究竟是大家不小心得罪了霍新，还是人家看不起咱们了？就这样，霍新和同事们原本和谐的关系就这样淡漠了。

在这个过程中，霍新是有责任的，他应该意识到：自己离开后，和同事们接触的时间本来就少了，大家之间的感情肯定随着时间的推移慢慢变淡，如果他想保留这一股人脉的话，回到原单位，他就应该和原来没有什么两样，大家谈天说地、其乐融融，如果自己不知道去修补人脉的话，"人走茶凉"也就在所难免了。

在人的一生中，更换工作岗位是件很平常的事。有的人离开原来工作岗位的时候，会把一肚子的怨气全发泄出来，甚至会放出"总算离开这里了，以后八抬大轿抬我都不回来了！"的狠话；有的人则表现得很平和，离开之后还会和原来的上司、同事保持相对密切的联系，回原单位的时候，有种回家的感觉。而事实上，后者往往能够收获更多的信任和机遇。

郑峰跳槽了，虽然做的是和原企业不一样的工作，但是他仍和原企业的人保持着良好的人际关系。只要平常有空，郑峰就经常给原企业的朋友打打电话，大家偶而见面，只要时间不紧，都会聊上一小会儿，节假日的时候，还会呼朋唤友地去郊区郊游一番。

离开原企业两年的时间里，郑峰在新单位如鱼得水，在旧单位也左右逢源。不但老同事们会给他提供一些在新单位工作的宝贵经验，更重要的是，由于两家企业生产的产品并不相同，但是却属于同一个系列上下游的产品，因此很多到郑峰原来公司洽谈业务的客户，实际上也是郑峰新单位的潜在客户，郑峰原来单位的同事把这些客户介绍给他，这省下了他重新开拓市场的时间和精力，并且由于是熟人介绍，双方的信任度都很高，郑峰和原来的同事们都得到了共同发展。

其实，每个生活在社会上的人，都要有一群自己的朋友。可是人情冷暖，世态炎凉。平时礼尚往来，相见甚欢，甚至婚丧喜庆、应酬饮宴，几乎所有的朋友都是相同的。一朝势弱，门可罗雀，能不落井下石、趁火打劫就不错了，谁还敢期望雪中送炭、仗义相助呢？所以趁自己有能力时，多接纳些潦倒英雄，使之能为己而用，这样的发展才会无穷。

试想，别人失意的时候，对换角色，体会一下别人的内心，你会知道安慰的力量有多大；别人抑郁的时候，将心比心，你会明白鼓励是多么的重要。你的付出不是没有收益的，你的收益是你日益强大的人脉。

从经营人脉的角度来说："人一走，茶就凉"的人，绝对算不上是一个人脉经营的成功者，真正的成功者应该做到"人走茶不凉"。刚才我们提到的例子，是高升或者平调后的，那么如果你的朋友被降职了、解聘了，这碗茶是不是可以凉了呢？

不可以！生活中，工作上，没有人能一帆风顺、一马平川，遇到些坎坷挫折在所难免，就是摔个跤、碰个头破血流也是正常的。在这时候，作为旁观者的我们，既可以冷眼看热闹，也可以上前扶一把。就看你要选择怎样做了。

张强因为工作严重失误，被开除了公职。在他离开单位的时候，大家都不敢去送他，怕引起领导的误会。李昊却毫不在意，他帮助张强收拾好东西，一直把他送到了门口。

经理问他为什么要这样做，李昊告诉经理：张强是个很有能力的人，犯这样的错误，不开除他不行，但是凭着张强的能力，他东山再起并不是一件很难的事。到时候，说不定还有合作的机会，就算成不了朋友，也没有必要为自己和公司增加一个对手。

果然，半年之后，张强成了一家新公司的经理。他上任后的第一件事，就是给李昊打电话，感谢他那天的帮助，并且把手头上一个很有分量的合同交给李昊去做。

生活中当你的朋友由于种种原因不得不选择离开的时候，他的内心世界是怎样的？他也许在想：属于自己的那一片舞台已经塌陷了，属于自己的那一个角色已经谢幕了，谁还会为我鼓掌喝彩呢？谁还会关注一个已经卸了妆的角色呢？面对着新的未知的环境，他是多么希望有人把手搭在他的肩膀上，跟他说几句话，哪怕是一个鼓励的眼神呢？

其实，满足他的这种需求，并不需要我们太多的付出，却能给他带来

莫大的振奋，在镁光灯频闪的时候，他或许注意不到你的眼神，但当他孤寂的时候，你的眼神却能给他送去冬天里的一把火。

可见，如果你认为对方是个英雄，就该及时接纳，多多交往。如果自己有能力，更应给予适当的协助，甚至给予物质上的救济。而物质上的救济，不要等他开口，亦应随时采取主动。有时对方很急着要，又不肯对你明言，或故意表示急需。你如知道实际情形，更应尽力帮忙，并且不能有丝毫得意的样子，一面使他感觉受之有愧，一面又使他有知己之感。有机会就进以忠告，指出其所有的缺点，勉励其改过迁善。有道是，寸金之遇，一饭之恩，可以使他终生铭记。日后如有所需，他必奋身图报。即使你无所需，他一朝否极泰来，也绝不会忘了你这个知己。

反之，若平时不屑往冷庙上香，临到头再来抱佛脚也来不及了。之所以成为冷庙是因为一般人总以为菩萨不灵才成为冷庙的。其实英雄落难，壮士潦倒，都是常见的事。只要一朝交泰，风云际会，仍会一飞冲天、一鸣惊人的。而这就需要考验你的眼光了。

PART 5
清理你的交际资源库

作为当今的女性，你要学会把握好人际交往的尺度。也可以说，在你构建你的人际关系网络时，要有理智，清醒地选择，不能把任何人都当成朋友。当你还不确定对方的人品时，给你的朋友分出个等级是有必要的。同时，也要定期做一下"系统扫描"，清理那些有毒的朋友，这会令你的人脉系统更加顺畅。

给你的朋友分个等级

你知道吗？朋友也是分等级的，有好坏之分，有上下之别。

有的人一听这话，可能心里就猛一咯噔：什么，把朋友划分等级？都是朋友，为什么要划分等级，对自己的朋友做出如此自私的事情，真不仗义！我耻于做这种事情！

事实上，这不是仗义不仗义的问题。你想想看，难道你能对你的人脉圈子里的所有人都一视同仁、毫无偏颇吗？这是根本不可能的，而且这种心态也绝不可取。抱着这种心态与人相处，你只可能伤人伤己，将友谊弄得遍体鳞伤。

南方某地有个很成功的商人，朋友无数，三教九流都有，他也曾逢人就夸，说他朋友之多，天下第一。后来有人问他，朋友这么多，他都同等对待吗？

他沉思了一下说："当然不可以同等对待，要分等级的！"

他说虽然自己交朋友都是诚心的，但别人来和他做朋友却不一定都是

诚心的。在他的朋友中，人格清高的朋友固然很多，但想从他身上获取一点利益、心存二意的朋友也不少。

"对方有歹意，不够诚恳的朋友，我总不能也对他推心置腹吧！"这位商人说："那只会害了我自己。"

所以，在不得罪"朋友"的情况下，他把朋友分了"等级"，有"刎颈之交级"、"可商大事级"、"推心置腹级"、"酒肉朋友级"、"嘻嘻哈哈级"、"保持距离级"等。他就根据这些等级来决定和对方来往的密度和自己心窗打开的程度。

"我过去就是因为人人都是好朋友，受到了不少物质上和心灵上的伤害，所以今天才会把朋友分等级。"很明显，"刎颈之交级"、"推心置腹级"和"可商大事级"的朋友，是可以合作的好朋友。

一个人的一生中，会结识很多人，这些都是其人脉中的元素。一个人的人脉元素是多元化的，每天你都将周旋于其中。我们必须认真思考——如何对待朋友，如何将友谊进行得有声有色并能恒久的问题。要知道，把朋友分等级无论如何不能算是一件可耻的事情。

虽然我们有良好的愿望，我们也希望友谊能够纯真无瑕——我对你好，你对我好，这样大家都好。可是哪里有这么美好的事情呢？现实的社会是复杂多变，人心难测的，你对人好，可能人家还不领情呢！别人对你使坏，但是他明里不告诉你，脸上对你笑眯眯，也许你还对他感恩戴德、感激涕零呢！所以，走江湖的老手常跟我们说，知人知面不知心。凡是出来混的，第一要注意的就是这点。

现实的社会是个复杂的大圈子，更像一个无所不包的大染缸，进了这样的大染缸你必须多留个心眼。很多"久经江湖"的人，都晓得其中的利害关系。所以他们总结出越是朋友就越是得划分等级，这样才能使友谊之花常开不败。他们建议我们要对朋友区别对待，对不同层次的朋友采取不同的对待方式，有针对性地与之进行交际。可以说，这是他们用自己将近半生的时间，靠自己一步步地摸索，用血和泪才换来的教训。我们完全没有必要重蹈他们的覆辙，让他们经历过的悲剧再上演一次。

那些被你称为朋友的人，他们的所思所想可谓五花八门，有一点几乎可以肯定，那就是跟你交往的人，每个人都抱有不同的目的。有的人是真心想与你交往，希望从此人生路上多个帮手。但是有些人就不是这样想了，他总是想方设法利用你，处处挖空心思算计你。无疑他们是抱着损人利己的目的的，那么这些人就不能与之深交，如果你错把他们当成至交，那将是你犯的致命错误。这样的错误不必多，一次就足够让你一辈子都翻不过身来！

当然，如果你目前平平淡淡或失意不得志，那么不必太急于把朋友分等级，因为你这时的朋友不会太多，还能维持感情的朋友应该不会太差。但当你有成就了，手上握有权和钱时，那时你的朋友就非分等级不可了，因为这时的朋友有很多的是另有所图，不是真心的。

因此，在纷繁芜杂的生活当中我们要树立人脉资源管理意识，需要掌握以下几个原则性问题：

1. 随时随地把握自己人脉的终极目标

贵人不是每个人命中注定就有的，而是你去主动创造出来的，而且关键看你有没有把他当贵人来看待。

而我们随生活逐流，大部分人在人际互动中是被动的，只在发生利害关系时才会变成主动，但如果把人脉都建立在利害关系上，这就决定了关系的短暂性，这种人际关系也不是真正的人脉。事实上，人与人的交往都有一个过程，那就是：认识——熟识——伙伴。我们经营人脉的最终目标就是要与认识的每一个人发展成为伙伴关系。要认识你想结交的人很容易，但这只是第一步；第二步是变为熟识，这需要你主动去增加双方认知接受的频率，多次地累积。N次互功的熟识之后，还要不断地付出关心，取得对方的认同，这时他就不只是个人接受你，还会替你传导，引导他的人脉来接受、认识你——这就形成所谓的"伙伴关系"。当我们与人相处时，如果能发展到最后的伙伴关系，那么即使我们把人脉应用在狭隘的销售行为，为自己的生活服务，即使成为竞争对手，对方也不会扭头就走，说不定还会从他的人脉中带给你成交的机会，所以请你一定要继续与他保

持互动！

2. 掌握现代人脉管理方法

"成功不是靠记忆，而是靠记录。"人脉经营一定要善用工具。建立客户数据卡是最常见的（但人脉不只是客户），再依自己的需求作分类，并另行记录依生日排列的名册（生日是最好的互动机会）——在人工记录上，能做到这几点已是非常难得，但人脉经营只靠这些记录还远远不够，如能借助计算机来帮你整理，并选择适合的含有以上功能的人脉经营软件来管理，将会让你事半功倍。

3. 管理好人脉网络的桥梁——"介绍人"

当你拥有一定数量的人脉，就一定要像经营自己的企业一样，把自己的人脉组织成一个强有力的网络，从而更好地为自己服务。人际关系当中，"介绍人"是很重要的一条互动桥梁，每当在人脉互动产生出成果时，一定要记得去感谢你的"桥梁"，这样，当你有困难而寻求桥梁的帮助时，他才会更乐意地引进更多的人脉去为你服务。过河拆桥的事千万不能做，尤其是当你的人脉达到成千上万时，你根本不可能有时间去与所有的人保持——互动，最好的办法就只能是掌握"人脉网络桥梁"，让你的人脉运作得更顺畅！

清理那些有毒的朋友

根据美国研究人员的最新发现，如果一个人感到疲惫、压抑、焦虑或缺乏自信，不只是与工作压力、个人生活有关，还可能与你的友谊有关。一个人的朋友大致可分以下3种：

1. 良友

就是当你需要帮助时这种朋友能以合适的方式，在合适的时机给予最恰当的帮助，使你的眼界和心胸更加宽阔。

2. 普通朋友

就是当你需要帮助时，这种朋友以自己的方式，而不一定是以需要者所需要的方式来提供帮助，其出发点和目的是不适合的，所以有时不一定能起到真正的帮助效果。

3. 有毒朋友

指那些用语言或行为给人带来困扰，让人感到精疲力尽、灰心丧气，和他交谈往来，最终只会破坏自己的心情和生活的朋友。

心理学家通过研究认为"有毒朋友"主要分为以下几种类型：

（1）自私自利型

以友谊为要挟，不管你愿不愿意，逼你迁就，比如明知你第二天一早上班，还逼你陪她玩到深夜。

消毒：

对于自私自利型的朋友，我们一方面可以根据她需要帮助的实际程度提供必要的帮助，尽朋友的情义，让她知道你是一个有情有义之人，同时也是一个有原则的人，而不能让其认为你是一个容易受到要挟就顺从她的人。

（2）多愁善感型

老向你哭诉抱怨，却不劝解你，不主动解决问题，令你精疲力竭，把你当做不收费的治疗师。

消毒：

对于多愁善感型的朋友，我们在一定程度上倾听她诉说，给予一定的安慰，另一方面也要告诉她自己对她的事情无能为力，建议或推荐她到一个专业的心理咨询师那里去，效果会更好些。每个人都应该为自己负责，所以她也没有权利要求朋友听她无止境的抱怨，同样你也没有义务去给只会抱怨却不解决问题的朋友当心理治疗师。

（3）暗中破坏型

这样的朋友会打着朋友或者关心你的幌子，他们经常用言语暗示性地批评你的外表、习惯及行为方式。

消毒：

对于暗中破坏型的朋友，我们要有自己的信心，同时告诉她不要再这

样做，这很可能会影响你们之间的友谊，如果是良言你当然会听取，但如果是嘲讽，请她闭上嘴巴。在交往的过程中，有鉴别地听取她的语言，特别是批评性语言，考虑其言语的合理性和科学性的成分，有的时候还是要加强自身的心理建设，采取走自己的路让她说去吧，人生是一个从失败中吸取教训建立自信的过程，重点不是改正缺点而是发挥长处。一味地提示缺点，使人产生心理暗示，强化缺点只能使事情更糟糕。

（4）滔滔不绝型

想尽办法要成为大家关注的焦点，让你围着她转，把她视为公主或是主角，你只能充当配角和听众。

消毒：

对于滔滔不绝型的朋友，我们一方面要倾听其语言，可能是朋友之间的一种愉快的分享或不快乐的分担，这是作为朋友的一种义务，但在适当的时机我们要表达出自己的意见和建议；另一方面，如果仅仅是把我们作为她的一个听众，我们就可以在听她喋喋不休时，或心不在焉，或只做自己的事情，必要时告诉她我有太多的事需要完成，等完成这些事情之后再听她说。这样她就很知趣地少说或不说了。

（5）惯于毁约型

约好了去逛街，但如有更好玩的约会，她会毫不犹豫在最后一刻甩掉你。

消毒：

对于毁约型的朋友，我就对约定不要太当真，必要时自己故意失约几次，"以其人之道还治其人之身"，让她知道"毁约"的影响与滋味。对朋友守信，不要把不守信的人当做你的朋友。

有毒朋友他们表面上与你很亲近，实际上却是要和你一较高下。假若在酒吧里相遇，他们会微笑着对你说，"见到你真开心，虽然得知你工作近来不大顺利，但是在这里看到你还能跟你喝酒真是件高兴的事。"对于这种虚情假意的友谊还是趁早结束地好。

你身边是不是也有这样的有毒朋友呢？他们会经常让你陪他在酒吧待到很晚，可能起初你会觉得反正自己也无事可做，所以经常陪他，听他抱怨。可你的建议他从来听不进去，陪他最后却把自己弄得精疲力竭。

我们冷静下来想一想，"有毒朋友"其实在身边并不少见，相信每个人身边都会有那么几个"有毒朋友"，她们见不得你过得比她好，有意无意地挖苦你、嘲笑你。那么，如何摆脱"有毒朋友"带来的困扰，最理性的解决办法是定期静下心来，好好盘点清理自己的朋友圈子。

生活中每个人都需要朋友，每个人都希望多些"良友"少些"有毒朋友"。中国有句古话叫"己所不欲，勿施于人"，因此，除了专家建议的定期清理自己的朋友圈外，我们也要不断反省自身。说不定，我们自己一不小心就会成为别人眼中的"有毒朋友"。

PART 6
小测试：谁是你生命中的贵人？

你认为什么类型的人是你生命中的贵人，会帮助你解决问题？如果你想找到答案，可以进行下面的测试：

A、采茶村姑

B、杂货店里和蔼的欧巴桑

C、田庄壮年阿伯

D、卖槟榔的姐妹花

测试结果：

A：个性温柔，外表和顺，略带一些智能眼神的人，是你的贵人，因为这种人才能得到你的信任，使你向他开口求助。你的贵人必定是个个性纯朴忠厚，外表平和的人。男女不拘，但略倾向女性特质较多者。

B：你的贵人是个脾气非常好，你能够驾驭的人，他必须在你愤怒时，仍能保持对你礼貌恭敬，虽然他有很多的小缺点，譬如反应不够机灵，办事不得力，知识也不够丰富，但却能够包容你的个性并帮助你成长。

C：你需要外表强而有力的人帮助，表示你的贵人多半略带权威的仪表，不论是男是女，是否重感情或乐于助人，他必须是个有自信的人，才能使你信任他并接近他。你从来不畏惧权威，并喜欢接近权威人物。

D：你是个多情的人，常陷在感情漩涡里，而你也不得不如此，因为帮助你的贵人多半感情丰富并乐于助人，未必精明能干，但必定对你有特殊感情。你的个性喜欢轻松悠闲的生活，交往的知心友人多半会说笑话，有讨喜的外表，并且有自由自在的性情。

第六章
Chapter 6

30岁跳好女人的职场芭蕾舞

对于女人而言，工作使她成为职场交际的『明星人物』，工作让她走出狭小的家庭生活空间，工作让她的视野更加开阔，工作让她找到自己的尊严，工作让她不再是一株藤而是以树的形象站在男人面前，如此自信、自立、自尊、自强。能够在职场上做到游刃有余，那么幸福也就不再遥远了！

PART 1
做事业城堡的 "魔女"

越来越多的女人成为职业女性一族，她们和男人一样在事业上取得了一定的成绩。但是女人要想成功，首先，一定要找到自己喜欢的职业。其次，当工作中的烦恼突如其来的时候，必须要控制，要保持快乐的情绪和良好的心态。只有这样，工作才会变得轻松而有趣，才会越做越出色！

自己喜欢的工作才是好工作

把工作当成自己喜欢的事情去做。工作对于你来说是什么？斗争？旅行？煎熬？还是别的什么？把工作想象成你的最爱，你正在做着你疯狂热爱的事情，一刻也不想离开它。如此，当你的工作效率突飞猛进地提高之时，也是你喜欢上你的工作之时。

有些女人不单拥有漂亮的外表，还拥有成功的事业。尤其是现代女性，她们懂得如何去获取更多的经济来源，并且在家庭中她们会牢牢掌控着经济大权，这样才不会失去更多经济以外的权利。因此，现在很多女性都把投入在爱情中的精力，全心全意地投入到工作中去。因为她们早早地便意识到：女人要想生活得好，就要拥有自己生存的能力。

然而，很多职场女性都无法在事业和家庭之间找到平衡点。工作、家庭的双重压力让她们疲惫不已，当女人觉得超出负荷时，便会抱怨老天对女人不公平，抱怨自己活得太累。大多数女人的确比男人多承担一份家务工作，但这并不会直接让女人在工作时疲惫不堪。而女人会觉得工作和家

庭的压力大，从而感到辛苦，也是因为她们没能找到自己真正感兴趣并将其定义为一项事业的工作。只有在工作中找到乐趣，才能够轻松地享受工作而不是忍受工作。

我们先一起来看看女人为什么去工作吧：

1. 为了生活的需要

因为这种原因工作的女性不在少数，现代社会的高速发展，人们追求更高的物质生活和精神生活，同时也是为了满足日常生活的需要，抑或是为了让自己和家人生活得更好，女人更愿意和男人一起为了自己或家人而出去打拼。

2. 打发时间

事实上很多女人工作并不是为了钱，她们并不缺钱，也不是为了追求经济独立，她们只是觉得每天闲着待在家里很无聊，所以找份工作对她们来讲只是为了打发时间，很自然的，工作便成了她们让生活充实一些的工具。她们不需要去跟同事竞争职位，也不需要为收入的高低而苦恼，因为工作对她们来说也是一种心理需要，而不是大多数人认为的只是获得报酬。

3. 有兴趣

真正为了兴趣去工作的女人应该不是很多。这种类型的女人是出于对某个职业的热爱，真正的希望能够在喜欢的领域有所作为。她们从来不会认为工作仅仅是付出劳动、获得报酬的过程，而是获取一种人生价值的体现，一种兴趣的延伸，所以她们会对工作乐此不疲，创意百出。这种类型的女人就是我们经常说到的"女强人"。

4. 为了保持经济独立

这种类型的女人在中国占很大一部分比重，通常她们都受过高等教育，自主意识比较强烈，认为女性是独立于男人的个体，不应当依赖男人，经济上独立了，人格才会独立。于是她们为自己寻找工作、拥有自己的事业，目的就是不能让男人小瞧，不能只因为需要男人为她们支付各种账单就在男人面前失去自我。

那么，事业成功的女人同一般的女人有什么区别？从上面的分析可以看出，她们之间最明显的区别是在于对待工作的态度。女人能够从事的工作有很多种，但只有找到自己真正感兴趣的工作并将其作为自己的事业，才会觉得满足。好工作的定义是：一份有乐趣的工作才可以称之为真正意义上的好工作。当你找到一份有乐趣的工作时，你会感到你的业余生活也变得轻松起来。选择一份你感兴趣的工作，并且全心地投入进去。设定一个短期的目标并努力做出一定的成绩，这样工作才会成为生活中快乐的一部分，从此你也不会再为了平衡工作和生活而苦恼不已。要知道，快乐地工作，你就能比同龄人看起来更年轻。

旋转在我的职业舞台

女孩，你是不是对将来想从事哪方面的工作没谱？没关系，事实上只有少数女孩运气很好，她们很早就了解了自己的兴趣所在。除了这样的女孩外，大部分不到二十岁的女孩在思考未来的职业时，都有一大堆问号，这都是很正常的。

专家指出，一般来说，女人善于用右脑来学习和思维，女人的直觉判断力、直观记忆力都特别强。但女性的逻辑思维、抽象概括能力却一般不及男性，因此哲学等领域不是女性的长项。可见，客观地认识自己，选对工作平台也是非常重要的。

通常，一份好的工作必须具备以下几种特征：

1. 良好的培训机会

对于职员来说，谋生仅是一个方面，更重要的是在工作中通过良好的学习培训掌握各种谋生的本领。一个重视对员工进行培训的公司，既对人才具有极大的吸引力，也表明了自己追求发展的长远眼光。

2. 对路的工作岗位

兴趣是最好的老师。对路的工作、熟悉的领域有助于你才智的发挥，否则硬着头皮在极端厌恶的环境中支撑无异于扼杀自己的激情与生命。

3. 公平的升迁机会

平等的发展机遇给人才成长提供了良好的氛围，既留得住人才，又能充分激发人才的潜能。

4. 畅通的言论自由

不压抑、不打击、不报复，畅所欲言，人微言重，给员工极大的民主自由，员工会因自己是公司的一分子而出力。让员工在极端专制的高压下苦熬而人人自危，这样的工作气氛即使日进斗金，又有何值得留恋的呢？

5. 融洽的同事关系

同事间团结、互助、真诚合作，即使收入低点儿，但工作环境轻松，比起钩心斗角、相互拆台的险恶环境更能体会到工作的乐趣。

6. 开明的管理层

窝里斗的领导班子无异于企业玩火，最终会殃及员工。开明的管理层既能保证公司的健康发展，又能给员工很大的吸引力，大家劲儿往一处使，再大的险阻也不在话下。

7. 有序的制度管理

制度大于总裁，法治大于人治；按章办事，奖罚分明。有序的办公环境可排除许多干扰和人为因素，有助于提高工作效率，也有助于兑现员工的业绩。

8. 诱人的发展前景

尽管如今在公司发展不很如意，但公司发展潜力大，可保证你至少工作10年以上，那就努力待下去。忙着跳槽，只会越跳越糟，说不定到头来一事无成，受尽清贫生活的煎熬。

懂得了如何鉴别一份好工作，下面我们再来介绍一些适合女性发展的工作，看看你能否对号入座：

1. 教育业

女人天生就有一种母性，这种母性使女人有着比男人更强的心理优势。女人的母性、温柔、细心、耐心等天生特征都是女性从事教育业的优势。

2．服务业

服务业是十分适合女性的一个行业。很多成功女商人都曾从事过这一行业的工作。因为女人的直觉感十分强，她可以清醒地看到每个层次的人们的需要，因此，选择服务业是发挥女人优势的一大天地。

3．广告业

广告对二十几岁女性来说是个理想的行业，如果你设计出杰出的作品，就能得到客户的赞赏，可获得广告设计比赛的大奖；如果你善于交际和筹划，就能从客户手中得到很多很多的业务。可是有两点你必须特别注意：一是你要能设计；二是你要能制作。在广告这一行业里，你要做代理人，最好不要亲自动手设计，要开公司，请人设计。

4．会计业

女人天生适于和数字统计打交道，会计业因此成为她们特别擅长的行业。

5．传播业

在报纸、期刊、图书等出版及影视传播等行业里，女性的优势处处可见。她们拥有女记者的采访优势，细心可以使她们成为优秀编辑，她们的直觉判断使她们能够策划出读者喜爱的题目，她们因自己良好的气质形象而为广大影视观众所喜爱。总之，女性在这里具有极大的发展潜力。

6．证券业

二十几岁的女性也可以尝试一下这个行业，而且如果你的文笔还比较不错的话，也可以尝试为报纸的股票专栏写写文章。

7．律师业

女性也很适合从事法律工作。律师需要具有记忆力强、思维敏捷、善交际、善言辞等特点，这是很多女性都具备的。在律师行业里，大有作为的女律师也有很多。

8．艺术界

当演员、歌手、技术员、编剧、导演等，女性都可大显身手。艺术界包容量很大，有学位的和没学位的人同样有成功机会。如果你对这行有兴趣的话，也不妨试试。

　　如果你对上列各种行业都不感兴趣的话，还可以从事零售商、室内装潢、公务员等。但无论何种行业，都需要掌握好专业的知识。只要选定了自己的优势行业，并凭借你的美丽、智慧和能力，你终会成功的！

PART 2
职场上那些不能说的秘密

作为一个成功的职业女性，一定要富有远见、洞察力与战略方向感。不要因为自己是女性，就表现得情绪化，忘记了大责任、大目标。因此，女性管理者在工作中要具备一个良好的心态，发挥出自己的优势，克服性格弱点，不断地提升自己的领导能力。

成为超级女主管的12心法

做一个成功的职业女性，面临着多方面的压力。除了性别歧视，还面临着男性下属不愿服从的麻烦。作为女主管，掌握相应的领导艺术，轻松有效地驾驭上级的权威是必要的也是必须的。

1. 重视自己的职业形象

尽量不要让男朋友在你上班时打电话，也不要男朋友到你公司来接你。更不要在众人面前，在电话里跟他撒娇发嗲，这样才能显示出自己的工作责任心及起码的独立能力。

2. 培养自己的独立性

在工作场所里，身为女主管的你千万不要总想着得到男人的关心爱护，否则男人们会对你嗤之以鼻。即使你能得到男人们口头上的诸多关照，但一到实际情形，则没有谁会真心帮助你，唯一能依靠的只有你自己。

3. 不要伤害男人的自尊心

你一定要明白，男人总是自信满满的，但这种自尊心实际上又非常的脆弱，一遇到女人威胁到他的存在，便会产生抗拒的心理。所以你若想在

一个现代的世界里站稳脚跟，就必须懂得在适当的时候维护一下他们的自尊，并夸奖他们一两句。但要记住：这种夸奖要有分寸，否则别人可能误会你对他有意，而令你遭遇尴尬境地。

4. 工作岗位上要公私分明

照章办事，公私分明，这本是做工作的基本常识。但要在工作上严格照章办事却并不容易。通常，有些人便会钻人情空子，不按常规办事，男人做这些勾当，往往会设下爱情或友情陷阱，诱骗女同事往里钻。当女性迷迷糊糊尚不清醒时，在不知不觉中做了男人的工具。故女性有了办公室友情或恋情时，遇到公事，也要理智对待，不违原则。

5. 征求男人的意见

征求男人的意见也是一种赞赏，因为这表示你重视他的见解和经验，令他觉得他存在的重要性。但你在征求意见时，不要事无大小都问一番，这样会令他觉得你根本没有判断力，不懂得抉择。

在公司极不适宜和男人商量纯私人性的问题。当然，诸如你想买汽车、投资股票或购买房子，又知道他在这方面有研究，就可以在轻松的情况下（如午饭、下班后）向他讨教，保准会令他觉得你有眼光而对你友善，以后也会主动向你提意见。

6. 布置好你的办公室

办公室是自己可以控制的地方。装饰好你的办公室，不单代表你的职位和身份，更反映了你个人的风格气质。你可以适当地把你的房间重新布置一下，或花钱购买一些装饰品。这样不但可以创造一个理想的工作环境，有时还能无形中增加你的威势。比如放一两盆植物，但切忌把房间布置得太花哨，不要挂海报，而应尽量选择高雅的版画或油画。同时，尽量不要把家人的照片放在房间四周或书架上。

7. 不要在别人面前流眼泪

身为女主管的你一定要学会控制自己的眼泪，因为这是一件非常得不偿失的事情，不但有损于你的威严，也对你的事业形象有害。在有些情况下，男人能接受某些女人的眼泪，但对一位女主管却绝对不能。

8. 妥善地向下属布置工作

作为女性主管，你必须要学会妥善地向下属布置工作，明确哪些是该你亲手做的，哪些是该下属做的。你应当相信下属并给下属以锻炼的机会。不要身为主管，还是事无巨细都亲自接手统统包办代替，此时你应该学习做领导，指导别人，从一个新的角度去展开工作。

9. 多与同级或更高职位的主管交往

你若想保持女主管的形象，并要别人承认你的地位，应该与自己同级或更高职位的朋友来往，这并不是势利眼而是现实情况。商业社会阶层观念特别受到重视，职位和朋友都是身份的象征。你若留意的话，便会发觉别的主管都较多和主管级的人来往。

10. 恰到好处地运用批评警告

作为一个女主管，面临男性下属没做好工作而需要批评时，可在批评之前先赞赏几句，然后再具体地提出建设性的批评意见，并提供改进的方法。这既维护了公司的全局利益，也保存了男人的自尊心。尤其值得注意的是，千万不要在一群人面前批评下属，也不要在一个下属面前说另外一个下属的不是。

示弱不示强

有一位记者去拜访一位外国政治家，目的是获得有关他的一些丑闻。然而，还未来得及寒暄，这位政治家就对记者说："时间还多得很，我们可以慢慢谈。"记者对政治家从容不迫的态度大感意外。不久，仆人将咖啡端上桌来，这位政治家端起咖啡喝了一口，立即大嚷道："好烫！"咖啡随之滚落在地。

等仆人收拾好后，政治家又把香烟倒着插入嘴中，从过滤嘴处点火。记者赶忙提醒："先生，你将香烟拿倒了。"政治家听到这话之后，慌忙将香烟拿正，不料却将烟灰缸碰翻在地。平时趾高气扬的政治家出了一连串的洋相，使记者大感意外，不知不觉中，原来的挑战情绪消失了，甚至还

对对方产生了亲近感。

而这所有的一切，其实是政治家故意安排的。当人们发现杰出的权威人士也会有很多弱点时，过去对他抱有的恐惧感与诸多成见就会消失不见，为其省掉很多麻烦。

能放下架子做"弱者"，在某种意义上来说，也是人生在世的一种姿态。而且善于选择示弱的方式，在交际中也非常重要。

美国心理学家调查发现：一名彪形大汉在拥堵的马路上横穿而过，愿意给他让路的车辆还不到50％，因此出车祸的概率很高；但是一个老弱病残的人横穿马路，却有很多人相让，大家都觉得自己是做了善事，因此车祸率几乎为零。

看看，弱与强，在某种时候，收到的效果截然相反：示弱，让人处于强势的地位；而强硬，则反而处于弱势的地位。示弱，可以是个别接触时推心置腹的长谈，幽默的自嘲，也可以是在大庭广众之中有意以己之短，托人之长。如果你碰到的是个有实力的强者，他的实力明显高于你，那么你不必为了面子或意气而与他争强。因为一旦硬碰硬，虽然有可能战胜对方，但毁了自己的可能性更大。因此不妨示弱，以化解对方的戒心。以强欺弱，胜之不武，是大部分的强者不屑于做的。

聪明的人会在职场的竞技中隐藏智慧，甚至千方百计地显示自己比别人蠢笨，这就是我们常说的"守拙"，这是掩饰自己、保护自己、积蓄力量、等候时机的人生韬略，经常在职场或敌对斗争中使用。

中国有一句成语叫做"锋芒毕露"，锋芒本指刀剑的锋利，如今人们将之比作人的聪明才干。古人认为，一个人如果看上去毫无锋芒，则是扶不起的"阿斗"，因此有锋芒是好事，是事业成功的基础。

在适当的场合显露一下自己的"锋芒"也是有必要的，但是要知道，锋芒可以刺伤别人，也会刺伤自己，所以在运用的时候要小心谨慎。物极必反，过分外露自己的聪明才华，会导致自己的失败。尤其是做大事业的人，锋芒毕露，尽展自己的聪明和优秀，非但不利于事业的发展，甚至还会失去自己的身家性命。

顺治十八年（公元1661年），顺治帝驾崩，其第三子玄烨即位，即康熙皇帝。当时，康熙才七岁零九个月，年龄很小。顺治临终前便把索尼、苏克萨哈、额必隆和鳌拜四人叫来，让他们做顾命大臣，尽心尽力辅佐小皇帝康熙。

当皇帝年满十四时，有了可以亲政的能力，鳌拜却一点还政的意思也没有。康熙十分不乐意，一心想除掉这位压在自己头上的大臣，不愿再当傀儡。于是，他开始暗中增强自己的实力，筹划这一切。他知道鳌拜在朝廷里势力庞大，用公开的手段绝对解决不了问题，反会激化矛盾，引来大麻烦。于是他隐藏了自己的实力，表面上一再容忍鳌拜，有时甚至装出畏惧鳌拜的样子，意在麻痹鳌拜。

康熙还一再给鳌拜一家加官晋爵，连鳌拜的儿子也当上了太子少师。对于鳌拜的蛮横无理，康熙也听之任之，从没有异议。背地里，康熙招募了一匹"小童军"。这些"小童军"是从满族权贵人家挑选出的一批身强力壮的子弟，跟皇帝年龄相仿，平日里一起练习摔跤。

训练"小童军"的事情在鳌拜看来就是小孩子的把戏，他认为皇帝也和这群孩子一样，淘气得很，不问国家大事只知道打闹找乐子。这更让鳌拜放松了警惕，心中暗喜不已。

终于有一天，鳌拜进宫汇报这几日发生的事，却见到康熙正和他的"小童军"练习摔跤，这些小孩见到鳌拜突然冲上前来，抱腰的抱腰，拧腕子的拧腕子，蹬腿窝的蹬腿窝，一下子和这位满人眼里的"巴图鲁"大臣较起了劲。初时，鳌拜还以为小皇帝跟自己闹着玩，便听凭那些娃娃掰自己的腕子，揪自己的辫子。

等到一群孩子把他扳倒在地，他才觉得不大对头，斜着眼去瞧指使他们的皇帝，只见康熙一脸冰冷，又听得小侍卫们满口怒骂，方觉得大事不妙。这时他再要挣扎已经迟了。鳌拜一下子被捆了个结结实实。

康熙正是因为隐藏了自己的真正实力，麻痹了对手，才一举抓获强敌鳌拜，获得了最终的胜利。

兵书上说"兵不厌诈"，在职场中也是一样。故弄玄虚、隐藏实力、

放烟幕弹让竞争对手捉摸不透、看不清自己战略意图的方式，往往能收到震撼性的效果。

你难以改变自己实力的强或弱，但可以用示弱的方式，为自己争取有利的位置，为自己减少一些不必要的麻烦。适当地示弱，可以减少乃至消除别人的不满或嫉妒，使处境不如自己的人心理平衡，对你放松警惕。

凡事如果逞强好胜，往往会弄得头破血流；但是如果适当示弱，则很容易被别人接受。因此，做人做事，懂得适时地示弱，会成为最后的赢家。就像一些脍炙人口的历史故事：三国刘备，屈皇叔之尊三顾茅庐，终于得到了诸葛亮的誓死效忠；西汉韩信忍胯下之辱，最终叱咤风云，成为一代名将等等。这样的事情不胜枚举，他们都是靠"示弱"赢得了满堂彩。

示弱有时是一种胸怀，也是一种美德。大海之所以伟大，是因为宽广的胸襟，有过人的胆量，它站在最低处，从不张扬，所以能容纳百川。人也是如此，有时降低一点自己的"高度"，会收到意想不到的效果。

沈从文虽然小说写得很好，可他的授课技巧却很一般。他颇有自知之明，上课时开头就说："我的课讲得不精彩，你们要睡觉，我不反对，但请不要打呼噜，以免影响别人。"这么"示弱"地一说，反而赢得学生们的好感，拉近了师生之间的距离。

对手当前，不能不抗。不抗，你是必败无疑；但也不能硬拼，硬拼，胜败同样没有绝对把握。此时，故意示弱倒不失为良策。在特定的情况下公开承认自己的短处，有意暴露自己某些弱点，可以说是高明的策略。

木秀于林，风必摧之

李小姐终于如愿以偿地被一家公司以高薪聘用了，怀着激动的心情，她开始了职业生涯。她急于向老板显示自己对此行业以及所负责的项目了解甚深，因为，她认为自己是由于对此行业具有丰富经验才受到该公司聘用的，并且这一领域对于公司而言尚很陌生。而且上司看上去对李小姐也十分满意，在其任职的第一天便向她咨询问题，随即又告诉她，倘若有任何的建议，不要犹豫，尽可大胆提出。

作为一名经验丰富的职员，显然李小姐缺乏对职场规则的了解。她此时已经被满腔的工作激情和急于表现自己能力的欲望所支配，李小姐严重误解了上司的意思。

李小姐很快发现了所在部门在组织方式、任务分配，以及项目执行上均存在诸多问题，她认为公司也必然希望她能够将此提出。同时为了显示自己的优秀，也为了引起上司的注意，她开始频繁地在公共场合提出自身的建议，急于博得老板的好感。但是不幸的是，她所面对的是一位极力使一切按部就班的上司，他当然不会对李小姐的建议产生兴趣。

让李小姐感到更为惊奇的是，上司不再重用她，非但没有采纳自己的建议，反而将她调往另一部门。但是，李小姐并不喜欢这个部门，因为在这个部门里的工作一点技术基础都没有。在这个陌生领域里，李小姐感到了前途的渺茫，并最终导致自己的工作表现极为糟糕。一年之后，她初来公司所期望的荣耀与机遇并未如约而至。

有才华的人急于表现自己的优秀，结果锋芒毕露，最后一定会为自己的幼稚行为悔恨不已。正所谓"木秀于林，风必摧之"，一个人表现得太过优秀，太过耀眼只会给自己带来灾难。在公司里，你一定要让别人注意到你的才华，但是又不能完全暴露自己的才华，不加掩饰的才华是危险的。正如案例中的李小姐一样，她的聪明才智显示出了上司的无能，这当然是致命的错误。表现自身聪明才智并不是为了使自己"冒尖"或者引人瞩目，而是为了赢得老板永远的支持。一旦你成功证明自己值得信赖，并且是团队中不可或缺的一员，他们便会恳请你提出建议。这时你的上司们将会为倾听你的良策做好一切准备，并全力对其加以支持。

当然，还有很多公司职员存在着与李小姐同样的想法：他们认为公司是因为自己的聪明才智才加以雇用的。因此，他们急于表现自己的知识和阅历，毫不吝啬地大提建议，畅言自身想法，在会议上纠正老板的错误，为使事情发展更好而贡献各类策略，指明如何改进流程。那么，看过这个案例后，你是否意识到自己做法的不明智呢？

自身尚未具备这种权力便做出如此举动，在公司看来，这是对公司威信的挑战和对于工作现状的不满。公司并不希望你真正表现出自己的聪明才智，除非你对老板能够表现出足够的尊重。无论你的出发点何其良好，在没有获得公司大权时，你的做法只会令上司感觉到威胁，公司也会将你视为分裂分子。

你的优秀不仅会成为上司眼中的威胁，更会成为周围同事的威胁。因为你的优秀让同事感觉自身地位的岌岌可危，让他们认为你有取代他们的威胁。当他们产生这种想法时，你便会被孤立，工作的开展也会非常不顺利。而你的状况，你的不良人际关系，恰好成为上司认为你"没有合作精神"的理由。如果你要表现自己，就需要时时提防四周的"明枪暗箭"。

唐朝诗人刘禹锡，虽然才富五车，诗名很大，但是为人爽直，有时做人不够圆通，因此惹来不少麻烦。

当时有种风俗，举子在考试前都要将自己的得意之作送给朝廷有名望的官员，请他们看后为自己说几句好话，以提高自己的声誉，称之为"行卷"。襄甲有位才子牛僧孺这年到京城赴试，便带着自己的得意之作来见很有名望的刘禹锡。刘禹锡很客气地招待了他。听说他来行卷，便打开他的大作，毫不客气地当面修改他的文章。刘禹锡本是牛僧孺的前辈，又是当时文坛大家，亲自修改牛僧孺的文章，对牛僧孺创作水平的提高是有好处的。但牛僧孺是个非常自负的人，从此便记恨于心了。

后来，由于政治上的原因，刘禹锡仕途一直不很得意，到牛僧孺成为唐朝宰相时，刘禹锡还只是个小小的地方官。一次偶然的机会，刘禹锡与牛僧孺相遇在官道上，两个人便一起投店，喝酒畅谈。酒酣之际，牛僧孺写下一首诗，其中有"莫嫌恃酒轻言语，憎把文章逼后尘"之语，显然是对当年刘禹锡当面改其大作一事耿耿于怀。刘禹锡见诗大惊，方悟前事，赶紧写诗一首，以示悔意，牛僧孺才解前怨。刘禹锡惊魂未定，事后他对别人说道："我当年一心一意想扶植后人，谁料适得其反，差点惹来大祸。"

真心为他人指正错误尚且有错，更何况毫无掩饰的锋芒外露呢？在公司中太过优秀，易遭人嫉妒，甚至成为自己成功的障碍。

最大的生存智慧不是表现的多么强大，而是表现的多么弱小。如果连存活之道都没有，反而招来周围人的排挤，就谈不上发展壮大了。德国有一句谚语："最纯粹的快乐，是我们从那些我们羡慕者的不幸中所得到的那种恶意的快乐。"换句话就是说："最纯粹的快乐，是我们从别人的麻烦中所得到的快乐。"也许你觉得人性并没有这么险恶，但是你不得不承认，对方一定会对你的不幸给予同情，却不一定会因为你的快乐而快乐。

古人云："君子要聪明不露，才华不逞。"如果一个人总是喜欢显露自己的才干，表现自己的优秀，那么他必然会遭受很多的挫折。要在公司中生存下去，就要学会适当隐藏自己的锋芒，以避开一些明枪暗箭。

女人要像男性那样思考

大家知道，思维方式决定着一个人的事业是否能够做强做大。事实上，在以男性为主导的职场环境中，男性建立了专有的职场游戏规则。女性要想在事业上有所成就，分割半壁江山，不妨从了解男性的职场游戏规则开始，试着像男性那样思考和行事，学习他们的一些优秀职场品质。

1. 直接要求

相对男性来说，女性的胆量较小，脸皮较薄，女性通常害怕遭到拒绝，所以很难说出自己心里真正的要求。在职场中，当提案遭到主管退回时，对女性而言就意味着绝对否定，没有机会甚至挫折。而男性却认为"拒绝"不一定是坏事，或许代表了仍有许多其他的可能性，现在遭到拒绝，以后还有机会，可以换个方式再接再厉，或根据问题点重新修正提案，他认为谁都有遭到拒绝的时候，总有被接受的机会。

因此，女性应该改变自己敏感、脆弱、太过注重面子的特点，重新规划自己的事业目标，相信自己有能力成功，并将失败与挫折变为下一次机会的动力，相信自己终有成功的一天。

2. 善于表达自己的看法

男性从小就被鼓励做事要勇敢，要勇于表达自己的看法。他们参与各项比赛、运动竞赛等活动，早已经习惯竞争和输赢。因此，很多男同事在会议中总是非常踊跃地发表意见，滔滔不绝，似乎有备而来。事实却可能是：他对提案没有你熟悉，而且你手上准备的资料也比他更周全。但你从没有机会表达你的意见，主管不知道你的存在，更难想象你的专业程度。

可见，除了充分的专业准备外，关键在于你是否掌握表达的机会，让自己站上舞台，展现你的实力。

3. 主动出击，赢得注意力

男性惯于主导职场环境，一有机会便很自然地推荐自己，争取表现的机会，扮演火车头的角色。相较之下，女性比较习惯默默耕耘，等待主管的赏识。但在现代职场上，这种现状必须要改变，身为职场女性你一定要主动定期向你的老板报告团队的最新工作绩效，反映自己优秀的领导能力。同时主动与其他相关部门建立关系，介绍你的职务，让他们了解你能为他们做什么，你有什么资源可以分享。

职场中的女性适当出出风头完全必要，不要管别人怎么说。你只需要知道，同在职场，不可能所有人都在同一条水平线上，总得有人当领头羊。你要实现你的理想，不仅要有丰富的思想，更要具备自我推销的才能，在必要的时候可以适当地让上司听到你的声音，从而博得上司的注意和赏识，你的职场面貌也就能焕然一新了。

4. 不要苛求每个同事都成为朋友

女性在职场中应以工作职务为标准，不要因为朋友的关系而影响了对公事该有的专业判断。即使彼此不是朋友，只要工作上能配合，能共同达成目的，就可以合作。夹杂私人感情在工作里，反而会影响工作效率。在公司内，如何与同事保持适当距离非常重要，若时时要顾及朋友情谊而误了公事，必定会产生负面效果。

5. 接受风险，随时准备接受新挑战

每一个决策的背后都有风险，但风险是可评估的，若不踏出新的一

步，就没有成功的机会。男性面对相同的问题时，则会很乐观地接受新任务，虽然他自己也可能不知道从何着手，但他不会让别人知道。他相信自己一定能办到，不需担心。新挑战意味着新的表现机会，其中充满了不确定性。女性应该增加对自己能力的信心，因为别人面对的问题与你一样。

女性常为了安全感，保守地待在原地。总有一天别人会轻易地夺取你的腹地。女性可训练自己逐步接受风险，不必害怕改变。学习的过程，甚至是失败的经验，都能帮助你承受更大的决策与风险。

6. 扮演稳定的力量

当公司企图发展新事业时，领导人往往自己也不清楚该如何开始，此时他会指派一位主管作为新事业操盘人，开始进行所有的作业。

一旦你成为新操盘人，即使没有丰富的经验，也不要为此心虚。若你一直害怕自己无法完成，就永远无法成功，而且你散发出的恐惧也会影响别人的支持和感受。应调整角度，相信自己有足够的专业能力达成，因为这是老板选择你的原因。事实上，没有人能百分之百掌握正确答案，但她们都假设自己知道。所以你要停止担心，开始行动，踏出第一步。

7. 目标清晰，小处着眼

在职场，男性目标清晰，非常清楚终点目标的位置，不会偏离跑道，能以阶段性的方式完成各个短期目标，有效且精确地到达终点；女性则倾向同时处理很多方面的事务，包括家庭与事业，希望能同时兼顾所有的事。正因为她们耗费很多心力在各项责任中，因此常感到工作过量，力不从心，承受较大的工作压力。

建议女性在工作环境中，先确认首要目标，将焦点集中在首要目标，完成后再逐步进行其他任务，理清工作中的轻重缓急，有助于提升工作绩效，引领你快速到达目标。

8. 不要私下抱怨

工作碰到瓶颈或挫折时，女性习惯私下向朋友或同事表达各种抱怨与烦恼，最后可能全公司的人都知道你的挫折。结果是没有解决原有的困

难，却换来团队成员对你的不信任。

作为一个女性主管，不要期待别人替你解决烦恼。你要设法寻找其他平衡情绪、缓解压力的方法，不要让在公司里的抱怨变成自己的负担。

9. 配合团队作业

女性通常因考虑太多，同时在自我保护的外衣下，排斥与别人分享资源，喜爱自行其是，因而无法共同达到团队目标。男性则比较能配合团队领导人的指令，拿出最佳本领，协助主管完成目标。

女性应充分了解在团队整体目标的前提下，须舍弃自我的观念和坚持，因为团队领导人将担负所有的责任与压力，只要身为团队成员，都应尽全力协助领导人。

10. 与核心人物靠近

在职场上，选择会议室位置的细节也能反映你的自信度。开会时，女性通常会选择后面的位置，与老板保持距离，或和朋友坐在一起，感到较有安全感。她们在潜意识中认为，前面的位置是留给主管及老板的。相反的，男性则会非常自然地坐在前面。不论你有多么专业，坐在后面就显示得自己较不重要。会议位置象征权力的奥妙转移，女性应该坐在会议室前半部分，让老板看得见你，有机会询问你的意见，对你有印象。

PART 3
野心VS成功

　　越来越多的在都市生存的女子都会问自己一个这样的问题：当事业和爱情触礁，该选择哪一个？曾经，男人主外女人主内的年代，女人根本不用考虑这个，而今，女人和男人一样在职场拼搏。事业的机会幸运地降临到了自己的头上时，恰恰不巧的是与目前的感情发生冲突，我该怎么办？放弃哪一边呢？女人担忧的是怕选了其中任何一个结果都是会留下遗憾。

　　事实上很多人在面临二选一的问题时，总会有这样的感觉：选定了一方，却发现对另一方也是如此牵挂，于是认为自己选错了，造成了终身的损失。就好像张爱玲在《红玫瑰与白玫瑰》中所说的："娶了红玫瑰，久而久之，红的变了墙上的一抹蚊子血，白的还是床前明月光；娶了白玫瑰，白的便是衣服上的一粒饭粘子，红的却是心口上的一颗朱砂痣。"

　　当爱情和事业发生冲突，感性的女人选爱情，理性的女人选事业。

　　尤其刚走出校园不久的年轻女子，往往具有更强烈的事业心，渴望更精彩的人生，不甘心一辈子平平庸庸，只因为：选择了爱情，自己的未来大体就有了基本的轮廓，而选择了事业，自己的未来还充满了未知的诱惑，与稳定的恋爱相比，大多数女人都会更期待这种未知的精彩！

　　女人就该趁着年轻多体验一下世界的精彩，毕竟，与恋爱相比，事业更加难得。既然有优秀的本钱，就不要光想着保值，让自己升值才是根本！

　　失去一段恋爱，日后回忆起来，只是会觉得有那么一点点遗憾。而失去一段精彩的人生，却会是一辈子的痛事！不论何时，有野心的女人总能成功，只因为有前进的目标和动力！

　　过来人都知道，这个世界，朋友会出卖你，男人会背叛你，惟有自己

真正靠得住。女人，自己强，比什么都强！

现代职场女性一定要具备一点"野心"，它是使你获得更好生活质量的强大动力，心理专家研究显示，"野心"是获得成功的关键要素。

美国加利福尼亚大学的心理学家迪安·斯曼特经研究认为，"野心"是人们行动的初始促推力，人们通过培养"野心"，可以增加力量攫取更多的资源。当然，也一定要承认，"野心"从某种程度上来说，是一个危险的"零和游戏"：你多占有了资源，别人所拥有的就减少了。依据这种说法，所有人应该都有"野心"才对。可实际上，不同的人在"野心"方面也存在巨大差别。

在对待"野心"这个问题上，怎样做到既推进事业发展，又不损害他人的利益和自身健康？那就是要保持"野心"适度。

为了做成一番非凡的事业，我们必须要怀有"野心"，对于未来要抱有强烈而良好的憧憬，只要可能，都不妨尝试，如此才能更好地全面地发展自己。

不管怎么做也不可能变成现实的梦想，永远只是梦想。可能的事业，完全可行的事情却不是梦想，而是切实的"计划"。梦想、野心、欲望，既然要拥有它们，那就大胆果断地选择看似做不到的东西，无论你梦想有多么大，别人也不适宜说什么，说不定还真的实现了呢。

假如有一天你对外吐露了原本认为荒唐的野心，有一些人听完你的话之后牵制你，或者远离你，那就等于是承认你有做好这件事的能力。以后你就要更坚定地相信自己，坚持行动到底。

而且面对挑战，你一定要勇敢向前。若稍微犹豫不决，机会往往就已经一去不返了。假如由于暂时的困难而逃避，不但这次机会，有时连下次、下下次机会都被断送。或许，人生就是不断去打开一扇扇新门。我们可以这样想：你住在一个安乐的房间里，虽然这个房间不能让你一切都心满意足，可是也还算凑合，谈不上很幸福，也没有任何不幸。然而，除了我走进来的那一扇门，还有别的不知道通向哪里的门。

是不是推门出去，惟有你自己才可以决定这件事。你完全可以继续留在你目前所处的房间，这个尽管不是完美但也不算差的房间，当然你也可以自主地推门出去。一旦你推门出去，你就再也回不来了，这就是适合每一个人的游戏规则。

因此，当机会到来时，你一定要记得告诉自己："只要我下决心去做，我就一定能够做好。"不过，他人惟有看到我们把事情做得怎么样，才能对我们做出评价。出去，还是留下来。不管你做出何种决定，结果都是你将成为什么样的人的答案。

"野心"可以促进女人的成功，然而倘若这种"野心"是以挖别人墙脚为前提，或者通过损害他人利益才能实现自己的利益，那就要把这种"野心"放在道德和法律的规定范围内，学会控制好自己。此外，要对"野心"进行必要的引导，在"零和"环境中，你多占有一点，他人就少获得一点，因而"野心"一直以来不受欢迎。而如今飞速发展的社会，为双赢模式的实现提供了更多的可能性，你的"野心"对于开拓新的利益空间、探索未来领域，有不可替代的巨大作用。

"野心"永无止境，因此要懂得把它调整在一个合适的限度之内，让它充分发挥对人的积极激励作用而不损害到他人。假如一个女人在"野心"的极度膨胀下，把自己的私欲建立在他人的痛苦上面，最后的结局也必然是缺乏牢固基础的成功。因此，激发你的"野心"是你迈向成功的内在动力，懂得控制让你能够长久地享有成功的喜悦。

女性要想创造出突出的业绩，除了故有的专业能力之外，还需要练就其他多项特质，这样一来，才更有可能在男性众多的事业体系中突围而出。所以，时刻学习与培养企图心和自信心，是对所有女性的首要要求。

职场即战场。如果你想要得到晋升，与之伴随的竞争和搏击就不可免除，此时，你惟一最可依靠的就是自己的坚强意志。切勿常常觉得自己很可怜，装柔弱或轻易落泪，那只会破坏你坚强的新女性形象，职场中女性如果甘愿摆出弱者姿态，就已经注定与晋升绝缘。请你从重建"企图心"和"自信心"开始，学会正确得当地评估自己，这是职业女性走向成功的第一步！

PART 4

习惯谎言交往的世界

　　小E与小T差不多是同时进这个单位的，但他们并不怎么来往。大概是两人性格相差太大了。小E特别开朗，每个同事和小E关系很好，而小T比较内向，每天都看他皱着眉头，不知道在烦恼什么事情。

　　因为小E的工作表现和为人处世，领导准备提升小E，正好他们办公室主任要退下来，领导找他谈话，让小E接替这个位子。也不知道谈话内容怎么被小T知道了，他就开始冷嘲热讽，意思是：小E是个圆滑的人，很会拍马屁。他也不顾忌什么，这种话就当着所有同事面前说了，让小E特别尴尬。小E也不和他一般见识，就等着"任命状"批下来。

　　"任命状"如期批了下来，但他们单位有这样一种规定，就是还要等一段时间，征求大家的意见，才能正式走马上任。这虽然是走走形式但既然是规定也不得不遵守。

　　但过了一个星期，上级领导来找小E谈话了，很严肃的样子。他说单位收到了匿名信，说小E生活作风有问题，还煞有介事地写道"某年某月某日有某个女人进了他的家"。看了这样的罪状，小E差点吐血，这一老掉牙的招数现在居然还在使用，大概是觉得小E爱人在外地工作，小E就会有被怀疑的理由；信的署名是"一个打抱不平的同事"。小E第一个怀疑的人就是小T，因为平时嫉妒、排挤、抢功总少不了他的份，而他一开始的表现也实在让小E怀疑。幸好领导对小E特别了解，也对这种匿名告状的形式不屑一顾，最后这件事就不了了之了，小E还是如愿升上了办公室主任的职务。

　　在小E升职之后没几天，小T主动提出了辞职，这样小E就更确信是他了，虽然小E对小T不算太了解，但从这段时间他的表现，已经猜出大概了。小T的匿名信并没有影响小E升迁，但这件事使他确实领略到了"暗箭"的厉害。

"职场如战场"是很多人心知肚明的"真理"，事实上也确实如此。正因为人心难测，看似风平浪静的外表下也许正暗藏着怒气冲冲的杀机。稍不注意，哪怕是一颗小小的"流弹"也会把你打得粉身碎骨。

常言道："明枪易躲，暗箭难防"。话是这么说，却还是有很多人栽在同事放出的"暗箭"上。对于那些我们看得见的敌人，我们可以防患于未然；可是对于那些职场里涌动的暗流，我们却毫无准备。如果你没有一颗时刻警惕的心，迟早摔跤。

有的人不一定非跟你过不去，但却有意无意地排挤你，你的努力工作被认为是表现欲强，对同事的关心被认为是虚情假意，同时还会不经意间散布一些小道消息来攻击你。在这种"暗箭"之下，你的工作情绪自然会受到影响，怎么应对就成了当务之急。

办公室里的明争暗斗，比真实的江湖更加激烈残酷，正所谓"人在江湖漂，哪能不挨刀"。虽然在这里不见刀光剑影，却自有人频频中招。在这些伤人不见血的"武器"中，最可怕的还是这枚"暗箭"。

你身边那些天天对你微笑的同事是否和善、友好？那你是否又自认为十分了解对方了？如果你太自信自己的判断，那么你可能正处于危险的境地中。可能到了被炒鱿鱼时，还不知道是谁在上司和老板面前打你的小报告。

一家金融机构的职员陈某道出了自己在职场中所遭遇的"暗箭"伤身事件，"对于我们做市场的人员来说，客户资源是最重要的，薪资待遇都与客户发展情况直接挂钩。我们的办公室是那种开放式的，来往电话声音稍大一些，就会被同事听得清清楚楚。原以为大家公平竞争，会相安无事，所以我毫无防范意识。直到有一天，当我费尽周折终于锁定了一个大客户，准备跟他签订合约之时，对方竟惊讶地问我，合约不是已经签署完毕了吗？我顿时警觉，马上意识到可能发生的问题，但为了维护公司的形

象，我也只含糊应对，点头称是。我很快就查到了背后捣鬼的家伙，这一箭之仇让我痛心万分，绝不能哑巴吃黄连，便宜了他。虽然他对我处处提防，可功夫不负有心人，我很快就抢走了他好几个客户。"

他的这种做法虽然解了心中的怨恨，但是结果又如何呢？他说："本来以为报复了他，心里会很爽。可这'以牙还牙'之后，我居然患上了心理疾病。因为老担心他会在背后捅刀子，我干什么都只能偷偷摸摸，给客户打电话只敢拿着手机到没人的地方偷着打，一听说客户要发传真，就守着传真机不敢走开。我这心里真是越来越窝得慌。"

一方面我们要做到"知己知彼，百战不殆"，但是另一方面却是"千防万防，小人难防"。遭遇了同事背后的"暗箭"后，我们究竟应当如何处理呢？职场专家给我们开出了四剂良方：

第一剂：调整心态，坦然面对

我们所处的职场也是一个浓缩的社会，形形色色的人都可能出现。作为一个成熟的职业人，不仅要做好与"好人"打交道的准备，更要学会如何与"恶人"和平共处。有时候我们是会看到一些阳光背后的东西，这些会对我们的心理带来很大的冲击，但我们既不能因此就一味的害怕退缩，也不能就此打破了和平的环境。"谣言止于智者"，"清者自清，廉者自廉"，苟且偷盗或投机取巧之人也只会得一时之利，终不会长久。在职场中要练就一副金刚不坏之身，学会调整心态，坦然面对，或向家人倾诉，或进行自我放松，及时化解心中的郁闷。

第二剂：随机应变，迅速将问题化为无形

我们作为公司的一分子，自身的利益总是会与公司的发展休戚相关，在我们处理矛盾问题时，一定要有一种全局观念。

上面所提到的陈某在处理大客户被同事抢走的事件中，其实他开始做得还是很好的。当他与客户联络时突然发现问题，他立即采取了冷静对待，消除误会的策略，没在客户面前暴露公司内部的矛盾。不然，让我们预想一下后果，很可能是不仅抢不回客户，还会使公司名誉扫地，破坏双方的长期合作，并招致领导的批评和责难。所以，当我们不幸遭遇这样的暗枪暗箭时，切不可意气用事，而要随机应变，尽可能地迅速将问题化为无形。

第三剂：练就职场防身术

遇事总能逢凶化吉，逆境中也能平步青云的职场高手，往往都有一套巧妙的防身术。要想在激烈的竞争环境中发展壮大，首先要学会保护自己。"吃一堑，长一智"，当我们遇到这样的坎坷时，千万不要只认为这是上天不公，而自认倒霉，或许这正是帮助我们练就一身职场防身术的大好机会！但也要切记，决不可因为防卫过当而破坏了团队合作，更不能无端猜疑，而招致群起而攻之，孤立无援。

第四剂：以宽容与爱治愈人

我们每个工作日除了晚上睡觉，大部分时间都要在办公场所度过，谁都需要一个愉快平和的办公环境。所以即使你被别人伤害了，也不可剑拔弩张，睚眦必报，尤其是我们中国人最在意面子了，一旦撕破几乎就不可能再复原。这时候我们需要一种换位思考：即使是"恶人"也会有恻隐之心。当他们对你采用了某些不正当的手段时，常常也对你的反应做出预测。

如果你不像他们想象的那样暴跳如雷或以牙还牙，反而宽容了他们的所作所为，还能以德报怨，用关爱来原谅他们的过错。职场上毕竟罪魁祸首都是利益惹的祸，真正的大奸大恶之人其实是极少的。宽容不仅是一种美德，还是一种智慧，以宽容与爱治愈人绝对是一剂灵丹妙药。

PART 5
女人要会用点"心计"

职业女性要想取得成功，除了具备优秀的工作能力之外，还要学会在职场中用点"心计"，学会沟通，善于交际。这样才更容易获得他人的认可，成功地推销自己，最大限度地实现自己的价值，成为职场女赢家。

赞美，要出其不意

人性的特点就是：我们总是喜欢批评别人而讨厌被别人批评；我们总是喜欢别人的赞美，而忘记赞美别人！

一提起赞美，可能有人马上就会把它与巴结讨好、阿谀奉承联系起来。尤其是对女性，如果她善于赞美，甚至可能会招致流言蜚语。其实，赞美和阿谀奉承完全是两回事，赞美是为了协调人际关系，以表达自己对别人的尊重和欣赏，促进了解和增进友谊。

这是因为，人天生都希望得到别人的赞美，每个人对他人都有一种心理期待，希望得到尊重，希望自己应有的地位和荣誉得到肯定和巩固，这就需要得到别人恰如其分的欣赏和赞美。

成功学大师卡耐基小时候曾有一段时间住在密苏里州乡间，一次他父亲豢养的一头血统优良的白牛和几只品种优良的红色大猪，在美国中西部地区的家畜展览会上获得了特等奖，他的父亲也因此赢得了特等奖蓝带。

自此以后，每当卡耐基的父亲高兴的时候，他就会把那枚蓝带别在一块白色软布上，放在手里把玩半天，而且只要有人来家中做客，他总要拿出来炫耀一番。

其实，那些真正的冠军——牛和猪并不在乎那枚蓝带，倒是卡耐基的父亲对它十分珍惜，因为这枚蓝带给他带来了荣耀和称赞。

林肯曾经说过："人人都喜欢受人称赞。"威廉·詹姆士也曾经说过："人类本质里最殷切的需求就是渴望被人肯定。"可见，我们每个人，当然包括男人和女人，都希望自己受到别人的重视。尤其是男人，他们更希望能够引起女人的重视，更希望从女人那里获得肯定。作为一名女性，如果你想与别人相处得十分融洽，如果你想成为一个受欢迎的人，那么你首先要做的就是满足他们的这种心理，去真诚地赞美他们。

一位著名企业家说过："促使人们自身能力发展到极限的最好办法，就是赞赏和鼓励……我喜欢的就是真诚、慷慨地赞美别人。"女性朋友们，如果你真心诚意地想要搞好与周围人的关系，就不要光想着自己的成就、功劳，别人是不理会这些的，而是需要去发现别人的优点、长处、成绩，不是虚情假意地逢迎，而是真诚地、慷慨地去赞美。

较之男性，女人间的相互赞美，更能满足对方的某种内在渴求。来自同性的赞美，往往会使对方听来十分亲切真实，完全是发自内心的欣赏，这会使对方产生一种"知音"的感觉，因而能增进彼此的友谊，缩短交际的距离。

可见，赞美是一种力量，更是一种技巧，一种智慧。所以，假如你希望每天都能有愉快的心情的话，那么就真心地说出别人想听的话吧！

1. 赞美要抓住时机

恰当的时机和措辞能使赞美更具效力。爱听恭维话是人的天性，虚荣心是人性的弱点。当你听到对方不失时机的吹捧和赞扬时，心中会产生一种莫大的优越感和满足感，自然也就会高高兴兴地听取对方的建议和意见了。

2. 赞美要恰如其分

每个人都爱听恭维话，你对别人所说的恭维话，若恰如其分，他会很高兴，并对你产生好感。例如，对青年人应赞美他的创造才能和进取精神；对老年人应赞美他的身体健康、富有经验；对于商人，你应夸对方生

财有道、日进斗金、手腕灵活、财运高照等。

3. 旁敲侧击，间接赞美

直接赞美是日常生活中最常见、最常用的赞美方式，不通过中介，直抒胸臆，把自己的赞美之情直接向对方倾吐。相比之下，间接赞美则更富有技巧性。你可以通过赞美与他有亲密联系的人、事或物，来折射对一个人的赞美之意。比如：为了赞美一位女性，你可以赞扬她的女儿漂亮、聪明、有出息，或者赞扬她的丈夫能干、会来事，这样也可以很好地达到间接赞美她的目的。间接赞扬一个人还可以不当面对他表达你的称赞和肯定，而是对别人说，通过别人的口把你的赞扬传到他的耳朵里。这种赞扬对化解矛盾的效果很好。

4. 赞美不可言过其实

过分的赞美对受赞美者有百害而无一益。俄国寓言作家、剧作家克雷洛夫说过："过分的赞美对于心智是有害的。"高尔基也认为："过分夸奖一个人，结果就会把人给毁了。"如果你夸奖时随意把事实夸大，把人家的七分成绩说成十分，把人家本来很朴素的想法提高到理想化的境界，评价失实，只能产生消极作用。

5. 赞美要想好恰当的词语

女人在表扬或称赞他人时一定要注意措辞，以免词不达意，反令被赞者极为尴尬。我们在列举对方身上的优点或成绩时，不要举那些无足轻重的内容，比如向客户介绍自己的销售员时说他"很和气"或"纪律观念强"之类和推销工作无关的事。我们的赞美中也不可暗含对方的缺点，比如一句口无遮拦的话："太好了，在屡次失败之后，你终于成功了一回！"总之，称赞别人时在用词上要再三斟酌，千万不要胡言乱语。

6. 赞美需有远见卓识

赞美不仅要符合眼前的实际，而且要高瞻远瞩，具有一定的前瞻性和预见性，提升你赞美的高度，经得起推敲和时间的考验。事情还没有最终完成之前，赞美时一定要谨慎。须知，问题往往出现在最后的关头，"功亏一篑"，并非偶然有之。所以，赞美必须具有远见卓识。

7. 巧妙地把赞美变成请教

在我们赞美对方的同时别忘记讨教。你可以记得常用以下的句子：

（1）我很欣赏您，不知您怎样坚持到现在。

（2）我很钦佩您，别人做不到您却做到了。

（3）您真的不简单。请问您是怎样做到的呢？

变竞争者为合作者

小Q在一家房地产公司上班，工作出色、业绩显著，获得了很多大客户的称赞。但是她在公司里最大的困扰就是同事关系相处得并不融洽，有一个叫Leila的同事总是有意和她过不去，不停地找她的麻烦。只要小Q的工作出现一点差错，她就会到处大肆渲染；只要小Q的工作做好了，她又对小Q冷嘲热讽。小Q觉得自己遇到一个这么讨厌的同事，真是倒霉透了。

更令小Q生气的问题是在工作中，只要她谈成一个客户，Leila就会对上司说这个客户是她先认识的，还反口诬陷小Q在暗中抢她的客户。两个人就这么明争暗斗，小Q窝了一肚子的火。

要想在办公室里生存，要想在职场这个没有硝烟的战场上赢得最后的胜利，靠的是你的能力和智慧，靠的是你对进退分寸的拿捏和把握，靠的是害人之心不可有，防人之心不可无的谋略。你需要知道，职场上没有永久的敌人和朋友，这里只有竞争者和合作者，你要想混得开，只有和职场里方方面面的人物搞好关系、和平共处，才能在职场之路上有一席立身之地，才能走得远、走得高。

职场里争吵、冷战的现象屡见不鲜。同事之间常常在明中是朋友，暗中都视对方为死敌，于是，小小的办公室里也是硝烟弥漫。职场就是名利场，小Q的苦恼在现代职场来说非常普遍。工作上的激烈竞争，职场里每个人期望的目标不一样，加上背景和个性的差异，导致同事之间的关系非常紧张。身在职场，令人"崩溃"的压力无处不在。于是很多人开始感叹，职场中难道只有这种氛围吗？同事之间难道真的就无法和平共处吗？

　　造成我们工作压力的最大根源并不是因为同事之间这种不可化解的矛盾，而是我们可能不太在意同事之间的相处之道。只要沟通有度，就可以化解那层看似无法化解的矛盾。也许对于小Q的同事Leila那样的，想要井水不犯河水显然是有一定难度的。如何维护正常的同事关系，又能保持合适的距离呢？

　　遇到像Leila这样难以相处的同事时，需要做到适度而止，把握好三个度，即向度、广度和适度。所谓向度就是同事之间交往的利益所在。同事之间的交往和沟通的利益所在就是学习如何协同做事的经验、如何协同努力、相互尊重，共同获得工作的成就感。比如与Leila这样的同事合作就需要有宽容大度的气量，提升自己的修养，视角不能过于狭窄，否则不仅同事之间关系不和，而且相互之间限制对方的发展无非是伤人害己，自寻烦恼。另外，在同事之间沟通合作时要全面和辩证地看待问题，多发现和学习对方的优点，不做过激的行为，减少同事间的摩擦，不因为同事关系影响到工作的开展。只有搞好关系、和平共处才能皆大欢喜，取得各自的利益。

　　韩清是一所大学中文系的才女，在学校里一直担任记者团团长的职位，在各类报刊上也发表了不少的文章，在毕业的前一年还担任了校刊的主要负责人。在大学毕业后她进入一家IT公司担任网站编辑，老板很欣赏她的才气和文雅的气质。

　　才华横溢的她在职场上并不是游刃有余，相反，她在办公室里遭遇了处处碰壁的情形。因为老板总是夸奖韩清的才气，引起其他女同事的不快和嫉妒。而且，个性要强的韩清不喜欢求人，也不善于搞好同事关系，她与其他同事之间近乎没有交流。

　　韩清对电脑技术并不熟悉。有一次，她遇到一个网页设计上的问题，只好去问公司里搞技术的小万。IT业里靠技术吃饭，哪怕一个非常简单的问题，他们也通常不会轻易透露和给予解决。韩清看到小万这般不乐意的样子，赌气跑到隔壁办公室里求助技术总监去了。总监看到如此简单的一个技术问题竟然不去问周围的同事，竟然舍近求远地跑来求助，心里立刻留下了不好的印象。

又有一次，总监正好不在，韩清只好硬着头皮去问小万。小万表现得很不耐烦，韩清的自尊心受到了打击，发誓再也不问他了。后来幸好此时隔壁的技术部又来了一位男同事，韩清于是常常跑去求助这名新同事。久而久之，韩清和同一部门的小万的关系冷若冰霜，这种做法也让她的上司有了看法。韩清为此陷入了困惑与苦恼中。

松下幸之助说过："同事是一面镜子，不能省察于己，常是错失好运的原因。"韩清的问题在职场中也经常出现，心高气傲，不喜欢去讨好人，喜欢独立独行的做法会把自己和外界孤立起来。因此，这种做法就渐渐地疏远了自己和同事之间的关系，不仅影响到自己在工作上的发展，而且也给老板留下一个不善于沟通、不会搞好人际关系的印象。任何一家公司，良好的人际关系都是保持公司运作和发展的动力。一个矛盾不断，人际关系混乱的公司是长久不了的。所以，只有搞好人际关系，善于与他人合作，才能利于自身的发展，才能为他人、为公司带来利益和好感。

一个人在职场中人缘怎样、表现如何，往往可以通过同事们对其的态度和评价折射出来。每一个与我们一起工作的人都无时无刻不对我们形成看法、作出评价，并通过他们的意见和评判影响他们对我们的行为方式。因此，要想改变他人对我们的看法，首先要从改变我们对他们的态度开始。

同事既是你的竞争者又是你的合作者，这个矛盾的统一体常常让我们不知所措。其实，无论竞争还是合作，都是利益上的关系，是源自于利益上的冲突；另一方面来说，是竞争还是合作取决你自身的态度。如果你对他抱之以善，那么相信他也会友善地对待你，毕竟两人的合作会创造出更大的价值，而竞争只能让分享的价值越来越小。

同事之间必然存在竞争，但是不可因为竞争而视对方为仇敌，破坏与打压他人。在职场，只有心中无敌，才能无敌于天下。正如罗曼·罗兰所说："只有把抱怨别人和环境的心情，化为上进的力量，才是成功的保证。"我们要学会客观而正确地重新认识和对待同事，因为他不仅仅是你的竞争者，更是你的合作者，而抉择权就掌握在你自己手中。

流言蜚语是埋在身后的陷阱

与同事的八卦对你没有任何好处。

贝蒂是一名才能颇佳、青春靓丽、为众人所认可的员工。因为她对工作的态度十分积极，公司一度考虑将她提升到管理层。然而，此中却出现了一个重大问题，她经常与他人议论各种消息，当然并非全部都是具有负面性的流言蜚语，但至少大部分是。

无论喜欢与否，你都可以确定她必然会四处散布"新闻"。她视自己为公司的"新闻发言人"，这已然成为她与人沟通的首选方式。看似无害的习惯却成为她职业生涯的祸端。

在公司看来，她喜欢四处传播流言的毛病对于公司隐私的威胁，远远超过了她个人的价值。他们感觉贝蒂并不值得信赖，如果晋升她的职位，新岗位上诸多敏感信息万一被泄露出去又该怎么办？最终，她的大嘴剥夺了自己的晋升机会，并被默默藏于岗位之上。

许多年以后，她仍然坚持不懈地创造着令人瞩目的业绩，早已具备晋升的各种技能与才干，但是直至被开除的那一天，她仍然待在原岗位上。她永远想不明白为什么自己总是与升迁擦肩而过，即使她的资历远高于其他人。

在背地里议论别人的是非，绝对不是所谓的"交流"或"分享"，而是个坏习惯。相信每个人都玩过"传话游戏"，大家围坐一圈，一个人低声给旁边的人说一句话，一直重复直到传完一圈。最后的话往往已经不是最初的那句了。有时尽管你是在重复真理，但也会走了样。

如果我们不能为别人说好话，那就什么都别说。因为我们不再讲述消极的事情，所以我们就会更幸福。消极的想法导致消极的感受，消极的感受使幸福离我们更远。如果你因某人某事产生困扰，直接和他们交涉，没有理由去和其他人讨论，这不会带来任何正面的影响。你对别人埋怨，那个有问题的人却不知道原来还有问题存在，也就不能做出相应的调整。只有和问题中心人物交谈，而不是与别人闲话，你才能使自己和他人更幸福。

一旦我们开始谈论别人以及他们的缺点，所有伤害人的话语会轻而易举地从舌尖跳出来，我们甚至意识不到自己正说些什么。用莫须有的罪名来影射某人的品质，说这些的时候我们甚至眼都不眨一下。

有多少次谈话是以"我听说……"开头，以否定别人作为结尾。我们永远都不应该以此为谈话的开始，或者参与到类似的谈话中去，除非我们要赞扬某人。除此之外，如果散播谣言，我们会失去真正的朋友，唯一拥有的只能是其他散布谣言的人。他们是多么可怕的朋友啊，任何我们告诉他们的话，他们都会向别人复述！

当我们听到关于某人的吃惊消息时，抵制自己想转述的冲动吧。我们要发扬自我抵制的品质，尤其是在有人说闲话的场合。只有这样，我们才能避免负罪感，避免事后责备自己。

背后和同事的八卦不仅会伤害到他人，使自己变得孤立，更会成为公司领导所不能容忍的事情。人人都知道流言蜚语的危害，而且流言蜚语也会以各种形式出现在各个领域，无论其面目如何，它们对于你的职业生涯，均有害而无益。一般情况下，流言都会打着"言论自由"的幌子，因此上司不会告诉你它们的危害何其严重，但是公司每天都会秘密报复那些"妖言惑众"的人。

如果有一天你因类似问题出现在被驱逐名单之上，那么你完全不可能获悉自己被瞄上的真实原因，直至某天他们简单地将你抹去。

1. 流言蜚语会令你看上去不值得信赖

当你散播有关同事、老板及公司的流言时，也许自己只是感觉好玩而已，但是事实上，你已经为自己制造了一种"不值得信赖"的危机，而且这种危机会伴随你在公司的每一天。如果你的主管或上司在休息室中看到你在"八卦"，他们立刻会认为你是在他人背后蜚短流长，随即便会感觉，在他人面前你亦是如此议论他们的，这乃是人之常情。

主管清楚哪些人会八卦，哪些人不会。流言不但会使你看上去不值得信赖，信息本身最终也会传入当事人耳中，八卦对象由此便会获悉流言出处。

2. 流言蜚语会使你地位不保

流言会令自己暴露在被中伤者的攻击前。它会使你变得极为脆弱，因为其他人会将你道听途说的话语再次进行传播，最后所有人都会认为该话源出于你，即使你并非始作俑者。倘若该信息具有一定危害性，且管理层亦是如此认为，那么你将彻底完蛋。

流言蜚语会传遍公司的每一个角落。当这些话语传到当事人耳中时，他自然而然希望获悉此话从何而来，一旦你的名字上了对方的黑名单，你就等于又为自己树立了一个秘密敌人。嘴巴不严，会将巡洋舰击沉。无论你乱言何事，要知道公司对于嘴巴不严的人不会存在丝毫好感。

公司中不会有人告诉你，因为你喜欢蜚短流长，会为自己惹来麻烦。他们之所以如此，是因为你必然会以"言论自由"对其大加讨伐。但是他们掌控着你的命脉，你可以自由选择，他们亦可以凭借自身喜好进行决断；如果你触犯禁忌，他们便会秘密地剑指你七寸之处。

倘若你认为自己已经被盯住，或者受到"爱谈闲言"的怀疑，那么你需要立即去做两件事。

1. 远离那些爱传播流言的人

不要让公司或上司看到你与他们混在一起，即使你并未插言只是在倾听而已。因为即便如此，上司亦会觉得你赞同他们的行为，而且会认为你并不值得信赖。

2. 流言止于智者

任何流言蜚语传到你的耳中，都不要让它再继续存在。应该这样说"哦，我不希望听到任何人再对我讲类似的话语"或"我认为你说的那个人一定不希望此事为人所知"。无论你说什么，一定要将自己从流言传播的恶性循环中排除。如果有必要，走出那间屋子。不要惧怕被视作异类或墨守成规的人，你大可"酷"一下。听听最新闲话，还是成为值得信赖的对象，继而受到提拔？两者之间你会如何加以选择呢？

要善于推销自己

如今职场已经不是一味地埋头苦干，等待别人来挖掘的年代了。在新的时代中，宣扬和主张个性的张扬，每个人都要尽可能地表现自己，而不是默默地埋头苦干，等待提拔。所以，聪明的女孩从不会让自己埋没，她们会发挥所能，尽可能地展现自己，而在老板面前，她们也不会因为要避嫌而收起自己的锋芒，偏偏是这种时候，她们更会让自己表现优异，让老板看到自己的实力。"与其坐以待毙，不如主动出击"，这就是现在职场精英的口号。

很多职场女性认为只要业绩突出，就能说明一切，事实上，很多小细节也能够决定女人在职场的成败。注意自己的穿着打扮，注意自己的仪态，在老板面前一定要守时，绝不谈论个人问题，在老板面前永远保持开心乐观的态度和积极的精神，在适当的时候表现幽默，职场中的女人需要随时展露出自己最出色的一面。如果你的老板是男性，我相信他一定希望自己身边的女性属下都是美女，至少都能时刻表现出最好的一面，而不是每天蓬头垢面地在电脑前面工作。当然这些只是小常识，下面我们来举例说明女性应该怎么样在职场中销售自己：

Susan如今已经是一位家庭幸福、事业有成的职场女性。但是在这之前，她还是公司里一名默默无闻的小职员。她的这种改变源于她在一次管理学讲座上的所闻所得，那次主讲人是一个国内著名的企业家，他说："一个人要成功，首先是让自己被别人注意到，提高自己的身价。"Susan受益匪浅，她认为机会确实是不会自动降临的，因此自己要努力创造主观条件，这样才能得到机会的青睐。她也意识到自己为什么一直以来虽然埋头苦干却仍然是公司下层的原因了。

之后，Susan所做的第一件重要的事就是处理好自己的人脉网。她把公司里和自己可能有往来的人员名单从头到尾背了一遍，并牢记于

心。她开始有计划地与这些人物接触，通过正面和侧面对各个人员进行了解，力争使自己尽量熟悉他们。在与人交流中，她总不忘努力称赞别人，并在十分的谦恭中找出各种可能的理由，把自己的名字和公司领导的名字并为一谈。

Susan完成自己工作的同时，还很热心地帮助身边的同事。同事们对于Susan乐于助人的品行和优秀的才能表示了肯定，这样就帮助她提高了知名度，成功地为她起到了宣传的效果。不久以后，很多以前不怎么注意Susan的同事也开始热情地跟Susan打招呼，重要的是Susan的这些好名声引起了公司各个层次的领导的重视。于是，上司在做决定时，也总希望听听她的意见，然后才做出明确的决定。与领导接触的机会多了，Susan觉得自己办起什么事来都开始得心应手了，而同事们更加乐意在她身边帮助她。

对待自己能力的提高，Susan不敢懈怠。她买了一些管理学书籍和一些与自己工作相关专业的书籍，一边上培训班，一边利用空余时间自学。很快，Susan内在的提高就使她处理问题的能力上驾轻就熟，不仅如此，对于自己工作以外的事情她也能提供非常有帮助的建议。很快，办公室里的同事们都知道了她的勤奋和努力，她也变得更加让人钦佩了。

Susan的名声很快在业内传播开，有几家大公司决心把她挖走。对于Susan的工作表现公司领导非常满意和赞赏，他们不想失去这么一位优秀的员工。因此决定给她提供更大的发展空间，并帮助她解决了很多实际的困难使她能够安心工作。

公司不是发掘你的地方，而是展示你的舞台。不要期待老板或者同事能够有一双慧眼或者十足的耐心来评估你的价值，如果你有这种想法，那么很不幸，你迟早要进入被淘汰的行列。Susan的成功案例就给了我们很好的启示，如果不能及时改变自己的思路和想法，就永远只是公司里的一个小角色。

无论是职场还是官场，都是同样的道理。我们可以看到，很多人虽然通晓古今，学富五车，却不会推销自己，展现自己的才华，因此也只能落得个怀才不遇的下场，不能为世所用。纵使你是千里马，也要主动去寻找赏识自己的伯乐才行。在人才济济的今天，如果还坚信"姜太公钓鱼"的故事会降临，恐怕你的头发都白了也无人问津。所以，你要成功，就首先要学会推销自己，大胆而完美地"秀"出自己。

那么如何包装自己，如何完美地推销自己呢？

1. 自抬身价，自卖自夸

你要知道，人人都想和优秀的人结交，无人想和小人为友。如果你在面试时来自三流的大学，而竞争对手来自一流的大学，可想而知，在"势利眼"面前你注定是失败的。你只有"以己之长，攻彼之短"才是上策，所以，你需要适当地自抬身价。

唯有自抬身价，别人才会对你另眼相看，甚至暗暗地佩服你。如果王婆都谦虚地说自己的瓜不好，那么就没人购买她的瓜了，我们也应该如此。对自己的长处，我们要尽力地展现出来；对自己的短处和不足，我们要善于模糊表态，学会掩饰。把对方的注意力吸引到我们的优点上而不是缺点上。

2. 创造展示自我的机会

东方朔是一个善于推销自己的人。在他刚入长安时就向汉武帝上书，3000片木牍做成的推荐信需要两个人去抬才勉强能抬起来，而汉武帝也用了两个月的时间才把它读完。东方朔在奏章中一点也不谦虚地说了自己的优点，说自己是个不可多得的人才。虽然汉武帝看完他的奏章后心动不已，却怀疑他是在夸夸其谈，没有马上重用。

东方朔并没有灰心，而是另辟蹊径地向皇帝推销自己。他用花言巧语吓唬汉武帝身边的那些侏儒侍臣，吓坏了的侏儒侍臣们跑到皇帝身边讨饶，制造了汉武帝面见东方朔给他展示自己学识和口才的机会，并最终得到赏识和重用。

如果不是东方朔的自我推销术，他怎么可以从众多侍臣中脱颖而出呢？机会不是等来的，就看你是否善于制造机会。

比如适当地在重要的公共场合亮相，或者偶尔成为众人瞩目的焦点。在公司会议上，主持会议的领导也会偶尔出现错误，这时你会怎么办呢？

说，还是不说？

"智者千虑，必有一失。"很多人会因为自己对领导的崇拜而湮没了自己的见识，任由会议在错误中进行；或者是对权威的恐惧而不敢触怒领导。尽管如此，如果按照领导错误的思想走下去，将来可能就会出大漏子。而且，这个时候也许会是一次难得的表现机会，在这样的场合"曝光"，就能展现出你非凡的能力和见识，就能让领导和同事看到你的价值。

也许你的意见未得到采纳，但是原本毫不起眼的你，一定被人们认识了，也许他们会在后来的失败中记起你的表现，夸赞你的才能和英明。因此，在这样的重要场合，千万不要顾忌面子。如果你还在担心"我说出来大家会不会难堪"这样的问题，就注定你很难成就大事。

当然，我们"曝光"的方式也需要委婉而含蓄，不要太过扎眼，强出头的方式不仅收不到推销自己的效果，还会成为别人谴责的对象。另外，"曝光"的次数也不宜过频过多，否则你就会给人留下爱出风头的印象。

领导喜欢什么样的员工呢？抓住领导们的喜好，时常在他们的眼前表现出自己良好的一面肯定会讨得领导们的欣赏。其要点有：

1. 手脚勤快，做事利索

领导们最厌恶的员工特质是：作风懒散、办事拖拉、交办的事不重视、催办多次也完成不了、高姿态……千万不要给老板留下这些印象，即使出现一两次也要及时地改正。相反，如果你手脚勤快，事无大小都争着做，抢着干，就会受领导的青睐，他们一定会对你有好的评价。

2. 察言观色，领会领导的意图

谁都喜欢精明能干的人，只要讨得领导的喜欢和赏识，定会有出头之日。身在职场，是否能够读懂领导，是考验一个人悟性的关键。我们经常会听到领导夸奖某位职员"悟性好，一点就通"，或是抱怨某职员"一点都不灵通，翻来覆去交代了多少遍，还不明白"。可见，察言观色也是自我表现的重要方面。

如何做到察言观色，成为领导的"心腹"，这绝不是一日之功的。惟有平时多围绕领导关心的问题进行思考，才能把握好领导的意图。

3. 必要时也要"显山露水"

只有具备"过人之处"才能技压群雄，适当的时候显露一下自己的才能，把别人都比下去才能让周围的人心服口服。所以，有时候领导也期望你能够做出点成绩，以便找个理由提拔你。这个时候，你千万不要再遮遮掩掩，该出手时就出手，不要犹豫。

4. 不和领导争第一

只要你给别人打工，就需要"藏一手"，这种做法对你是有好处的。锋芒太露，抢夺了领导的锋芒就是你卷铺盖走人的时候。即使你拥有高学历或者自认能力过强，也要表现得比老板逊一点，但是却一定要比其他人好。千万不要忽视了领导的存在，与领导形成鲜明的对比，以领导为衬托来展示自己优秀的做法是最傻的做法。要时刻谨记，你所做的这一切都是给领导看的，能给你前途的也只有领导。

懂得推销自己、善于推销自己是我们必须掌握的一项技能。一个可以成功地向别人推销自己的人也就具备了成功的基本条件。

PART 6
小测试：你是职场"恐龙"吗？

恐龙是一种灭绝的生物，常被现代人用来形容那些相貌不好的女孩子。人人不喜欢做恐龙，也不喜欢与恐龙为伍，凡是恐龙都有被孤立、面临灭绝的危险。但是，职场中却存在这类"恐龙"，无论是男是女，上司不喜欢他们，同事讨厌他们，加薪也轮不到他们，升职更是避着他们，公司裁员的话，他们的危险系数最高。更致命的是，他们往往如同恐龙一样，身处绝境却不自知，直到最后被无情地淘汰出局。

你是否就是这么一只恐龙呢？测试一下吧，看看你目前的危险系数有多高。请根据你以往的实际情况选择相应的选项。

1. 你会不会经常想要开动一下脑筋，算计一下周围的同事？

　　A. 顺我者昌，挡我路的人当然不给他出头的机会

　　B. 我只算计那些特别讨厌的同事

　　C. 我从来不算计别人

2. 你是不是对同事的隐私特别感兴趣，并且经常爱打听？

　　A. 我只是比较关心大家，所以喜欢问他们的隐私

　　B. 有些事情确实我会比较好奇，去问一下

　　C. 他们的事情和我无关，我从来不关注这些无聊的事情

3. 你是不是经常会带着情绪工作？

　　A. 我不善于控制自己的情绪，经常会这样

　　B. 有时候实在忍受不了，会在工作时发泄一下

　　C. 我能保证从不把坏情绪带入工作中

4. 每个人都会遇到那么点经济危机，这时你是否会向同事借钱？

A. 没钱的时候我会问他们借些，反正会还

B. 只有在自己实在没办法的时候我才会拉下脸去借

C. 我是绝不会拉下面子去借钱的，更不会欠同事钱

5. 一个刚上任不久的老板和你意见相左，你会和老板当面起冲突吗？

    A. 老板也有错的时候，不对的地方当然要指出来，不排除措辞强烈的可能

    B. 老板说的都是对的，当然不能跟老板翻脸

    C. 老板错误的地方我会委婉指出

6. 开会时，你不是经常成为舌战群儒的那个人，或者经常甩出一些另类的观点？

    A. 经常

    B. 偶尔，不常

    C. 从不

7. 当同事好心与你分享时，你会拒绝同事的"小吃"吗？

    A. 吃他们的东西有失身份

    B. 除非同事升迁了，这时他的东西我才吃

    C. 同事给我东西吃，是看得起我，我一般不会冷冷地拒绝的

8. 如果你刚刚获得了MBA学位，你会？

    A. 这是我的成功，一定要让大家都知道

    B. 我只会和一些知心朋友说

    C. 我不刻意掩饰，也不刻意宣扬

9. 你会私底下向上司说点好话或约老板出来吃饭，顺便打小报告吗？

    A. 会

    B. 有时候会

    C. 绝对不会

10. 你是不是从来不寻求同事的帮助？

    A. 是。求同事帮忙就表示我自己搞不定，所以我绝不求人帮忙

    B. 我实在遇到难题时才请同事帮忙

C. 有些时候我会请同事帮些小忙

测试结果：

首先把你所选的各选项及对应的分数相加。（A为5分，B为3分，C为1分）

1~16分：放心，你目前的职业状态还不错。你比较了解公司潜规则，还没有成为职场恐龙。

17~33分：当心，你很危险了。你离职场恐龙不远了，需要引起你的警惕了。

34~50分：毫无疑问，你正是那不受欢迎的大恐龙！你得尽快改变目前的现状，向周围有经验的职场人士寻求帮助，否则最先淘汰的就是你！

第七章

幸福的女人要做好理财这件事

无论你是潇洒的新新潮人，时尚的白领丽人，还是成熟的已婚一族，作为女人，你不仅应该知道如何赚钱，还应该学会如何理财，这是女人智慧的体现。精明的女人要学会理财，善于理财，要掌握女性理财的方法，这是女人拥有优裕生活、亮丽人生所必须的生活技能！

PART 1

想当有钱女，先从学会花钱开始

给你100万，你会怎么花？

这是一个有趣的问题，不是吗？

那么，你会如何回答呢？是买房还是买股票？创业还是做点别的什么？

当然，我们首先要明确一点，那就是我们之所以提出这个命题，绝非是为了单纯的调侃，也并非是望梅止渴、画饼充饥的百无聊赖，而是通过分析不同人对这笔钱的处理方式，就可以了解一个人的理财观念。

在此，我们可以从几个具有代表性的答案中看出一些门道来。

1. 生活型：先买房，再买车

上海王女士，今年28岁，她是一位房地产公司的经纪人，年收入可达6万。虽然收入不算太低，可是王女士是一个入不敷出的"月光族"。主要是由于平时喜欢购物以及工作上应酬较多，所以工作2年几乎没有存下什么钱。

王女士的"百万计划"如下：她会先拿45万用于房子的首付，然后她会拿10万左右用于购车，然后再拿10万给父母，让他们去旅游什么的，好好孝顺一下。她还给自己留了5万，准备出国旅游一次。对于剩下30万她用于投资，买股票或者基金。

理财专家认为王女士的百万计划具有一定的理财意识，而且考虑到王女士非常年轻的具体情况，可以适当参与高风险的投资。股票与基金应该是不错的选择。而王女士是否有较全面的金融知识和足够的时间直接来决定投资股票和基金的比例。如果没有知识和时间，专家建议王女士购买基金而不是直接购买股票。

2. 享受型：有100万，当"包租婆"

北京刘女士，今年才24岁，刚刚从学校毕业参加工作一年。她现在在一家知名广告公司做编辑的工作，年收入8万元左右。她每月固定的支出主要一部分用于供房子，每月2000元左右；另外，她每月有一笔固定的投资，投资2000元用于基金定投，除此以外，由于工作关系，她平时花销很小。

她的百万计划如下：100万的投资方式比较简单，她希望能在商圈买一个店面。店面的房租将会是一笔稳定而不低的收入。而她可以悠闲地生活，店面房租成为她选择的主要方式。她认为股票和基金都有较大风险，所以不作考虑。

理财专家认为刘女士的百万计划反映出了现在很多年轻人的共有性格，向往自由、安逸和休闲。对于年轻人来说，养成基金定投的习惯是非常好的。而投资房产的理财方式在相当长一段时间内也是不错的理财方式，但需要提示刘女士的是一定要选择足够好的位置，同时应该防范租赁活动中的各种风险，如法律风险、房市变化风险等。

3. 创业型：拿80万做生意

天津张女士是一家公司的企划部经理，今年已经31岁了。她平时工作忙碌，每月工资4000元左右。每月固定支出主要有1500多元用于偿还房贷。

她的百万计划是这样的：她会把大部分的钱拿来做生意，目前已经有一个成熟的项目，投资需要50万元，即用50万元做生意，30万元作为该项生意的后继跟进的风险资金，5万元作为家庭基本生活费，10万元存银行，5万元买基金。

理财专家认为张女士选择自己熟悉的项目投资，这无疑是正确的选择。不过，从稳健的家庭财务状况来说，张女士选择将100万元中的绝大部分用于项目投资的同时，也不应该忘记为自己和家人购买足够的保险，以规避突发风险。

4. 教育投资型：给孩子存钱留学

肖女士今年35岁，在北京一家律师事务所担任会计的工作，年收入在8

万元左右。她每月的主要开支是家庭生活开支和女儿上大学的费用。

她的百万计划是：首先拿出30万作为女儿的教育基金，对于这笔钱她倾向于买基金或存款等比较稳健的投资方式；剩下的70万考虑拿出5万做家庭备用金，另外65万考虑购置两套小户型，用于出租，既可以收取租金也可以保值增值。

理财专家认为肖女士的理财思路还是非常清晰的。不过由于肖女士的女儿的教育基金是硬性需求，所以建议其在购买基金时应适当降低股票型基金的比例。这样做的目的就是为了降低风险。另外，考虑购买小户型出租时也一定要充分考虑市场需求因素，选择好的位置非常重要。

5. 不储蓄、不买保险

李女士是在一家大型出版社工作，年收入8万元左右。李女士刚刚结婚一年，并且有了一个小孩。目前李女士家里最大的支出除了房子月供1600元，就是小孩的开支。

李女士的百万计划如下：她计划拿出30万元做首付，再买一套房。她还准备50万元投资股市。最后她决定用10万元买车，方便上下班，剩下10万元用于家庭生活等其他消费。

理财专家认为李女士的理财方式属于风险偏好型，她倾向于股票等高风险高收益的投资。但实际上，这样的投资观念却不是很可取的，毕竟投资过于集中于股票，风险太大。另外，在李女士的理财计划中却没有丝毫保险的份额，其实保险对于李女士目前的生活现状无疑是很有助益的，建议李女士有时间不妨对有关保险的常识了解一下。

PART 2
理财的女人有钱花

在生活中，不论何时何地，我们的话题总是离不开钱。不论是做事、恋爱、外出旅行，还是准备给爱人的礼物，这些都是离不开钱的。

但女性朋友可能会觉得谈钱不好意思，害怕被人误解为吝啬、精明、铜臭味，在她们看来投资理财是男人的事情。其实，女人完全有必要摒除这样的想法。因为，毕竟现实生活中是离不开钱的，所以敢于谈钱才是一种敢于面对现实的态度。

女性理财是为了得到幸福，如果没有好的理财习惯，即使有万贯家财也终有一天会花得精光。理财是女人的必修课，女人养成一个好的理财习惯，是一辈子受益无穷的事情。

现代社会，不少受过良好教育的时尚女性早已摆脱了家庭的束缚，活跃于职场当家做主，知识与财富倍增，拥有绝对独立自主的权利。但是一般而言，女人在理财中仍存在着很多"致命伤"。所以，现在是你开始为自己做理财功课的时候了。

有句名言是这样说的："理财永远是一种思维方式，而不是简单的技巧。"对于理财，女人首先要掌握的，是一种态度和理念，理财无法使你一夜致富，其本质在于善用手中一切可运用的资金，照顾人生或家庭各阶段的需求。这一点，是我们谈论女性理财的前提。因为这里我们强调的不是如何投资，也不是如何发财致富的问题，而是，如何克服女人在理财上的盲点和弱点，如何建立女性健康合理的理财观，如何将家庭中的钱用得更加游刃有余的问题。男性与女性的投资理财风格各有千秋。与男性相比，女性明显具有"严谨"、"细致"、"感性"的特点，这些特点，也决定了女性在理财方面的优势：对家庭的生活开支更为了解，对收入支出的安排享有优先决策权；投资理财偏向保守，能很好地控制风险；投资之前，往往会事先征求很多人的意见，三思而后行等。但是，物极必反，如果这些特性发挥到了极致，则会演变成女人理财的"致命伤"。那么，女性理财时，应如何发挥积极因素，避开消极因素呢？下面是专家为女性量身定制的理财七点建议。

1. 更新观念

别再把不懂花钱当成小女人娇羞的一部分。如果以前的女人可以用对老公发嗲作为摆脱财政赤字的途径，今天的你却休想让冷酷的钱包发善心。

2. 学习理财

老妈的节省原则不适用于现代的生活方式，铺天盖地的广告在给你享受的同时也使你陷入迷茫。你需要利用业余时间学习理财知识，了解相关技巧。不要完全依赖他人的理财知识和决定；学习个人理财规划，可以使你在家庭理财决策中，享有与男人同等的地位。现在你投入精力累积的理财知识与经验都将终生伴随你，帮助你逐步建立稳健的财务规划，逐渐积累财富。

3. 设定目标

像做任何事情一样，你需要一个目标才不至于迷失方向。理财也一样，为自己设定一远一近两个目标，比如确定未来20年的奋斗目标和每个月的存款数。这样你花钱时就会有所顾忌。

4. 强制储蓄

每月发薪水后就将其中的一定数目，比如薪水的20%存入银行，从此绝不轻易动用这笔钱，那么若干年后将会有一笔可观的财富，如果不这样做，这笔钱将很容易被花掉，而且你也不会感到生活宽裕多少。千万不要等到月底看剩下多少钱时再储蓄，不要一直使用配偶的账户或以配偶的名义存款，而使自己没有任何银行存款和信用记录。

5. 精明购物

对于每个人来说实惠的含义各不相同，有人可能是大甩卖时的拣货高

手，有些人则信奉"宁缺毋滥"的购物原则。由于个人收入水平、生活方式的差异，精明二字的解释也各有不同，所以购物时千万不要随大流。要记得，适合别人的不一定适合你。购物要记账，不管你在何时何地购物，都一定要记下你所花费的每一笔钱。休闲娱乐、交通费用、三餐开销、应酬花费、购买奢侈品等分门别类地记下来，一个月或是三个月后再来审视你的消费曲线，一来了解你在哪一部分的开销最大，二来也能调整你的消费行为，这样才不会在不知不觉中稀里糊涂地漏财。

6. 节流生财

和开源相比，节流要容易得多，不妨从节约水电费这样的小事做起，日积月累就会收到聚沙成塔的效果。而且这种节俭的生活方式也非常有利于环保。

7. 储备应急

为了应对意外的花销，平时就要存出一项专门的应急款，这样才不会在突然需要用钱时动用定期存款而损失利息。

赚钱和理财，并不单纯就是指储蓄，这种想法明显已经过时了。你如果想自己驾驭金钱，那就需要掌握更加复杂的知识系统。同时，把它当成是改善人生的方法，那么在你的生活中也就没有什么问题是复杂和困难的了。

PART 3
女人会挣钱不如会理财

生活中，有很多人都会有这样的想法：我的收入高，理财对于我来说是无所谓的事情。当然，如果你有足够高的收入，而且你的花销不是很大的话，那么你确实不用担心没钱买房、结婚、买车，因为你有足够的钱来解决这些问题。但是仅仅这样你就真的不需要理财了吗？要知道理财能力跟挣钱能力往往是相辅相成的，一个有着高收入的人应该有更好的理财方法来打理自己的财产，为进一步提高你的生活水平，或者说为了你的下一个"挑战目标"而积蓄力量。

赵小姐在一家私企工作，经过几年的拼搏，手上总算攒了些钱，可是要想买车，买房就明显不够了。看着身边的人都在用自己空余的时间开始理财，赵小姐却这样想，"会理财不如会挣钱，那样舍不得吃，舍不得穿的日子过的有什么意思。"可是随着时间的推移，她的同事都有车有房了，但是她却还是什么也没有。

余先生在一家房产公司当设计人员，平均月收入5000元。和多数人精打细算花钱不同，余先生挣钱不少，花钱更多，有钱时俨然是奢侈的款儿，什么都敢玩，什么都敢买，没钱时便一贫如洗，借债度日——拿着丰厚的薪水，却打起贫穷的旗号。在别人眼里，他们可能是一些低收入者或攒钱一族们羡慕的对象，可实际上，他们的日子由于缺乏计划，实际上过得并不怎么"潇洒"。他们"不敢"生病，害怕每月还款的来临，更不敢与大家一起谈论自己的"家庭资产"，遇到深造、结婚等需要花大钱的时候，他们往往会急得嘴上起泡，进而捶胸顿足，痛哭流涕：天呀，我的钱都上哪儿去了？

　　从上面两个例子可以看出，生活中有些人，挣的钱也不少，可一谈起自己的家庭资产的时候，却发现自己挣的那么多的钱都不知去向了。可见，会挣钱不如会理财，一个人再能挣钱，如果他不会理财，那他挣的钱，就只能是别人的，不会成为自己的，因为他总是挣多少，花多少，那他永远不会有属于自己的钱。

　　其实在生活中，如果你并不打算有更具挑战性的生活，那么你确实可以"养尊处优"了。但是假如你工作到一定时候想要开一家属于自己的公司，或者想做一些投资，那么你就仍然需要理财，你也会感觉到理财对你的重要性，因为你想要进行创业、投资这些经济行为意味着你面临的经济风险又加大了，你必须通过合理的理财手段增强自己的风险抵御能力。在达成目的的同时，又保证自己的经济安全。

　　那么，怎样才能改变这种毫无积蓄的处境呢？针对这种现实情况，理财高手总结出了以下经验：

1. 量入为出，掌握资金状况

　　对于收入多的群体而言首先应建立理财档案，对一个月的收入和支出情况进行记录，看看"花钱如流水"到底流向了何处。然后可对开销情况进行分析，哪些是必不可少的开支，哪些是可有可无的开支，哪些是不该有的开支。俗话说"钱是人的胆"，没有钱或挣钱少，各种消费的欲望自然就小，手里有了钱，消费欲望立刻就会膨胀。所以，这类人要控制消费欲望，特别要逐月减少"可有可无"以及"不该有"的消费。

2. 强制储蓄，逐渐积累

　　发了工资以后，可以先到银行开通一个零存整取账户，每月发了工资，首先要考虑到银行存钱；如果存储金额较大，也可以每月存入一张一年期的定期存单，一年下来可积攒12张存单，需要用钱时可以非常方便地支取。另外，现在许多银行开办了"一本通"业务，可以授权给银行，只要工资存折的金额达到一定数目时，银行便可自动将一定数额转为定期存款，这种"强制储蓄"的办法，可以使你改掉乱花钱的习惯，从而不断积累个人资产。

3. 主动投资，一举三得

如果当地的住房价值适中，房产具有一定增值潜力，可以办理按揭贷款，购买一套商品房或二手房，这样每月的工资首先要偿还贷款本息，减少了可支配资金，不但能改变乱花钱的坏习惯，节省了租房的开支，还可以享受房产升值带来的收益，可谓一举三得。另外，每月拿出一定数额的资金用于购买国债、开放式基金等投资的办法也值得上班一族采用。

4. 别盲目赶时髦

追求时髦，赶潮流是现代年轻人的特点，当然这也是需要付出代价的，你的手提电脑是奔四，我非弄个无线上网的；你的手机刚换成CDMA，我明天就换个3G……很显然，你辛辛苦苦赚来的工资就在追求时髦中打了水漂。其实，高科技产品更新换代的速度很快，这种时尚你永远也追不上。

作为新时代的年轻一代，更好地享乐生活本无可厚非，但凡事讲究适度，讲究科学，只有会理财才会挣钱，不要让挣钱就是为了消费的观点蒙蔽了你的眼睛，因为如果没有好的理财观念，到头来你的财富也不会获得更大的增长。

PART 4
女人工作再忙也要记得理财

"有时间赚钱，没时间打理"已经成为现代很多年轻人的通病。"忙人"们为数众多，他们因为"忙"而带来的财富损失尤其是机会成本也是不可小觑的。尽管"你不理财，财不理你"的理念早已深入人心，可在现实生活中，有钱无闲的理财"忙人"依然为数众多。

黄小姐是一家房地产公司的业务员，工作认真又是公司的业务主干，每天工作都很忙。于是工资便任由会计打进银行卡里，最多买东西时刷刷卡，多余的钱就在卡里放着。当理财专家对她提出理财建议时，黄小姐却抱怨地说："我哪有时间打理钱财呀？朝九晚五地上班，加班是家常便饭，难得有个空闲的时间，也只想躺在床上看看电视或者是睡个懒觉，逢上周末，还需要进行自我充电，生活中连培养自己爱好兴趣的时间都没有，更别说每天看看股市行情，或者研究市场上新出什么理财产品了。"

这或许就是大多数上班族的真实写照吧，这一类人多因为工作忙的原因而没有时间对投资市场做更多的研究，因此他们并不适合一些技术性很强的投资品种，如汇市、期市等。对于这一类人而言，来自银行的理财产品或许更为适合他们，因为无需大额资金的频繁转移。譬如基金等相对比较普及的投资品种就非常适合他们，因为他们可以适当承担一些风险，也期待更高一点的收益。

但很多上班族往往对储蓄账户有着天然的偏爱，然而让资金长期按照0.81%的利率结息，不免显得过于"低廉"。可如果动用约定自动转存，可以多获得一些定期利息，如果利用定活两便，则可以实现定期活期两不误，既能保证资金随时所需，又能享受定期存款利率；再稍微复杂一点点，签署一个固定收益的人民币理财协议，就可以通过1天理财或者7天理财的方式实现收益翻倍或者翻两倍，而且复利计算收益还会有所增长；而如果你是银行的贵宾理财客户，还可以把超过固定金额的部分自动购买基金产品，从而实现更高收益。

在股市上也同样存在着这样的种种"懒招"，实质上也是通过事先的设定来省去你每日盯盘的麻烦，通过银证通系统提供的"挂篮子"服务，一旦股票波动到你想要的价位，系统自动帮你买进或者卖出。基金方面的操作就更便捷了。基金本身就是"懒人"投资的最佳方式，交给专家理财自然可以省心不少。定期定额就是最简便的办法，签一份协议后就能每月定时自动扣款，保证你能享受到平均的收益，此外，一些指数基金，只要设置好点位，如上证指数1200点时申购，1300点时赎回，系统可以帮你自动进行操作，一年中指数上上下下，你只要设定一次却相当于操作了很多回，而且特别适合于波段操作。

网上基金也是上班族一个很好的选择。因为，一方面基金定投就是固定时间买入固定金额的基金，对于没有时间打理财务的人士来说，这是一种不错的理财选择。当基金价格走高时，买进的份额较少；基金价格走低则买进的份额多。累积时间越长，越能分散投资风险，也越能获取较高收益。另一方面网上银行又提供了一站式的基金定投服务，对于事务繁忙的您，大可不必跑到银行网点办理这种业务。所以，网上基金定投，是"忙人"投资的不错选择。

还需要提醒上班族的是，要想做个聪明的理财"忙人"，要坚持两大法则：

法则一：切忌盲目追求高收益

很多"忙人"要么对投资毫无计划，本来打算用于投资的钱却临时作他途，要么则是选准方向全额投入，一次性投资放大风险。其实对这部分人群来说，不要盲目追求高收益，"平均成本法"是最佳"良方"。采用"平均成本法"将资金进行分段投资，可以最低限度地降低投资成本，分散投资风险，从而提高整体投资回报。

法则二：切忌投资过于分散

不加选择，不加规划往往是"忙"的表现。没有计划的投资，只能让自己的资金更加处于无序的状态。最终忙是忙得足够，钱也是乱得可以。

其实时间就像海绵里的水，只要愿挤，总会有的，所以，忙不是借口，忙照样可以理财。

PART 5
都市"高钞财女"的理财规划

众所周知，李嘉诚在30岁时，其资产已经突破了千万元；

盛大网络创办人陈天桥30岁时，其个人资产达到了40亿！

……

无数富人的成功事实证明，创造财富的能力是赢得未来的最重要的手段。李嘉诚曾经对长江商学院的学生们这样说："自己之所以成为富人，不是因为有钱，而是因为拥有生钱的头脑。"他所指的"生钱的头脑"，就是指创造财富的理财规划。

洛克菲勒也曾经说过，即使不让他带一分钱，把他放进沙漠里，他依旧会成为富翁，因为他拥有创造财富的本领："只要有一列商队过来，我就会和他们做生意的。"

可见，对于30几岁的女性而言，即将进入人生的黄金时期，必须要学会积累财富，学会靠钱赚钱；对于20~30几岁的女性而言，收入及资产状况有所不同，理财的需求也是不同的，理财实践就会呈现出四个不同的层次。

第一个层次可称为"随意理财"，即通常而言，个人或者家庭都会有一个大概的资金计划，如一个月乃至一年中，会有哪些数额较大的开销，这几笔资金又可以从哪些渠道筹集到。这是人们凭着日常生活的经验，做出的潜意识的理财方式。

第二个层次是专业理财，主要是指各大金融机构推出的理财产品，这些金融机构同时还提供一些专业性的咨询及销售服务，人们可以就此做一些专项的投资理财。业内人士认为，专业理财的内容仍不够全面，比如，保险公司推出的理财计划，主要针对健康、疾病、财产、教育等

方面，对于个人或家庭的收支平衡，以及风险规避方面关注不多。然而，由于这一层次的理财活动的推广比较迅速，因此也更容易受到人们的关注和参与。

第三个层次是相对全面的理财，即一些金融机构在设计某一款理财产品的时候，也会考虑一些相关的功能。比如说，某一种保险产品在重点关注个人的健康、安全之外，也可能会考虑人们投资收益方面的需求。然而，相对于人们多种理财需求而言，这一层次的理财还不够全面系统。

第四个层次就是理财规划，即个人或家庭的财务安排是从收入、支出，以及理财目标、家庭的风险承受度等方面统筹地考虑。其着眼点是个人或家庭财务运行的健康和安全，涉及到人生目标的方方面面，构成了一个理财规划体系。理财规划在国内兴起的时间不长，但由于贴近经济社会发展的需要，专业理财师已成为一个发展迅速的新兴职业。

正确的理财观念应是既要考虑财富的积累，又要考虑财富的保障；既要为获利而投资，又要对风险进行管理和控制；既包括投资理财，又包括生活理财。因此，个人理财首先要保证满足自己正常的生活需要，其次是对剩余财产进行合理安排，合理划分生活开支与可投资资产。

当然，在生活中绝大多数的工薪人群，主要通过家庭财富的积累，实现人生各阶段诸如购房、育儿、养老等理财目标，在安排好家庭的各项开支，进行必要的"节流"的同时，通过合理的投资理财"开源"也同样重要。

进行理财规划的第一步，就是要正确认识自己的风险承受能力，将收支比例控制在合适的范围内。对于工薪人群而言，工作是收入的主要渠道，因此认真积极地工作，不断学习各项技能，不断提高个人的工作能力，是保证工作稳定、收入增长的有效途径。另一方面，通过购买相应的人身及财产保险，也可以避免意外事故对家庭经济产生不利的影响。

其次，合理规划支出，留足应付日常开支或意外事件的应急资金。因为，我们应切合实际地计算每月的水电费、衣食的费用、孩子固定的学费等支出，并在收入中先扣除，以备支付。同时，在身体健康、业余休闲等方面，每月也应有固定的支出费用，数额主要根据个人情况而定，但要与收入保持在合理的比例。

对于每月结余的资金，可以进行合理投资。当然，投资理财应以稳健为基本原则，不宜盲目追求高收益、高回报。由于时间、精力、相关知识掌握及资金等方面的限制，工薪人群在购买相关金融产品进行间接投资时，不宜涉足高风险的投资领域，可选择一些相对稳健的投资产品，如基金、国债或一些银行理财产品。

此外，定期定额进行投资可以有效地降低投资风险，更适合财富处于积累阶段的普通工薪人群，同时还可以培养起良好的投资习惯。

在不同的阶段，人们对于承受风险和压力是不同的，你应该去选择适合你这个年龄段的投资理财产品。

1. 单身期的理财

单身期2~5年，参加工作至结婚，收入较低花销大。这时的理财重点不在获利而在积累经验。理财建议：60%风险大、长期回报较高的股票，股票型基金或外汇、期货等金融品种；30%定期储蓄、债券或债券型基金等较安全的投资工具；10%活期储蓄以备不时之需。

2. 家庭形成期的理财

家庭形成期1~5年，结婚生子，经济收入增加，生活稳定，重点合理安排家庭建设支出。理财建议：50%股票或成长型基金，35%债券、保险，15%活期储蓄，保险可选缴费少的定期险、意外险、健康险。

我们把家庭形成期和单身期进行比较，发现我们的定期储蓄减少了5%，这部分资金用于为我们去上一些保险。活期储蓄的资金比单身期多了15%，这是因为夫妻双方的花费更多，手边需要更多一点的活钱。这样既可以做到应付日常开支，也可以保证定期投资的资金在投资期间不至于短期撤出，损失利息。

3. 子女教育期的理财

子女教育期20年，孩子教育、生活费用猛增。理财建议：40%股票或成长型基金，但需更多规避风险；40%存款或国债用于教育费用；10%保

险，10%家庭紧急备用金。

随着年龄的增长，家庭的逐步稳定，家庭人口的增加，我们的投资出现了这样的变化：高风险、高收益品种投资比例是越来越少的。单身期，如果股票投资失败了，因为年轻，我们还有更多时间再赚到钱。在进入家庭形成期和子女教育期，我们就需要规避风险。

4. 家庭成熟期的理财

家庭成熟期15年，子女工作至本人退休，人生收入高峰期，适合积累，可扩大投资。这个时期的投资策略是：可以把家庭30%资金用作高风险投资，比如说股票、外汇、期货，股票类的基金，40%的资金用作储蓄、债券和保险，20%的资金用作养老投资，买养老保险，储备退休金。当然，还有10%的资金是应急备用金。到了成熟期的最后几年，投资的风险比例应该逐年减少，为你最后的退休期来作规划。

5. 家庭退休期的理财

退休期投资和消费都较保守，理财原则是身体健康第一、财富第二，主要以稳健、安全、保值为目的。理财建议：10%股票或股票类基金，50%定期储蓄、债券，40%活期储蓄，资产较多者可将资产转移至下一代。

以上是我们成为都市"高钞财女"的理财思路。这个思路是指导投资者未来投资的基本准则，遵循这个基本准则，我们就能找到财富的源头。

PART 6
有钱女都在用的理财方法

女性朋友们应该及早认识世俗，不要认为世俗是一件很丢人的事情，毕竟生活中每个人都会变得世俗起来，这只是时间的早晚罢了。

实际上，世俗就是现实，就是凡事都要从实际出发来思考问题。你应该及早地认识到一份稳定且收入不菲的工作、一套属于自己的房子、一款自己的私车等等，这些才是你追求安定幸福生活必备的基础条件。

认识世俗就是要你自己变得现实起来，与金钱交朋友。不要还是怀着清高的思想单纯地认为在生活中处处谈钱就世俗，那么请问在这样一个现实的社会中没有钱能行吗？因此，你在思考问题的时候要想得现实些，并学会和适应用世俗的眼光去考虑问题。

在书本上和戏院里看到的那种视金钱如粪土的乐天派让我们很开心。

现在，物价上涨，生活水平也提高了，我们要为日渐昂贵的孩子的学费负责。太太们面对的是一个不成比例的挑战，她们必须对那些钱善加利用。

做好家庭收入预算能保证你的钱能受到合理使用，使家人满意地分享这笔收入。预算不应该约束你的行动，也不是让你毫无目的地记录开销，它经过精心的计划，帮助你物有所值，把钱花在钢刃上。比如你想置一个新家，缴孩子们上大学的费用、家人的养老保险金，想实现盼望已久的度假。合理的预算会让你梦想成真，它会告诉你，怎样节省不必要的花销，以应付必要的大笔投资。

如果你想成为家庭预算高手，就应该多看看生活类杂志，那里面有许多相关的经济知识。它会告诉你，怎样利用旧衣服；怎样制作出物美价廉

的点心；怎样制作家具等等。另外，附近的银行开设了一种免费预算咨询服务，他们会根据你家庭的需要，告诉你如何做出符合自己实际情况的预算。这项计划是专门为你定制的，对其他家庭并不适合。因为，你的财务问题就像你的身材和面孔一样，是独一无二的。其他家庭的情况和你的情况是不一样的。所以，这种预算的计划价值也就更高。

下面的一些建议将帮助你更好地做家庭预算。

1. 记录每笔开支

对支出的情形有个彻底的了解，这是十分有用的。因为我们必须知道自己错在哪里，否则，就不能改进自己的计划。如果我们不知道何处的支出应该适当减少，以及为何要减少开支，节约就是毫无意义的。所以，必须在某一时期（至少三个月）把所有的家庭开支都记录下来。

我们应该做的是：列出家里一年的固定开销，比如房租、生活费、水电费和保险金等，然后列出其他方面的必要开支，如买衣服的费用、交通费、医药费、教育费、礼金等等。一定要切实地根据家庭的需求进行预算。有时候，预算是要有严格的自制力的，谁都知道，这是一件很难做到的事，因为我们买不下所有的东西。但是，我们至少应该明白，有哪些东西是必需的，然后舍弃那些不是很需要的东西。你是否能为拥有一个温馨的家而放弃购买昂贵的衣服呢？你愿意省点钱买一台电视机吗？很明显，是否要这样做都需要你和你的家人来决定。

2. 每年储蓄10%的收入

理财专家建议我们，尽管物价继续上涨，但是，如果你能节省10%的收入，几年之后，你就能过上比较宽松的经济生活了。所以，把你自己固定开销的10%存起来。或者投资在别的地方，还可以想办法储存一笔用来购买车子或房子的资金。

3. 准备一笔资金应急

很多财务专家都开始警告年轻的家庭：至少要存下三个月的收入才能应付紧急突发的事件。但是，要一次存很多钱是不太容易的。如果一次存200元，然后几个月以后再存钱，那样压根就存不了多少钱，与其时断时续地存钱，倒不如每月固定存下50或100元的效果来得明显。

4. 经过家庭讨论之后再进行预算

理财专家认为，只有全家人支持的预算计划才真正有效。由于每个人都对金钱持有不同的态度，还往往会受到教育程度、气质和经验的影响，所以，预算应该经过家人的集体讨论才行，以消除与他人意见上的不同之处。

5. 寿险至关重要

你知道人寿保险可以为你的家人提供哪些基本需要吗？你知道一次性付款和分期付款有哪些不同之处和好处吗？你知道有哪些不同的付款方式吗？你知道现代人寿保险有哪两个意义吗？这些和许多其他的问题对于你的家庭都十分重要。如果一个男性意外身亡，他的家庭可以得到人寿保险提供的最低生活保障；如果他还活着，人寿保险可以给他提供能颐养天年的特别资金。如果有一天，你的丈夫不幸去世，你的难题就会由你所了解的人寿保险知识去帮助解决。

PART 7
做一个精明的消费潮人

经常听人这样说：富人在去农贸市场买菜的时候，经常是为了几毛钱和人家讨价还价一番。为此，人们便总结出越是富人越是小气。其实，实质上这只是富人的消费习惯罢了，也许正是这样才让富人更有钱吧！由此可见，女性要学会精明消费，养成良好的消费习惯，这样既可以节省小钱，把钱花在点子上，还可以满足自己的购买欲望。

女人追求生活质量当然没有错，但是并不是高消费才能带来高品质的生活，这就需要我们有个很好的心态去面对生活，要想过富有的生活，除了会赚钱外，还要善于理财。当自己收入稳定的时候，合理安排开支显得尤为重要。获得剩余资金的办法不在于"开源"，而在于"节流"。只有通过"节流"，才能保证自己和家庭有适当的资金进行投资规划，进而达到"开源"的目的。

女人多数是感性的，高兴了欢天喜地地购物，见到什么买什么，只要自己喜欢，不管有用没用。心情不好的时候，也喜欢疯狂购物。特别是年轻女性，由于她们多是不曾有过艰辛和磨难的经验，这就使得她们从象牙塔步入社会之后，虽然拥有一张看似成熟的脸庞，举止也力图稳重，但却依然离不开父母的呵护。而且父母所营造的优越生活环境，日渐发达的经济和开放的信息社会，国际化消费潮流的冲击，使得年轻的人们越来越为超前的消费观念所支配，追求奢华和安逸。

但有时，女性消费的观念也是很矛盾的，有时精打细算，一分一毫都计较；有时却冲动而买下不少无用的东西。那么到底如何做一个清醒消费的女性，既可满足购物欲，又不至于花费过度呢？

1. 列出清单

女人到超市，或是百货公司购物时，看到什么感兴趣的，都会不知不觉地放到购物篮内，而真正需要买的，可能只是其中的一两件物品。解决这问题的方法便是列出购物清单，这不但可以避免漏买东西，还可避免买无谓的东西。

2. 减价才出手

这个也无须详述，因为很多女人都有减价时才出手购物的习惯。精明的消费者在这期间购物确实能省下不少钱。

3. 相熟的购物地点

日常用品可到一些平价店购买，通常这些地方都以批发价出售物品；经常光顾某几间商铺，与它们的老板混熟，日后购物可能有额外的折扣。

4. 大胆讲价

生活中，很多女人对讲价十分抗拒，因为这被视为"老土"的举动，但如不嫌弃的话，不要放过讲价的机会，因为这往往可以省下不少钱。

5. 利用商家宣传单

这是一种利用报纸单张内的广告，去刺激消费的方法；单张内通常有折扣印花，拿这些印花去购物，又是一种节省开销的好办法。

6. 不要强行追赶潮流

刚上市的产品，价格通常都会很高，因此若过度地追赶潮流，只会苦了自己的钱包。

7. 分期付款消费

在购买大的物品时，不妨考虑分期付款。普遍的分期付款都是免息或是超低息的。它的好处是不需要一次拿一大笔钱出来，但又可立即得到自己想要的东西。

8. 买自己100%满意的东西

大多数女性朋友都会有这样的经历，每当出席比较重要的场合的时候，她们总是不停地在衣柜里翻拣着衣服，不停地在镜子前面试穿，却总是感觉找不出哪怕是一件合适的服装。于是乎，她们总是在满床铺的凌乱

的衣物中间慨叹：为什么我的衣柜中间总是缺少心仪的服装呢？

不要贪图便宜就买自己将就凑合的东西，那么你会因为有那么一点点不满意而不喜欢，并将其搁置起来。与其这样，倒不如就买自己100%满意的东西，即使是贵一些也没关系。因为自己100%满意的东西以后使用的频率会比较高，这样算下来实际上还是比较划算的。因此，为了避免类似的事情再次发生，那么在下次购物的时候最好就是购买自己100%满意的东西，甚至在买东西的时候还要考虑到和自己现有衣服的搭配问题。

9. 发掘几个适合自己的品牌

现代人越来越注重品牌效应，经常逛街就会发现有几个品牌的商品比较适合自己。无论从款型、颜色、质地、面料等都是自己比较喜欢和适合的。当然，有些老品牌过时了，你也可以适当发掘更有创新力的品牌，从而改变一下你一贯的形象，以丰富自己不同的形象需要。

从收入的角度来说，理财即指管理好自己的资金，使其保值、增值，从而满足家庭更多的消费需求；从消费的角度来讲，理财就是用一定数量的金钱获得自身更多的需求，即指在消费实现的过程中节省下来的钱就相当于你赚的钱。所以，现代女性既要满足购物的需求，又不至于花费过度，就要学会精明消费。

由此可见，刚步入社会的年轻女孩，应建立科学的消费观，不盲从，不攀比，不浪费，科学地规划自己的生活。同时，消费知识的学习也不容忽视，丰富的消费知识可以赋予消费者敏锐的观察能力和判断能力，这样不仅可以指导自己的消费活动，更重要的是可以少花冤枉钱。

同时，巧妙的开支，也能为自己留条后路。少做几次美容，少买几件衣服，将钱积攒下来，做小资金的定期投资，长期坚持下来，也会有不小的收获。1美元钱，你将它花掉了，买了你也许下一分钟就会扔掉的东西，那么它就没有体现什么价值，但是如果你将它用来储蓄，用来投资，那么它就会变成10美元、100美元甚至更多。

PART 8
理财不能等，现在就行动

"我还年轻，不需要理财"或是"等我赚了大钱再说"这样的观点在一般投资者中非常流行，很多投资者都认为理财不着急，我有的是时间，等有时间的时候再说，其实这是错误的。

马女士在一家外企上班，属于白领一族，可都上班几年了，还没有存款，更别说房子、车子。一次马女士的父母生病，需要大量的钱，可是她却一分钱都拿不出来，家里人都很奇怪，毕竟她工作这么多年了。还好马女士的人缘好，就借了些钱。事情总算过去了，亲戚朋友都劝她，你应该学着理财了，她却理直气壮地说："不急，我还年轻，等以后再说吧！"

孙女士在外工作好几年了，今年结婚时，结婚的钱都是双方父母拿的，就连买房子的首付都是父母给的，那剩下的钱就应该自己付了，小两口收入还可以，可是过惯了有多少花多少生活的他们，一到月底还贷，就抓瞎了，刚开始父母给掂，可也不能总这样，他俩一发工资就还贷，这样几年下来，他们除了按时还贷，手头一分钱都没有，父母劝说他俩应该学着理财，不然以后有了孩子怎么办，他俩总说："不急，慢慢来，等我们赚了大钱再学理财，现在没有钱，怎么理呢？"

中国有句老话说："吃不穷，喝不穷，算计不到就受穷。"怎样理财，怎样理好财，是每个人都应关心的话题，更是现今投资者需要学会的。但是理财应该做到两忌：

一忌攀比挥霍，宜未雨绸缪，居安思危。有些投资者对理财缺乏足够的认识，特别是新一代独生子女，家庭条件比较富裕，没有经济负担，

思想上缺少理财的意识。他们生活中互相攀比，穿名牌、用高档、消费无度。尤其是刚参加工作的年轻人，工资拿到手后，花钱如流水，一副大款相，可到月末，早已是两手空空，甚至出现外债。这类人大多缺乏忧患意识，认为自己年轻，有的是时间去挣钱；还有的认为反正父母那里有，岂不知父母不是银行，况且银行还有闹危机的时候。在这种思想的支配下，他们很难做到量力而行，量入为出。

现在的年轻人应常问自己几个怎么办，如：当有一天你失业了怎么办？你的子女上学用钱怎么办？你的家人得了重病需要大笔钱去医治怎么办？等你老了养老金储备了没有？那时你如何去应对，又怎样尽你的责任和义务！一个国家需要一定的储备，一个人也应如此。

二忌好高骛远，宜面对现实。一些发达国家的人们，生活上还是从节约一滴水、一度电做起，为的是让他们的子孙后代也富有，我们是否也应该从中得到点启发。当今的年轻人，要从实际行动中去实现理财。对于刚参加工作的人来说，你可以把每月工资的一部分用一定的方式存入银行。如每月、每季存一个定期等，这要看你的工资额多少而定，但是有一条，你每月必须存入一定数额，特别是对工资不高的人群更应如此。一个同事刚参加工作时，每月只有1500元的工资，但他每月拿出500元，零存整取，一年到期后再和平时存下的奖金等存到一起，由小变大，积少成多。随着工资的增长，零存数额也由500元增到1000元、1500元、2000元……一直坚持了好几年，直到工资提高了，才另选其他储种。当然不是要求别人都和他一样，要因人而宜，但你必须马上行动，只有这样才有收获。除此之外，在生活中要有节约意识，不但要保证生活质量的不断提高，还要尽量减少不必要的开支和浪费。

所以，确立并优先实现你的财务目标，明确1年内的目标、3年到5年的目标、5年以上的目标，有效、合理地分配你的可投资资源。每个目标都应谨慎地分析与决策。假如你的目标已经确立，你也对资产进行了有效的分配，就不要犹豫，开始行动。绝不要推到明天，今天就开始。

所以理财时间要抓紧。为什么有些人成为百万富翁？有些人直至退休仍一贫如洗？这些都与珍惜时间、合理安排时间、准确把握时间有关。大多数富翁都恨时间过得太快，怕赶不上时间节奏而落伍，他们的时间以分、秒计算。

因此，理财绝不能等，现在就行动，以免年轻时任由"钱财放水流"，蹉跎岁月之后老来嗟叹空悲切。

PART 9

小测试：你会成为小富婆吗？

如果真的有转世投胎，阎罗王也让你选，你会选择投胎成什么动物？

A. 贵宾狗

B. 波斯猫

C. 老鹰

D. 大象

E. 老虎

测试结果：

A：你的工作能力平实稳重，虽没有什么偏财运，懂得节流是你比人家有优势的一点。在工作上你也是属于稳扎稳打型的，不容易有什么大建树，但也能力求不失误犯错。你会是老板眼中忠心尽力的好员工，却不会是个好老板。努力工作，做好你分内的事，加上你天生勤俭刻苦的本性，你也可以累积到一笔丰硕的财富。

B：你的偏财运不错，工作上你也容易走偏锋，总想着如何能一夜致富。你的脑筋很灵活，也比别人动得还快，只可惜大多数的想法都过于好高骛远，也不切实际。而且通常只有心动并未行动。搭配你这样的性格，你也有一颗不怕死的心，不妨可以大胆去作投资。投资切勿玩票性质，用心经营，迅速累积财富不是梦。

C：你的分析及逻辑能力很强，也有敏锐的直觉，很容易就掌握市场的脉动进而创造奇迹。只是你目前可能苦于资讯不足而无法一展长才。乔丹除了篮球天才之外，还有看不见的基础训练及努力。你的天赋也要你不断地去锻炼才可以。多涉猎相关的书，多请教同业的前辈，等基础实力足够又何愁不能平步青云、一飞冲天。

D：你本身不喜欢工作，也有点好吃懒做。对工作常缺乏热忱、提不起劲，生活慵懒，只想过太平安逸的日子。除非你是含着金汤匙出生，一辈子不愁吃穿，否则你的人生只会充满诸多无奈。想要安逸的日子不是不可以，趁着年轻好好努力拼老命去赚钱，你的底子不会比别人差到哪里去。让自己占住大位后再来享受也不迟。

E：你很适合投机炒作。你的资讯来源管道一向畅通，你的侵略力也够，加上你凡事快、狠、准的精确判断力，不得不承认你很适合短线炒作。你可以投资股票，也可以炒作房地产，多半都能获得不错的成绩。只是须注意你的开销也大，赚的钱不见得能够承受你的亏损。成功致富之后也要用于回馈社会，如此才能名利双收。